Français · 3ᵉ cycle du primaire

Signet

Livre C

Françoise Dulude

ERPI
ÉDITIONS DU RENOUVEAU PÉDAGOGIQUE INC.

5757, RUE CYPIHOT, SAINT-LAURENT (QUÉBEC)   H4S 1R3
TÉLÉPHONE : (514) 334-2690   TÉLÉCOPIEUR : (514) 334-4720
COURRIEL : erpidlm@erpi.com   w w w . e r p i . c o m

Éditrice

Suzanne Berthiaume

Chargée de projet et réviseure linguistique

Christiane Gauthier

Révision scientifique

Pierre Chastenay / Planétarium de Montréal : p. 243 à 248

Rédaction

Ève Christian : p. 227-248
Monique Désy Proulx : p. 11-15, 79-80, 120-128, 144-146,
    152-155, 188-208
Liane Montplaisir : p. 156-159, 209-216

Correction d'épreuves

Lucie Bernard
Marthe Bouchard

Recherche iconographique et négociation des droits

Évelyne Amar
Pierre Richard Bernier

Conception graphique et édition électronique

Benoit Pitre pour ■ :▷ ♥

Couverture

■ :▷ ♥
Illustration : Normand Cousineau

Nous tenons à remercier M. Jacques Sénéchal qui a fait la sélection des textes littéraires et la recherche bibliographique. M. Sénéchal est enseignant au 2e cycle du primaire à l'école Rabeau de la Commission scolaire Marie-Victorin.

Dépôt légal : 3e trimestre 2003
Bibliothèque nationale du Québec
Bibliothèque nationale du Canada

IMPRIMÉ AU CANADA   234567890 II 0987654
ISBN 2-7613-1450-6   10592 ABCD   JS12

Table des matières

Dossier 5

Voici la signification des pictos utilisés dans ton manuel :

 te rappelle que tu dois lire ton contrat, puis le signer.

 t'annonce des stratégies en lecture et en écriture.

 t'invite à conserver des traces de tes réalisations.

 Erreurs t'indique qu'il y a des erreurs dans le texte.

Dossier ①

Au jeu !

Les Jeux olympiques nous offrent un spectacle grandiose où l'on peut admirer la force et l'habileté des athlètes, mais aussi leur ténacité et leur courage.

Combien de personnes dans le monde s'adonnent à un sport ou à des activités physiques ? Sûrement des millions ! Et toi, pratiques-tu un sport ? Le fais-tu dans le but de participer à des compétitions ou simplement par plaisir ?

Dans ce dossier, tu vas :
- respecter les règles d'une discussion ;
- formuler des définitions ;
- coopérer ;
- sélectionner des informations dans un texte ;
- exprimer ton opinion sur un récit ;
- communiquer clairement tes idées ;
- détecter les erreurs dans un texte ;
- utiliser un vocabulaire précis ;
- soigner ta prononciation ;
- dégager les arguments d'un texte d'opinion ;
- utiliser la phrase de base pour analyser des phrases ;
- utiliser les opérations syntaxiques pour analyser des phrases ;
- réfléchir à ta démarche de révision ;
- utiliser des méthodes de travail efficaces.

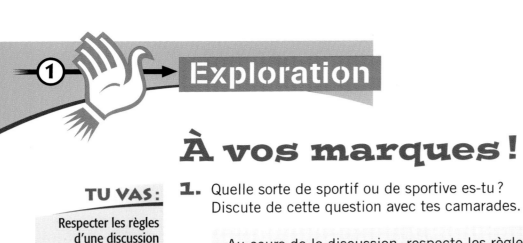

Exploration

À vos marques !

1. Quelle sorte de sportif ou de sportive es-tu ?
Discute de cette question avec tes camarades.

TU VAS :

Respecter les règles
d'une discussion

Formuler
des définitions

Au cours de la discussion, respecte les règles suivantes.
– Lève la main pour obtenir la parole.
– Respecte le tour de parole.
– Respecte les idées des autres.

- Est-ce que tu pratiques régulièrement un sport ou préfères-tu plutôt admirer les performances des autres à la télévision ?
- Préfères-tu les sports individuels ou les sports d'équipe ? Pourquoi ?

2. Saurais-tu définir l'athlétisme, le football ou le judo ?

- Supposons que tu veux donner une définition du mot « athlétisme ».
Tu dois :
  - dire ce que c'est ; $\longrightarrow$ L'athlétisme, c'est un ensemble de disciplines sportives...
  - dire en quoi cela consiste, $\longrightarrow$ ... qui comprend des courses, donner les principales des sauts, des lancers, caractéristiques ;
  - au besoin, donner $\longrightarrow$ comme le saut en hauteur, un exemple pour préciser la course à relais, le lancer ta définition. du javelot.

- Donne maintenant la définition des mots « football » et « judo ».

3. Poursuis ce travail en équipe.

- Définissez les trois disciplines suivantes : le marathon, le karaté et la gymnastique.
- Changez d'animateur ou d'animatrice ainsi que de porte-parole pour chaque définition.

4. Toujours en équipe, discutez des deux situations suivantes en changeant chaque fois d'animateur ou d'animatrice et de porte-parole.

Qu'est-ce que Laurent et Alexandrine devraient faire?

> Laurent veut cesser de jouer au soccer parce que son équipe ne gagne pas assez souvent. Pour lui, pratiquer un sport sans gagner, c'est perdre son temps!

> Alexandrine fait du patinage artistique. Ses parents l'imaginent déjà championne mondiale et ils sont très exigeants. Elle a souvent envie d'abandonner cette activité qu'elle adore pourtant.

5. Quelle place l'activité physique occupe-t-elle dans ta vie? Prends des notes dans ton journal de bord en t'inspirant des questions suivantes.
- Fais-tu de l'activité physique régulièrement? Si oui, à quel rythme?
- Préfères-tu les sports d'équipe ou les sports individuels? Pourquoi?
- Est-ce important pour toi de gagner? de devenir une vedette? Explique ton point de vue.

6. Dans ce dossier, tu auras le choix entre trois types de projets ayant pour thème le monde du sport. Tu pourras:
- communiquer tes connaissances sur l'un des sujets suivants:
  - l'histoire des Jeux olympiques;
  - le patinage de vitesse;
  - la gymnastique.
- discuter du thème d'un extrait de roman. Les trois romans au choix sont:
  - *Carton rouge*. On y raconte l'histoire de Damien, très bon au football;
  - *La championne*. C'est l'histoire de Corina, qui s'entraîne pour devenir championne de gymnastique;
  - *Ce soir à la patinoire*. C'est le récit de Benjamin, joueur de rugby talentueux, qui se retrouve à faire du patinage artistique avec une fille qu'il n'aime pas du tout.
- débattre de la question suivante: « Est-ce qu'on joue pour gagner ou pour participer? »

7. Pour réaliser ton projet, tu suivras les étapes ci-dessous. Tu auras à:
- lire un texte sur le sujet choisi;
- écrire une carte postale pour partager une idée que tu trouves importante sur le sport;
- présenter tes informations à tes camarades et débattre de tes idées avec eux.

8. Lis ton contrat, puis signe-le en prêtant attention aux engagements que tu prends. Tu devras faire des efforts constants pour les respecter. Ton honneur est en jeu!

Ton projet

1, 2, 3... Partez !

- Si tu as choisi de traiter d'un sujet lié aux Jeux olympiques (l'histoire des Jeux olympiques, la gymnastique, le patinage de vitesse), suis la **démarche A**.

- Si tu as choisi de discuter du thème d'un roman, suis la **démarche B**.

- Si tu as choisi de débattre de la question « Est-ce qu'on joue pour gagner ou pour participer ? », suis la **démarche C**, à la page 5.

Lecture

TU VAS :

Coopérer

Sélectionner des informations dans un texte

Exprimer ton opinion sur un récit

Démarche A	Démarche B

1.

Forme une équipe avec des camarades qui ont choisi le même sujet que toi.

Démarche A
- Partagez vos connaissances sur le sujet.
- Écrivez les questions auxquelles vous aimeriez trouver des réponses.
- Cherchez, dans le recueil (p. 120 à 128), le texte qui traite de votre sujet.
- Observez le titre, les intertitres et les illustrations.
- Dites ce que vous pensez trouver dans ce texte.

Démarche B
- Cherchez, dans le recueil (p. 129 à 146), l'extrait de roman que vous voulez lire.
- Observez le titre et les illustrations, lisez le texte de présentation.
- Écrivez vos prédictions : quelle histoire cet extrait raconte-t-il ?

2.

Fais une première lecture du texte que tu as choisi.

Si tu éprouves des difficultés à comprendre un passage :

- trouve la raison de cette difficulté : est-ce à cause d'un mot que tu ne connais pas ? d'une phrase longue ? d'un paragraphe difficile à comprendre ?
- pense à ce que tu sais sur le sujet ou l'histoire ;
- cherche la stratégie de lecture qui peut te dépanner.

3.

Retrouve les membres de ton équipe pour discuter du texte
que vous venez de lire.

- Le texte contient-il des informations que vous saviez déjà ? Si oui, lesquelles ?
- Avez-vous trouvé des réponses aux questions que vous vous posiez ?
- Qu'est-ce que vous avez appris en lisant ce texte ?

- Résumez l'histoire que vous avez lue et notez les faits les plus importants.
- Vérifiez quelles prédictions étaient justes.
- Est-ce que l'histoire vous semble vraisemblable : une personne pourrait-elle vivre une telle situation ?

4.

Fais une deuxième lecture du texte, cette fois en prenant des notes
sur ta fiche.

5.

Retrouve les membres de ton équipe. Mettez vos notes en commun.

- Assurez-vous que toutes les informations sont claires et complètes. Modifiez-les, au besoin.
- Pour obtenir plus d'informations, vous pouvez consulter des ouvrages à la bibliothèque ou des sites Internet.

- Faites ressortir les éléments suivants :
  - les événements importants de l'histoire ;
  - le problème du personnage principal ;
  - l'opinion de chaque membre de l'équipe sur le texte.
- La lecture de l'extrait vous a-t-elle donné le goût de lire le roman en entier ?

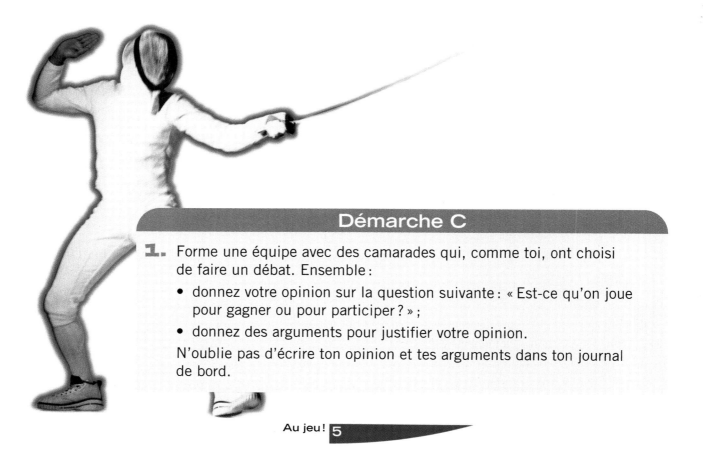

Démarche C

1. Forme une équipe avec des camarades qui, comme toi, ont choisi de faire un débat. Ensemble :

- donnez votre opinion sur la question suivante : « Est-ce qu'on joue pour gagner ou pour participer ? » ;
- donnez des arguments pour justifier votre opinion.

N'oublie pas d'écrire ton opinion et tes arguments dans ton journal de bord.

2. Lis le texte *Jouer... pour gagner ou pour participer ?*

Si tu éprouves des difficultés à comprendre un passage :

- trouve la raison de cette difficulté : est-ce à cause d'un mot que tu ne connais pas ? d'une phrase longue ? d'un paragraphe difficile à comprendre ? ;
- pense à ce que tu sais sur le sujet ;
- cherche la stratégie de lecture qui peut te dépanner.

3. Retrouve les membres de ton équipe pour discuter du texte.

- Partagez-vous le point de vue de Camille ou celui de Nadar ? Pourquoi ?
- Qui, à votre avis, défend le mieux son point de vue ? Expliquez votre réponse en donnant des exemples tirés du texte.

4. Relis le texte, cette fois en prenant des notes sur ta fiche de lecture.

5. Retrouve les membres de ton équipe. Mettez vos notes en commun.

- Assurez-vous que les arguments évoqués par Camille et Nadar sont formulés clairement.
- Surlignez les arguments qui vous semblent les plus convaincants.
- Ajoutez d'autres arguments en faveur de chacun des points de vue.

Écriture

TU VAS :

Communiquer clairement tes idées

Détecter les erreurs dans un texte

À la fin de ce projet, tu vas suspendre une carte postale dans l'école. Tu y auras noté l'idée que tu trouves importante sur les sports. Ton message doit être court et précis étant donné le peu d'espace qu'il y a sur une carte postale.

1. Trouve l'idée que tu veux partager. Pour cela, tu peux relire le texte et tes notes de lecture.

2. Note cette idée.

- Donne une explication ou un exemple qui pourrait aider à faire comprendre ton idée.
- Pense à une façon de donner une touche personnelle à ton message.

3. Écris le brouillon de ton texte.

- Laisse de l'espace entre les lignes pour pouvoir améliorer ou corriger ton texte.
- Si tu as des doutes sur l'orthographe ou la syntaxe, indique-les à mesure que tu écris.

4. Lis ton texte en te posant les questions ci-dessous. Modifie ton texte, au besoin.

- Les élèves vont-ils comprendre l'idée que tu veux partager ? Devrais-tu ajouter une explication ou un exemple pour que cette idée ressorte plus clairement ?
- Ton texte va-t-il entrer sur une carte postale ? Devrais-tu éliminer des répétitions ou certaines explications moins importantes ?

5. Relis ton texte en utilisant les moyens que tu connais pour détecter et corriger tes erreurs.

- Souligne avec un crayon de couleur l'erreur que tu veux corriger.
- Note la correction au-dessus du mot à corriger.

6. Reviens en équipe. Ensemble :

- relisez chaque texte en soulignant les erreurs avec un crayon d'une autre couleur que celle utilisée par l'auteur ou l'auteure du texte ;
- expliquez à votre camarade les erreurs qui ont été faites ;
- dites-lui dans quel ouvrage de référence (dictionnaire, grammaire, etc.) trouver l'explication de son erreur et la correction.

7. Reprends ton texte.

- Note les erreurs que tes camarades et toi avez détectées sur la fiche *Les erreurs dans mon texte*.
- Corrige ton texte.

8. Trouve un carton qui te servira de carte postale.

- Transcris ton message en t'assurant de ne pas laisser d'erreurs.
- Au verso, fais un dessin ou colle une photo pour illustrer ton message.

9. Observe ta fiche *Les erreurs dans mon texte* et discutes-en avec les camarades de ton équipe.

- Quelles erreurs arrives-tu à détecter facilement, sans aide ?
- Quelles erreurs as-tu de la difficulté à détecter ?
- Quelle démarche utilises-tu pour détecter les erreurs ?
- Comment pourrais-tu améliorer ta démarche ?

Au moment de la synthèse, tu vas présenter ton projet à tes camarades. Prépare ta présentation en utilisant un vocabulaire précis et en soignant ta prononciation.

- Si tu as choisi de communiquer tes connaissances sur un sujet lié aux Jeux olympiques (l'histoire des Jeux olympiques, la gymnastique, le patinage de vitesse), suis la **démarche A**.
- Si tu as choisi de discuter du thème d'un roman, suis la **démarche B**.
- Si tu as choisi de débattre de la question « Est-ce qu'on joue pour gagner ou pour participer ? », suis la **démarche C**.

TU VAS :

Communiquer clairement tes idées

Utiliser un vocabulaire précis

Soigner ta prononciation

Communication orale

Démarche A	Démarche B

1.

Reviens en équipe. Ensemble, relisez vos notes de lecture.

• Choisissez les informations les plus intéressantes. • Trouvez des photos ou des dessins pour illustrer votre sujet.	• Résumez les principaux événements de l'histoire. • Dégagez le thème du roman, soit le problème du personnage principal, et formulez-le clairement.

2.

Décidez comment vous allez faire votre présentation et répartissez-vous les rôles.

• Faites un plan ou un schéma de votre présentation. • Notez des mots clés pour vous rappeler vos idées. • Notez les mots précis que vous utiliserez.	• Faites un plan ou un schéma pour résumer votre extrait de roman. • Préparez des questions que vous poserez à vos camarades afin d'animer la discussion, des questions comme : Avez-vous déjà vécu un problème semblable à celui du personnage principal ? Votre réaction ressemblerait-elle à la sienne ?

3.

Exercez-vous à faire votre présentation.

- Soignez votre vocabulaire et votre prononciation.
- Écoutez vos camarades et faites-leur des suggestions pour améliorer leur présentation.
- Modifiez votre présentation jusqu'à ce que vous en soyez satisfaits.

Démarche C

1. Reviens en équipe. Ensemble, déterminez :
   - qui défendra l'idée selon laquelle on joue pour participer ;
   - qui défendra l'idée selon laquelle on joue pour gagner.

2. Lisez les règles à suivre au moment du débat.
   - Au début, chaque élève présentera son point de vue. Personne ne posera de questions et il n'y aura pas de discussion.
   - Ensuite, viendra la discussion. Chaque membre de l'équipe pourra poser des questions aux élèves qui auront défendu le point de vue opposé et surtout, apporter des objections à leurs arguments.
   - Enfin, le débat se poursuivra avec tous les élèves de la classe.

3. Préparez votre présentation.
   - Répartissez-vous les rôles.
   - Regroupez-vous selon le point de vue choisi et préparez vos arguments.

4. Exerce-toi avec l'élève qui défendra le même point de vue que toi.
   - Soigne ton vocabulaire et ta prononciation.
   - Écoute ton ou ta camarade et fais-lui des suggestions pour améliorer sa présentation.
   - Modifie ta présentation, au besoin.

③ → **Synthèse et bilan**

Sur le podium

TU VAS :

Communiquer clairement tes idées

Utiliser un vocabulaire précis

Soigner ta prononciation

Voici le moment de faire connaître le résultat de ton travail.

1. Ta carte postale est-elle prête ?

Suspends-la à l'aide d'une ficelle à l'endroit spécifié par ton enseignant ou ton enseignante.

2. En équipe, mettez la dernière main à votre présentation.

3. C'est le moment des présentations !

- Quand vient le tour de ton équipe, présente tes informations et tes idées le plus clairement possible.
- Écoute attentivement et avec respect les présentations des autres équipes.

4. En équipe, discutez de votre présentation.

- Quels étaient les points forts et les points faibles ?
- Quelles améliorations apporteriez-vous la prochaine fois ?
- Avez-vous eu de la difficulté à soigner votre prononciation ? Pourquoi ?
- Vos camarades vous ont-ils écoutés attentivement ? Qu'est-ce qui les a le plus intéressés ?

5. Fais le bilan de ce dossier en classe.

- Aimerais-tu poursuivre des recherches sur ce sujet ?
- As-tu trouvé certaines étapes difficiles à réaliser ? Si oui, lesquelles ? Explique ce que tu as trouvé difficile.

6. Fais ton bilan personnel.

- Écris ce que tu retiens du dossier dans ton journal de bord.
- Relis ton contrat.
  - As-tu respecté tes engagements ?
  - Qu'est-ce que tu voudrais améliorer ?
  - Discute de ton contrat avec ton enseignante ou ton enseignant.

7. Dans ton portfolio, dépose :

- tes notes de lecture ;
- ta carte postale ;
- ton contrat.

Connaissances et stratégies

(A) Lecture guidée

TU VAS :

Dégager les arguments d'un texte d'opinion

1. À ton avis, le jeu d'échecs devrait-il être inscrit comme discipline olympique ? Discute de ton point de vue avec tes camarades.

2. Dans le texte *Les échecs, une discipline olympique ?*, Jonathan et Flora débattent de cette question passionnante. On y trouve deux éléments :
   - la position des deux interlocuteurs ;
   - les arguments (ou les raisons) utilisés pour défendre leur opinion.

3. Lis le début du texte pour connaître l'opinion de Jonathan, puis celle de Flora.

Les échecs, une discipline olympique ?

Quand on pense aux Jeux olympiques, on pense à des athlètes, jeunes et forts, dont le corps est une machine puissante, souple et rapide. Pourtant, depuis plusieurs années, le Comité international olympique étudie la possibilité de reconnaître le jeu d'échecs comme discipline olympique ! « Comment cela serait-il possible, se disent certains, étant donné que ces Jeux sont réservés aux sports ? »

Et si le jeu d'échecs était justement un sport ? Écoutons Jonathan et Flora en discuter.

Jonathan : À mon avis, les échecs, c'est un sport. Bien sûr, c'est aussi un art, une science et un jeu. Mais je pense que c'est un sport avant tout. Et je suis tout à fait d'accord pour qu'il soit reconnu par le Comité international olympique, le CIO. Ce serait génial de voir trois joueurs d'échecs monter sur le podium, pour recevoir leurs médailles de bronze, d'argent ou d'or.

4. Que retiens-tu de ce passage ?

- Quelle est la position de Jonathan ?
- Quelles phrases du texte expriment sa position ?
- Quelle est la position de Flora ? Comment as-tu fait pour la trouver ?

5. Dans l'extrait que tu viens de lire, la position de Jonathan est exprimée telle quelle. Par contre, tu dois déduire celle de Flora à partir de ce qu'elle dit.

6. Poursuis ta lecture en cherchant les arguments de Jonathan et de Flora.

7. Discute des arguments de nos deux interlocuteurs.

- Quel est l'argument de Jonathan ?
- Quel est l'argument de Flora ?
- Comment les arguments de Jonathan et de Flora sont-ils exprimés dans le texte ?

Flora : Voyons donc ! Pour considérer qu'une activité est un sport, il faut qu'il y ait de l'action, que les participants bougent ! On ne peut pas considérer que c'est un sport quand les joueurs restent assis pendant des heures, immobiles !

Jonathan : Pourtant, il y a bien la luge, où les athlètes sont couchés…

Flora : Peut-être qu'ils restent allongés sur leur traîneau à patins, mais ils se déplacent à une vitesse folle. En fait, ils peuvent même atteindre 140 km/h ! Il faut toute une force physique pour maîtriser les virages à cette vitesse !

Jonathan : Les joueurs d'échecs aussi doivent être dans une grande forme, mais dans ce cas-ci, c'est surtout l'esprit qui est « athlétique ». Les Jeux olympiques du 21e siècle vont permettre à deux esprits plutôt qu'à deux corps de s'affronter. C'est normal, puisque la civilisation du futur est celle de l'intelligence ! Dans les temps très anciens, on pratiquait le « corps à corps ». Aujourd'hui, après des milliers d'années de civilisation, on commence à cultiver l'« esprit à esprit ». On entraîne sa pensée, tout comme l'athlète entraîne son corps. C'est le début d'un temps nouveau !

Flora : Mais le véritable sport, ça restera toujours le corps tout entier mis au service de la combativité et de l'excellence…

Jonathan : C'est exactement ce qui se passe au cours d'une partie d'échecs. Prenons l'Indien Vishy Anand, qui est le troisième au monde. Véritable surdoué des échecs, il est considéré comme le joueur le plus rapide chez les professionnels, car il prend ses décisions à une vitesse absolument stupéfiante. Quant à l'Espagnol d'origine lettone Alexeï Shirov, il est aux échecs ce que John McEnroe est au tennis : un attaquant qui ne tolère aucun compromis !

8. Poursuis ta lecture.

9. Discute encore une fois des arguments de Jonathan et de Flora.

- Quel est le nouvel argument de Flora ? Comment l'exprime-t-elle ?

- Comment pourrais-tu le reformuler ?

- Dans sa réponse, Jonathan exprime-t-il un argument ? Lequel ?

10. Poursuis ta lecture afin de trouver d'autres arguments des deux interlocuteurs.

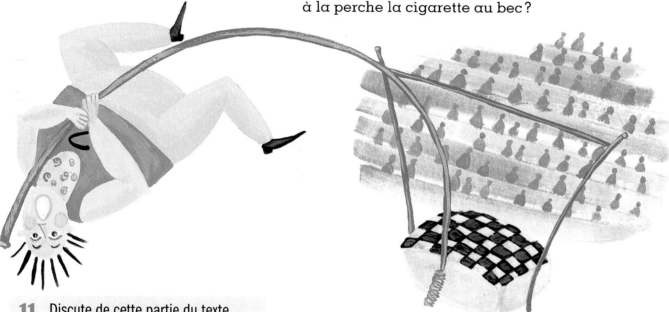

11. Discute de cette partie du texte avec deux camarades.

- Quels arguments Flora emploie-t-elle pour défendre son idée ?

- Quels sont les arguments de Jonathan ?

- Leurs arguments sont-ils exprimés tels quels dans le texte ?

Flora: Ce n'est pas sérieux. C'est même révoltant ! Tous les efforts que les vrais athlètes mettent à se donner une discipline et à s'entraîner… tout cela n'aurait donc pas d'importance ?

Jonathan: Bien sûr que cela a de l'importance. D'ailleurs, le jeu d'échecs ne sera jamais dans la même catégorie que le saut en hauteur ou le tir à l'arc, par exemple. Cependant, il ne faut pas oublier que le jeu d'échecs exige des efforts. Rester attentif parfois jusqu'à huit heures par jour et cela durant quatre à cinq jours nécessite une grande forme physique et une énorme concentration. Sans compter que la pression est forte pour déterminer les meilleurs dans chaque catégorie !

Flora: Si le jeu d'échecs devient une discipline olympique, l'olympisme ne voudra plus rien dire, selon moi, parce que l'on peut très bien voir un champion d'échecs fumer la cigarette pendant qu'il joue. Pourrait-on imaginer un gymnaste sauter à la perche la cigarette au bec ?

Jonathan: Non, bien sûr, mais même les joueurs d'échecs doivent se soumettre à des contrôles antidopage lorsqu'ils participent à des compétitic dites de « démonstration », comme tous les athlè d'ailleurs…

Flora: C'est ridicule ! Les joueurs d'éche souvent bedonnants et ils ont le teint gris yeux, ils ne représentent absolument p

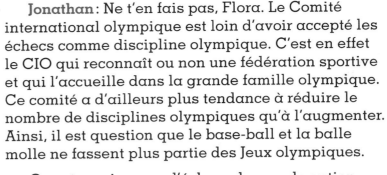

12. Poursuis ta lecture, toujours en cherchant les arguments de Jonathan et de Flora.

Jonathan: Ne t'en fais pas, Flora. Le Comité international olympique est loin d'avoir accepté les échecs comme discipline olympique. C'est en effet le CIO qui reconnaît ou non une fédération sportive et qui l'accueille dans la grande famille olympique. Ce comité a d'ailleurs plus tendance à réduire le nombre de disciplines olympiques qu'à l'augmenter. Ainsi, il est question que le base-ball et la balle molle ne fassent plus partie des Jeux olympiques.

Quant aux joueurs d'échecs du monde entier, ils aimeraient beaucoup être acceptés aux Jeux olympiques. Cela leur permettrait d'obtenir des fonds pour subventionner ceux qui parcourent le monde pour participer à des compétitions. Imagine ce que ça leur coûte !

Flora: Ils pourraient s'organiser des jeux à eux, des « championnats mondiaux d'échecs », par exemple !

Jonathan: Oh, cela existe déjà ! Et même s'ils ne sont pas acceptés aux Jeux olympiques, les joueurs continueront à jouer ! Mais pour l'instant, les échecs sont reconnus officiellement comme un sport, ce qui constitue une étape nécessaire, mais pas suffisante, pour entrer dans la famille olympique. Comme je te le disais plus tôt, on parle pour le moment d'un sport de démonstration.

Flora: L'olympisme, c'est une philosophie de vie qui combine les qualités du corps, de la volonté et de l'esprit. Est-ce que les joueurs d'échecs remplissent ces conditions ? De plus, le but du mouvement olympique n'est-il pas de contribuer à bâtir un monde pacifique en éduquant la jeunesse à pratiquer les sports sans discrimination, dans un esprit de solidarité ? Aux échecs, les joueurs ont parfois 50 ans et plus ! Comment pourrait-on les considérer comme des champions olympiques ?

13. Discute de cette dernière partie avec les membres de ton équipe.

- Trouvez les arguments de Jonathan.

- Sont-ils écrits tels quels dans le texte ?

- Quels sont les arguments de Flora ?

- Comment Flora exprime-t-elle ses arguments ?

Jonathan : Au début des Jeux olympiques, dans l'Antiquité, ce sont des intellectuels qui s'affrontaient afin de déterminer lesquels avaient les intelligences les plus vives. L'olympisme est né, d'abord et avant tout, pour inciter les êtres humains à s'émerveiller de tout ce qu'ils étaient capables d'accomplir. Par conséquent, n'est-ce pas faire honneur à la véritable tradition olympique que d'ouvrir la porte aux échecs ?

Flora : Bon, écoute, je vais faire comme les membres du comité olympique : je vais réfléchir à la question... En attendant, est-ce qu'on se fait une petite partie ?

14. Poursuis la discussion en classe.

- Résume les arguments de Jonathan, puis ceux de Flora.

- Maintenant que tu as lu le texte, quelle est ton opinion ?

- Est-ce que ta position et tes arguments ont changé ?

- Quels arguments as-tu trouvés les plus convaincants ? Pourquoi ?

B Syntaxe

TU VAS :

Utiliser la phrase de base pour analyser des phrases

Utiliser les opérations syntaxiques pour analyser des phrases

1. Tu as déjà appris que la **phrase de base** est comme un mètre ou un instrument de comparaison. En comparant à la phrase de base les phrases que tu écris ou celles que tu trouves difficiles à lire, tu peux plus facilement les construire ou les comprendre.

2. Observe les phrases A, B et C. Elles suivent le modèle de la phrase de base. Comment sont-elles construites ?

A Pierre de Coubertin est le père des Jeux olympiques modernes.

B Les Grecs de l'Antiquité ont organisé les premiers Jeux olympiques.

C Tu fais partie d'une équipe de soccer.

3. On peut schématiser ces trois phrases de la manière suivante :

Groupe sujet	+	Groupe du verbe

A Pierre de Coubertin — est le père des Jeux olympiques modernes.

B Les Grecs de l'Antiquité — ont organisé les premiers Jeux olympiques.

C Tu — fais partie d'une équipe de soccer.

4. Fais l'activité suivante avec un ou une camarade.

On dit que la phrase de base présente les caractéristiques suivantes. Comment pouvez-vous le démontrer ?

- Le groupe sujet et le groupe du verbe sont **obligatoires**.
- Le groupe sujet et le groupe du verbe sont **fixes**.

5. Pour prouver que le groupe sujet et le groupe du verbe sont obligatoires et fixes, tu as utilisé deux opérations syntaxiques.

- L'**effacement** : en essayant d'enlever le groupe sujet, puis le groupe du verbe, tu as montré que les deux groupes sont **obligatoires**.
- Le **déplacement** : en essayant de déplacer ces deux groupes de mots, tu as montré qu'ils sont **fixes**.

Dans la phrase de base, ces deux groupes sont toujours placés dans l'ordre suivant :

| Groupe sujet | + | Groupe du verbe |

6. Poursuis le travail avec ton ou ta camarade.

- Comment faites-vous pour repérer le groupe sujet dans une phrase ? Énumérez tous les moyens que vous connaissez.
- À l'aide des trois phrases de l'activité 2, expliquez votre démarche.

7. Comparez les moyens que vous avez trouvés à ceux qui suivent.

- Les pronoms « je », « tu », « il », « ils » et « on » sont toujours sujets.
- Tu peux remplacer un groupe du nom sujet par un pronom comme « il », « ils », « elle » ou « elles ».
- Tu peux encadrer le groupe sujet par « c'est… qui ».

8. Tu viens d'utiliser une troisième opération syntaxique : le **remplacement**. Cette opération syntaxique te permet de remplacer un groupe de mots par un autre. Par exemple, tu peux remplacer un groupe du nom sujet par un pronom sujet.

| Groupe sujet | + | Groupe du verbe |

Les Grecs de l'Antiquité   ont organisé les premiers Jeux olympiques.

Ils   ont organisé les premiers Jeux olympiques.

9. La **phrase de base** peut contenir un autre groupe de mots, en plus du groupe sujet et du groupe du verbe.

- Observe les phrases suivantes : quels groupes de mots ne font pas partie du groupe sujet ni du groupe du verbe ?
- Comment appelle-t-on ces groupes de mots ?
- Quel rôle jouent-ils dans la phrase ?

A Pierre de Coubertin a fait revivre les Jeux olympiques en 1896.

B Dans l'Antiquité, les Grecs ont organisé les premiers Jeux olympiques.

C Tu fais partie d'une équipe de soccer depuis trois ans.

10. Les groupes de mots « en 1896 », « Dans l'Antiquité » et « depuis trois ans » sont des **compléments de phrase**. Ils ajoutent des précisions à la phrase.

Retrouve ton ou ta camarade. À l'aide des phrases de l'activité 9, démontrez que :

- le complément de phrase est **facultatif** ;
- le complément de phrase est **déplaçable**.

11. Lorsqu'on représente la phrase de base :

- on encadre le groupe complément de phrase en pointillé. C'est une façon d'indiquer qu'il est facultatif ;
- on le met à la fin de la phrase, même s'il peut être ailleurs dans les phrases que tu lis et que tu écris.

Groupe sujet	+	Groupe du verbe	+	Groupe complément de phrase
A Pierre de Coubertin		a fait revivre les Jeux olympiques		en 1896.
B Les Grecs		ont organisé les premiers Jeux olympiques		dans l'Antiquité.
C Tu		fais partie d'une équipe de soccer		depuis trois ans.

12. En observant les phrases A, B et C, tu as constaté qu'on avait ajouté un groupe de mots, le complément de phrase.

On a fait une **addition**. Cette opération syntaxique te permet d'ajouter un ou des groupes de mots dans une phrase.

13. Sais-tu comment reconnaître le complément de phrase ?

- Tu peux te servir de l'**effacement**. Le complément de phrase est le seul groupe de mots qu'on peut enlever tout en conservant une vraie phrase ; il reste alors le groupe sujet et le groupe du verbe.

   Ex.: Les Grecs ont organisé les premiers Jeux olympiques ~~dans l'Antiquité~~.

- Tu peux aussi te servir du **déplacement**. Le complément de phrase peut être placé à différents endroits dans la phrase.

   Ex.: Les Grecs ont organisé les premiers Jeux olympiques dans l'Antiquité.

   Dans l'Antiquité, les Grecs ont organisé les premiers Jeux olympiques.

   Les Grecs, dans l'Antiquité, ont organisé les premiers Jeux olympiques.

- Enfin, tu peux utiliser la tournure « et cela se passe » ou « et cela » devant le complément de phrase.

   Ex.: Les Grecs ont organisé les premiers Jeux olympiques et cela se passe dans l'Antiquité.

14. Fais les deux activités qui suivent avec ton ou ta camarade.

- Décomposez les phrases suivantes en vous servant du schéma de la phrase de base.
- Expliquez à la classe comment vous avez repéré les différents groupes de mots.

  Attention! Une phrase peut contenir plus d'un complément de phrase.

A Je proclame l'ouverture des Jeux olympiques.

B Pendant près de 30 ans, Pierre de Coubertin a été président du Comité international olympique.

C En 1976, Montréal a accueilli des milliers de spectateurs pendant toute la durée des Jeux.

15. Observez les couples de phrases ci-dessous.

- Quelle opération syntaxique a-t-on utilisée pour passer de la phrase A à la phrase B, de la phrase C à la phrase D et enfin, de la phrase E à la phrase F?
- Expliquez à la classe comment vous avez trouvé votre réponse.

A Le basket-ball a été inventé aux États-Unis en 1891.

B Ce sport a été inventé aux États-Unis en 1891.

C La gymnastique est inscrite aux Jeux olympiques dès 1896.

D Dès 1896, la gymnastique est inscrite aux Jeux olympiques.

E Le triathlon olympique comporte 1,5 km de natation, 20 km à vélo et une course à pied de 5 km.

F Depuis les Jeux de Sydney en 2000, le triathlon olympique comporte 1,5 km de natation, 20 km à vélo et une course à pied de 5 km.

C Syntaxe, orthographe grammaticale et orthographe d'usage

TU VAS:

Détecter les erreurs
dans un texte

Réfléchir à
ta démarche
de révision

Utiliser des méthodes
de travail efficaces

1. As-tu de la difficulté à réviser et à corriger ton texte ?
Voici une expérience qui va t'aider à analyser ta méthode de travail.
Tu pourras ensuite l'améliorer.

- Tu vas t'inspirer du tableau ci-dessous pour écrire un texte.
  Discute des informations qu'il contient avec un ou une camarade
  afin de t'assurer de bien les comprendre.

- Rédige ton texte. Tu n'as pas à utiliser toutes les informations du tableau.

Comparaison de deux sports

Critères de comparaison \ Disciplines	La natation	Le judo
Inscription aux Jeux olympiques	– compétitions masculines : 1896 – compétitions féminines : 1912	– compétitions masculines : 1964 – compétitions féminines : 1992
Épreuves	6 épreuves sur des distances variées : – nage libre – brasse – papillon – dos – relais – 4 nages	1 épreuve ; les judokas sont classés selon leur poids
Qualités requises	– endurance – force – rapidité	– précision – respect des règlements – respect de l'autre

2. Forme une équipe avec un ou une camarade.

- Répartissez-vous les rôles : élève A et élève B.

  – Si tu es l'élève A, révise et corrige ton texte en disant ce que tu fais à voix haute. Utilise un crayon de couleur pour faire tes corrections.

  – Si tu es l'élève B, observe ce que fait ton ou ta camarade et note-le. Tu pourras commenter sa démarche par la suite. Ne lui fais aucune suggestion.

- Inversez les rôles.

3. Poursuis le travail avec ton ou ta camarade.

Révise et corrige le texte de ton ou ta camarade avec un crayon d'une autre couleur.

4. Ensemble, classez les erreurs de chaque texte dans un tableau semblable au suivant. Notez l'erreur ainsi que la correction dans la colonne appropriée.

Syntaxe	Orthographe grammaticale		Orthographe d'usage
Ponctuation et structure de phrase	Accords dans le groupe du nom	Accord du verbe	

Voici des exemples d'erreurs pour chacune des catégories du tableau.

- Erreurs de syntaxe :
  - il manque un signe de ponctuation ou une majuscule en début de phrase ;
  - il manque un mot dans une phrase ou encore, un mot est mal placé ;
  - il manque un terme de négation dans une phrase négative ;

    Ex.: Le judo était pas présent aux Jeux olympiques avant 1964.

  - une phrase est mal structurée ou elle est construite comme une phrase orale.

    Ex.: Tu sais-tu quelles qualités il faut posséder pour pratiquer ces sports ?

- Erreurs d'accord dans le groupe du nom :
  - le déterminant ou l'adjectif n'a pas le même genre et le même nombre que le nom.

    Ex.: Les nageuses olympique...

- Erreurs d'accord du verbe :
  - le verbe n'est pas de la même personne ou du même nombre que le sujet ou encore il est mal orthographié.

    Ex.: Les judokas respecte leurs adversaires.

    Les nageurs son très rapides.

- Erreurs d'orthographe d'usage :
  - le mot n'est pas orthographié tel qu'on le trouve dans un dictionnaire ;

    Ex.: La natassion est une discipline olympique.

  - il manque une majuscule à un nom propre.

    Ex.: Les nageurs étaient déjà présents aux Jeux d'athènes.

5. Discutez de votre travail.

- Quelle démarche avez-vous suivie pour réviser votre texte ?
- Cette démarche donne-t-elle de bons résultats ?
- Observez vos tableaux respectifs, puis dites quelles erreurs vous faites le plus souvent.
- Quelles erreurs détectez-vous le plus facilement ?

6. Discute avec les élèves de ta classe des différentes façons de réviser un texte.

- Lesquelles ressemblent le plus à ce que tu fais ?
  - Je lis lentement chaque phrase en me posant des questions.
  - Je corrige attentivement les premières phrases de mon texte, puis je me fatigue et je lis le reste plus vite.
  - Quand je relis mon texte, je ne vois pas mes erreurs.
  - J'ai souvent des doutes, mais je ne sais pas comment corriger mes erreurs.
  - Je trouve que c'est long et ennuyeux de chercher mes erreurs.
- À ton avis, devrais-tu modifier ta démarche ? Si oui, que devrais-tu faire ?

7. Qu'est-ce que tu retiens de cette réflexion ? Dans ton journal de bord, écris ce que tu comptes faire pour améliorer ta démarche.

Ⓓ Orthographe d'usage

1. Discute avec tes camarades.

- Comment ferais-tu pour mémoriser l'orthographe des mots suivants ?

  athlète, baseball, champion – championne, compétition, gymnastique, karaté

  Attention ! On peut aussi écrire « base-ball ».

- Les moyens que tu utilises habituellement pour retenir l'orthographe des mots sont-ils efficaces ?
- Te souviens-tu de l'orthographe des mots quand vient le temps de les écrire ?

2. Voici une stratégie qui peut t'aider.

Pour apprendre l'orthographe d'un mot

Écriture

- Je lis le mot attentivement une première fois.

- J'examine ce mot en cherchant ce qu'il a de particulier.

  Ex.: athlète: le son [t] s'écrit «th»; la fin du mot s'écrit «ète» et non «ette» comme dans «cassette».

- Je ferme les yeux et j'écris le mot dans ma tête.

  Si j'ai des doutes sur son orthographe, je le regarde de nouveau.

- J'écris le mot de mémoire, c'est-à-dire sans le regarder.

- Je vérifie si j'ai bien écrit le mot.

  Sinon, je le corrige.

3. Sers-toi de cette stratégie pour mémoriser l'orthographe des mots de l'activité 1. Puis, étudie de la même façon les trois séries de mots qui suivent.

basket-ball, canot, équitation, football, natation, patinage, ski

adversaire, arbitre, piscine, poids, stade

argent, bronze, médaille, or

4. Forme une équipe avec un ou une camarade.

- Donne-lui en dictée 10 des mots que vous venez d'étudier.

- Demande-lui de t'en donner 10 en dictée.

- Corrigez vos dictées.

- Évaluez votre travail: avez-vous trouvé cette stratégie efficace? Est-elle plus efficace que celle que vous utilisez habituellement?

5. Voici un autre moyen pour mémoriser l'orthographe des mots. Il consiste à comparer des mots qui se ressemblent, les mots d'une même famille par exemple.

Ex.: Les mots « athlète » et « athlétisme » sont de la même famille.

Quelles sont les ressemblances et les différences entre ces deux mots ?

6. Utilise ce moyen pour apprendre l'orthographe des séries de mots suivantes.

agile – agilité

champion – championne – championnat

courir – course

exercice – exercer – s'exercer

gymnase – gymnaste – gymnastique

habile – habileté

olympiade – olympique

patin – patinage – patinoire

plongeon – plonger

7. Comment est formé le féminin des noms se terminant par « eur » ?
Observe les couples de mots suivants.

coureur – coureuse   patineur – patineuse

joueur – joueuse   plongeur – plongeuse

marcheur – marcheuse   sauteur – sauteuse

nageur – nageuse   skieur – skieuse

8. On pense souvent que les noms féminins qui se terminent par le son [é] ont toujours un « e » muet à la fin.
Est-ce qu'on a raison ?

Pour répondre à cette question, observe les mots suivants et trouves-en d'autres semblables dans une liste orthographique ou un dictionnaire.

activité, amitié, randonnée, rapidité

Dossier ②

Je suis... moi!

«Qui es-tu?» «Quel genre de personne voudrais-tu être plus tard?» C'est le type de questions que tu te poses probablement, comme tous les jeunes de ton âge d'ailleurs. Et avec raison!

Déjà, il y a plus de 2000 ans, Socrate enseignait l'importance de se connaître. C'est à ce philosophe grec que l'on doit la célèbre phrase «Connais-toi toi-même.» N'est-ce pas là un défi intéressant à relever?

Dans ce dossier, tu vas:

- exprimer la perception que tu as de toi;
- te connaître davantage;
- utiliser un vocabulaire précis;
- sélectionner des informations dans un texte;
- coopérer;
- discuter du thème d'un extrait de roman;
- te connaître en découvrant un personnage de roman;
- réfléchir à ta démarche de révision;
- réfléchir à ta manière de rédiger des textes;
- reconnaître le nom et l'adjectif;
- reconnaître le groupe du nom;
- reconnaître la préposition;
- faire les accords dans le groupe du nom;
- écrire des verbes à l'indicatif présent, à l'imparfait et au participe présent.

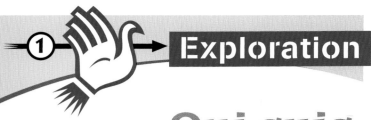
Qui suis-je?

1. Forme une équipe avec un ou une camarade de ton choix.

- À tour de rôle, vous allez devenir peintre et faire le portrait de l'autre. Quels traits de personnalité voudrais-tu que ton ou ta camarade fasse ressortir dans son dessin ?

- Discutez de vos portraits. Est-ce que tu te vois comme ton ou ta camarade te perçoit ?

2. Forme une équipe avec trois élèves. Ensemble :

- lisez les traits de personnalité suivants. Demandez-vous dans quelle mesure ils vous représentent.

  C'est le moment d'employer des adverbes comme « très », « extrêmement », « fort », « peu », « plutôt », « passablement », « légèrement », « parfois », etc.

chaleureuse

fragile

Es-tu une personne

– rapide ou lente ?

– chaleureuse ou froide ?

– confiante ou hésitante ?

– distraite ou attentive ?

– pacifique ou agressive ?

– inquiète ou sereine ?

– souple ou entêtée ?

– tranquille ou bruyante ?

– fragile ou robuste ?

– timide ou audacieuse ?

- Donne des exemples pour illustrer tes traits de personnalité.

- Si tu doutes du sens de certains mots, cherche-les dans un dictionnaire.

robuste

distrait

hésitante

rapide

entêté

pacifique

lente

3. Poursuivez la discussion en équipe.
   - Y a-t-il, dans votre équipe ou dans la classe, deux élèves qui ont exactement les mêmes traits de personnalité?
   - Comment expliquez-vous ce phénomène?

4. Note, dans ton journal de bord, les traits de personnalité que tu viens de découvrir chez toi.

5. Discute des questions ci-dessous avec ton équipe. Changez d'animateur ou d'animatrice et de porte-parole pour chaque question.
   - Qu'est-ce qui vous fait dire qu'un garçon est beau ou qu'une fille est jolie?
   - À quoi reconnaissez-vous qu'une personne est intelligente?
   - Comment se comporte une personne sociable?
   - Que faut-il pour qu'une personne soit heureuse?

6. Faites le compte rendu de votre discussion à la classe.
   - Écoute attentivement les points de vue de chaque équipe.
   - Si tu es porte-parole, exprime clairement tes idées et utilise des mots précis.

7. Reviens en équipe. Ensemble, évaluez votre discussion.
   - Avez-vous eu de la difficulté à parler de vous? Qu'est-ce qui était le plus facile? le plus difficile?
   - Qu'est-ce que vous avez fait pour que la discussion se déroule bien?
   - Avez-vous respecté les rôles d'animateur ou d'animatrice et de porte-parole?
   - Avez-vous pris soin d'utiliser des mots précis?

8. Prends des notes dans ton journal de bord en t'inspirant des questions suivantes.
   - Qu'as-tu appris sur toi au cours des discussions?
   - À ton avis, qu'est-ce que les autres pensent de toi?
   - L'opinion que les autres ont de toi a-t-elle une influence sur ta vie? Explique ta réponse.

timide

9. Dans ce dossier, tu vas apprendre à te connaître davantage. Tu vas faire ce que l'on va appeler «ton passeport pour la vie». Tu auras à:
   - lire deux textes: un texte informatif et un extrait de roman;
   - discuter de tes lectures avec des élèves qui auront lu des textes différents de celui que tu as choisi. Cela te permettra d'explorer d'autres facettes de ta personnalité;
   - rédiger ton passeport pour la vie;
   - communiquer tes découvertes en faisant circuler ton passeport parmi tes camarades.

10. Lis ton contrat en réfléchissant à chacun de tes engagements. Signe-le, puis date-le.

Ton projet

Mon passeport pour la vie

Lecture

TU VAS :

Sélectionner des informations dans un texte

Te connaître davantage

Coopérer

1. Tu vas lire un texte informatif afin de découvrir un aspect de ta personnalité.

- Choisis, parmi les sujets suivants, celui qui t'intéresse le plus :
  - l'intelligence ;
  - le bonheur ;
  - l'hérédité.
- Trouve, dans le recueil (p. 148 à 159), le texte qui traite du sujet que tu as choisi.

2. Avant de commencer à lire, réponds à la question 1 de ta fiche de lecture.

3. Observe le titre, les intertitres et les illustrations. Lis l'introduction.
Dans ton journal de bord, note :
- le titre du texte choisi ;
- les questions que tu te poses sur le sujet ;
- les informations ou les idées que tu penses trouver dans le texte.

4. Lis le texte choisi.

5. Prends des notes en répondant aux autres questions de ta fiche.

6. Discute de ton sujet avec des élèves qui ont lu le même texte que toi.

- Comparez vos réponses aux questions de la fiche.
  Précisez vos réponses, au besoin.

- Faites ressortir les idées que vous trouvez importantes de communiquer aux autres camarades. Prenez-les en note.

7. Forme une équipe avec des élèves qui ont lu d'autres textes que le tien. Ensemble, discutez du contenu de chaque texte afin que tous les membres de l'équipe connaissent bien les trois sujets.

8. Poursuivez la discussion à l'aide des questions suivantes.

- Quelles caractéristiques avez-vous héritées de vos parents?

- Quels traits de personnalité avez-vous acquis durant votre enfance? Comment les avez-vous acquis?

- Quelles sont vos forces ou vos qualités?

- Croyez-vous que l'on peut devenir plus intelligent? Expliquez votre réponse.

- Selon Abraham Maslow, les gens heureux peuvent accomplir beaucoup de choses tout en réussissant à surmonter les épreuves de la vie. Est-ce que cette affirmation est vraie, selon vous? Expliquez votre réponse.

9. Dans ton journal de bord, note les idées qui t'aident à te connaître davantage.

10 mois   10 ans

TU VAS:

Discuter du thème d'un extrait de roman

Te connaître en découvrant un personnage de roman

Coopérer

10. Les romans nous apprennent beaucoup sur nous. En découvrant un personnage, on se découvre un peu soi-même.

Trouve, dans le recueil (p. 160 à 174), les trois récits suivants et feuillette-les. Choisis celui qui t'attire le plus.

- *Monsieur Engels*
- *Une fille pas comme les autres*
- *Alexandre le dinosaure*

11. Dans ton journal de bord, note :
- le titre de l'extrait que tu as choisi ;
- tes prédictions sur l'histoire.

12. Lis le texte que tu as choisi.

13. Prends des notes à l'aide de la fiche de lecture qu'on te remettra.

14. Discute de ta lecture avec des élèves qui ont lu le même texte que toi.
- Comparez vos réponses aux questions de la colonne A.
- Discutez de vos réactions et de vos opinions notées dans la colonne B.

15. Forme une équipe avec des élèves qui ont lu d'autres récits que toi. À tour de rôle, résumez l'extrait que vous avez lu afin que chaque camarade puisse bien connaître le personnage et ses émotions.

16. Discutez des idées importantes des trois extraits en répondant aux questions suivantes.
- Vous arrive-t-il parfois, comme Benjamin, de vous sentir déchirés entre plusieurs rêves ? Comment réagissez-vous ?
- Certaines personnes, telle Étamine, semblent se moquer de ce que les autres pensent et disent. Vous, êtes-vous sensibles au jugement des autres ?
- Vous est-il déjà arrivé, comme Edward, de vous sentir grandis après une expérience particulièrement éprouvante ? Racontez ce que vous avez vécu et ressenti.

17. Prends des notes dans ton journal de bord sur ce que tu retiens de cette discussion.

Écriture

TU VAS :

Exprimer la perception
que tu as de toi

Réfléchir à
ta démarche de
révision

Maintenant que tu sais un peu mieux qui tu es, tu vas te faire connaître en faisant ton passeport pour la vie. Quels aspects de toi veux-tu révéler à tes camarades ?

Utilise une page de ton passeport pour chacun des aspects :

- ton nom, une photo et une courte description de ton apparence ;
- quelques traits de ta personnalité ;
- les domaines et les activités qui t'intéressent ;
- une courte présentation de tes meilleurs amis et ce qui te lie à eux ;
- tes actions et les efforts que tu fais pour développer ton intelligence ;
- tes rêves et tes projets.

1. Fais la page couverture de ton passeport.
- Plie un carton en deux. Ce sera la couverture de ton passeport.
- Fais un dessin qui te représente bien.

2. Relis les notes que tu as prises dans ton journal de bord.
- Choisis les informations et les idées que tu veux mettre dans ton passeport.
- Répartis-les sur les différentes pages.

3. Cherche d'autres idées pour compléter les pages de ton passeport.

4. Fais un brouillon de ton passeport en cherchant une façon originale de te présenter.
- Laisse assez d'espace entre les lignes pour pouvoir retravailler ton texte.
- Si tu as des doutes sur l'orthographe des mots ou la structure des phrases, note-les à mesure que tu écris.
- Titre chaque page de ton passeport.

5. Lis ton texte en te posant les questions suivantes.

- Ton texte permet-il aux autres de bien te connaître ? Comporte-t-il suffisamment d'informations ?
- Les informations et les idées sont-elles placées dans le bon ordre et sur la bonne page ?
- As-tu trouvé une façon originale de te présenter ? Y a-t-il des éléments que tu voudrais enlever ou améliorer pour que ton texte soit plus intéressant ?

6. Relis ton texte afin de détecter, puis de corriger tes erreurs.

Pense à la réflexion que tu as faite dans le dossier 1 (p. 20) sur ta manière de réviser et de corriger ton texte. Si ta démarche est insatisfaisante, en voici une qui peut t'aider. Relis ton texte une phrase à la fois en suivant les étapes ci-dessous.

- Vérifie si la phrase est bien ponctuée : est-ce qu'elle commence par une majuscule et se termine par un point, un point d'interrogation ou un point d'exclamation ?
- Analyse la phrase : contient-elle un groupe sujet et un groupe du verbe ? Contient-elle un complément de phrase ? Si oui, as-tu bien mis la ou les virgules nécessaires ?
- Repère les groupes du nom : les accords sont-ils bien faits ?
- Repère le ou les verbes : sont-ils bien accordés ?
- Vérifie l'orthographe de chaque mot en consultant ta liste orthographique ou un dictionnaire.

7. Transcris ton texte dans ton passeport.

- Note un élément par page.
- Illustre quelques pages.
- Soigne ton écriture afin que ton passeport soit facile à lire.
- Relis ton texte afin de t'assurer qu'il ne reste pas d'erreurs.

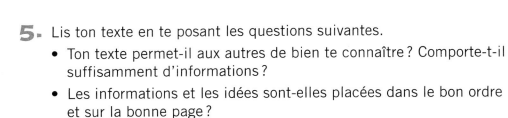

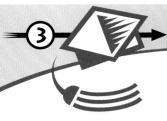

Tous pour un, un pour tous !

« Tous pour un, un pour tous ! », telle était la devise des célèbres mousquetaires. Ces hommes, quoique très différents, étaient très unis. En sera-t-il de même dans la classe une fois ce projet terminé ?

1. Fais circuler ton passeport dans la classe.

2. Lis le passeport de tes camarades. Tu découvriras sûrement des aspects d'eux que tu ne connaissais pas.

3. Discute de tes lectures avec tes camarades.
- Qu'as-tu appris sur tes camarades ? Y en a-t-il que tu as découverts sous un nouveau jour ?
- Quels passeports as-tu trouvés les plus étonnants ?
- Y a-t-il des camarades que tu voudrais connaître davantage ?

4. Poursuis la discussion en classe.
- Qu'as-tu appris sur toi au cours de ce dossier ?
- Est-ce que le fait de mieux connaître tes camarades va t'inciter à créer de nouveaux liens ?

5. Fais ton bilan dans ton journal de bord.
- Qu'as-tu découvert de plus surprenant sur toi ?
- Quels camarades as-tu appris à connaître ?

6. Relis ton contrat et évalue les progrès que tu as faits. Discutes-en avec ton enseignante ou ton enseignant.

7. Dans ton portfolio, dépose :
- tes deux fiches de lecture ;
- ton passeport ;
- ton contrat ;
- ton journal de bord.

Connaissances et stratégies

A Rédaction

1. Les élèves n'emploient pas tous la même démarche quand vient le moment d'écrire un texte. Discute des différentes démarches ci-dessous avec un ou une camarade. Pour chaque situation, répondez aux questions suivantes.

- Est-ce que votre démarche ressemble à celle-ci ?
- La trouvez-vous efficace ? Expliquez votre réponse.

Tobie cherche des idées avec les camarades de son équipe et, de retour à sa place, il se met à écrire immédiatement.

Anna fait un schéma du texte à écrire dans sa tête. Elle commence à le rédiger une fois qu'elle en est satisfaite.

Pendant qu'il rédige son texte, Joan arrête à chaque mot pour se demander comment il s'écrit.

Sarah rédige son texte sans s'arrêter, de peur d'oublier ses idées. Quand elle a terminé, elle entreprend de le corriger.

Rami écrit quelques phrases, puis s'arrête pour les relire et les modifier, au besoin, avant de poursuivre sa rédaction.

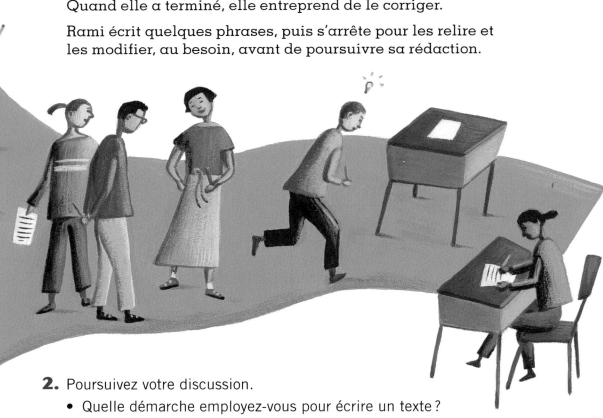

2. Poursuivez votre discussion.

- Quelle démarche employez-vous pour écrire un texte ? Est-ce toujours la même ?
- Trouvez-vous votre démarche efficace ? Expliquez votre réponse. Auriez-vous intérêt à la modifier ? Comment ?

B Syntaxe

TU VAS :

Reconnaître le nom et l'adjectif

Reconnaître le groupe du nom

Sais-tu que les erreurs dans les textes sont souvent dues à de mauvais accords dans les groupes du nom ? Pour éviter de telles erreurs, il faut repérer les groupes du nom dans la phrase.

1. Tu sais que, dans une phrase, il y a un **groupe du nom** chaque fois qu'il y a un nom.

- Le nom est le noyau du groupe du nom.
- Le nom donne son nom au groupe.

Quel est le noyau de chaque groupe du nom dans cette phrase ?

Ex.: L'hérédité, c'est ce qui fait qu'un enfant aura les yeux bleus
  GN   GN   GN

comme son père.
       GN

Remarque. L'abréviation GN représente le groupe du nom.

2. Pour repérer les groupes du nom dans une phrase, tu dois reconnaître les noms. Sais-tu le faire facilement ? Discute avec tes camarades des moyens que tu emploies pour repérer les noms.

3. Compare tes moyens à ceux qui suivent. Tes moyens sont-ils efficaces ?

Pour reconnaître un nom

Je me pose les questions suivantes.

- Est-ce que ce mot sert à nommer des personnes, des animaux, des objets ou d'autres réalités comme des lieux, des activités, des sentiments ?

  Ex.: Cette **fille** a les **cheveux** roux comme sa **mère**.

- Est-ce que je peux placer un déterminant comme « un », « une », « des », « le », « la », « l' » ou « les » devant ce nom ?

  Ex.: une fille, **des** cheveux, **la** mère

- Est-ce que je peux placer un adjectif avant ou après ce mot ?

  Ex.: une **jolie** fille, des cheveux **roux**, une mère **généreuse**

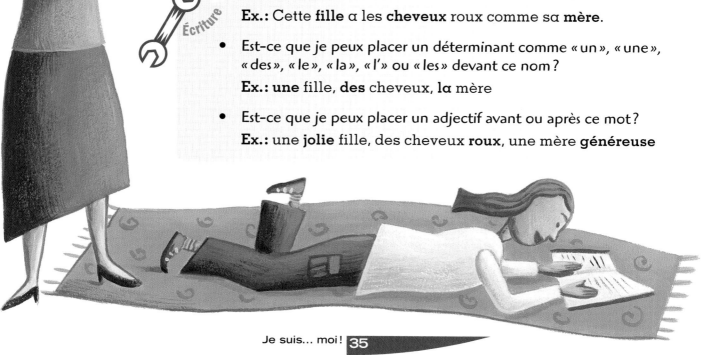

4. Repère les noms dans les phrases suivantes, puis explique ta démarche à un ou une camarade.

   A La nouvelle élève intrigue ses camarades parce qu'elle ne se livre pas facilement.

   B Jonathan est fort timide : il baisse les yeux lorsqu'il rencontre une personne pour la première fois.

5. Dans un groupe du nom, le nom est parfois seul ; le plus souvent, il est entouré d'autres mots. Observe la composition des groupes du nom suivants.

   A <u>Jonathan</u> est fort timide.
        nom

   B Jonathan intrigue <u>ses camarades</u>.
        nom   dét. + nom

   C Jonathan intrigue <u>ses nouveaux camarades</u>.
        nom   dét. + adj. + nom

   De quoi sont formés les groupes du nom « les yeux », « une personne » et « la première fois » dans la phrase B de l'activité 4 ?

6. Tu dois aussi savoir reconnaître l'adjectif pour bien délimiter le groupe du nom. Comment fais-tu pour reconnaître l'adjectif dans une phrase ? Tes moyens ressemblent-ils à ceux qui suivent ?

Pour reconnaître un adjectif

Je me pose les questions suivantes.

* Est-ce que ce mot dit comment est la personne, l'animal, l'objet ou la réalité désigné par le nom ?

   Ex. : Cette fille a les cheveux **longs**.

   Le mot « longs » dit comment sont les cheveux. C'est un adjectif.

* Est-ce que je peux mettre ce mot au masculin et au féminin ?
   Ex. : un cheveu **long** (masculin)
           une jupe **longue** (féminin)

* Est-ce que je peux placer le mot « très » devant ce mot ?
   Ex. : des cheveux **très** longs

   Attention ! On ne peut pas placer le mot « très » devant tous les adjectifs. Par exemple, on ne peut pas dire : une bibliothèque **très** municipale.

7. Il est parfois difficile de délimiter un groupe du nom, c'est-à-dire de repérer tous les mots qu'il contient. C'est le cas lorsque le groupe du nom contient plusieurs adjectifs.

- Repère les groupes du nom dans les phrases suivantes.
- Repère les noms et les adjectifs contenus dans les groupes du nom.

A Cette fille a de longs cheveux roux.

B Aboud est un garçon costaud et pacifique.

C Virginie est une fille rapide ou lente, brusque ou délicate, selon les événements.

8. Il arrive aussi que le groupe du nom contienne un adverbe devant un adjectif.

- Repère les groupes du nom dans les phrases suivantes.
- Repère les noms et les adjectifs contenus dans les groupes du nom.

A Étamine portait un manteau <u>trop</u> grand.
adv.

B Sophie est une fille audacieuse et <u>extrêmement</u> drôle.
adv.

C Cette fille a de <u>très</u> longs cheveux.
adv.

9. Forme une équipe avec un ou une camarade.

- Repérez les groupes du nom dans les phrases suivantes.
- Expliquez votre démarche pour reconnaître les groupes du nom.

A Lorsqu'on ne veut pas que les larmes coulent, il y a un truc infaillible : lever la tête et les yeux, ça empêche l'eau de déborder.

B Cette fille bizarre porte des vêtements affreux, a les cheveux sales et les yeux croches.

C Benjamin est un jeune pianiste talentueux qui s'entraîne tous les jours pour devenir un athlète remarquable. Mais actuellement, il n'est qu'un enfant plutôt chétif, plutôt timide, plutôt silencieux.

10. Voici un autre cas difficile : un groupe du nom peut contenir un complément du nom formé d'une préposition et d'un groupe du nom.

Observe la composition du groupe du nom souligné dans la phrase ci-dessous.

<u>Les qualités</u> ⌐complément du nom⌐ <u>de ces élèves</u> sont remarquables.
GN

complément du nom
⌐de <u>ces élèves</u>⌐
préposition + GN

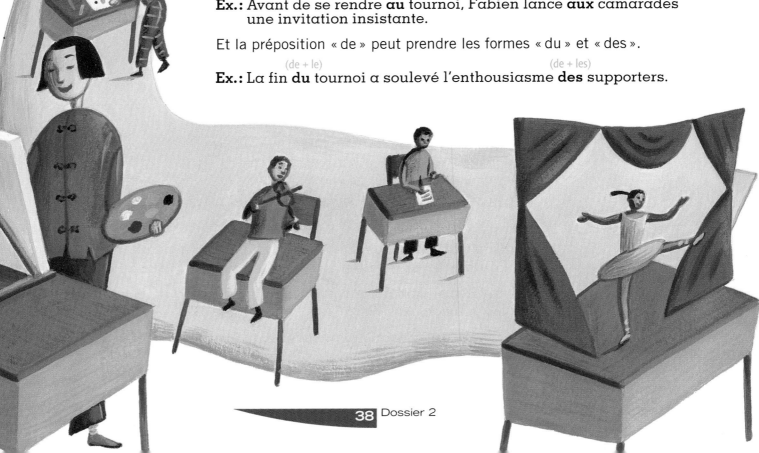

TU VAS :

Reconnaître
la préposition

11. Une préposition est un mot invariable. Elle sert souvent à former un complément avec le groupe de mots qui la suit.

Observe les groupes du nom précédés d'une préposition dans les phrases ci-dessous.

A **Dans** <u>cette classe</u>, on trouve plusieurs artistes.

Ici, la préposition « dans » sert à former un complément de phrase.

B Benjamin va **à** <u>la piscine</u>.

Ici, la préposition « à » sert à former un complément du verbe.

C Tous les jeudis, Benjamin a une leçon **de** <u>piano</u>.

Ici, la préposition « de » sert à former un complément du nom.

Les prépositions qu'on trouve le plus souvent devant un groupe du nom sont : « de », « à », « dans », « pour », « avec », « sans », « chez », « sur », « sous ».

Remarques. La préposition « à » peut aussi prendre les formes « au » et « aux ».

(à + le)   (à + les)
Ex.: Avant de se rendre **au** tournoi, Fabien lance **aux** camarades une invitation insistante.

Et la préposition « de » peut prendre les formes « du » et « des ».

(de + le)   (de + les)
Ex.: La fin **du** tournoi a soulevé l'enthousiasme **des** supporters.

12. Fais le travail suivant en équipe.

- Dans les phrases suivantes, repérez tous les groupes du nom, ainsi que les noms et les adjectifs qu'ils contiennent.

- Expliquez votre démarche.

  A Madame Krumbcutter vole au secours d'Edward après un long silence embarrassant.

  B Benjamin regarde sa mère. Une longue mèche de cheveux blonds cache son visage.

  C Ce garçon se demande pourquoi il a l'intelligence vive de sa mère et les goûts raffinés de son père.

C Orthographe grammaticale

TU VAS :

Faire les accords dans le groupe du nom

1. Tu le sais déjà : dans un groupe du nom, le nom noyau donne son genre et son nombre au déterminant et à l'adjectif. Observe l'exemple qui suit.

Benjamin est un garçon plutôt chétif, plutôt timide, plutôt silencieux.
    dét. m. s. n. m. s.   adj. m. s.   adj. m. s.   adj. m. s.

2. Retrouve ton équipe. Transcrivez les phrases qui suivent, puis faites une flèche du nom vers le déterminant et une autre du nom vers l'adjectif ou les adjectifs, s'il y a lieu.

  A Edward jeta un regard craintif sur la classe silencieuse.

  B La pauvre fille portait un manteau trop grand et d'horribles bas bleus.

  C La lueur verte se reflétait dans le grand miroir de la chambre de ses parents endormis.

3. On oublie parfois d'accorder certains adjectifs parce qu'ils se prononcent de la même façon au masculin et au féminin. C'est le cas, entre autres, des adjectifs qui se terminent par « é » comme « affamé » ou par « i » comme « étourdi ».

Fais le travail qui suit avec un ou une camarade.

- Formez un groupe du nom avec les adjectifs suivants.

- Observez le genre et le nombre de l'adjectif : le nom utilisé doit être du même genre et du même nombre que l'adjectif.

allumée, blessées, dégourdi, séparés, étourdie, percées

4. Parmi les mots en « é » et en « i », certains sont des participes passés. Comme les adjectifs, on peut les trouver dans un groupe du nom et ils s'accordent de la même façon. En voici quelques exemples.

 A Ce vieillard fredonne une vieille chanson **oubliée** depuis longtemps.

 B Les prix **remportés** par Benjamin le laissent indifférent.

 C Benjamin adore les pâtes **garnies** de crème et de lardons.

5. Dans le texte suivant, les accords dans les groupes du nom sont-ils bien faits ?

 • Relève les erreurs et corrige-les.

 • Retrouve les membres de ton équipe ; explique-leur ta démarche pour repérer, puis corriger les erreurs.

!
Erreurs

   Ubald avait des airs de clown avec ses pantalons trop court et ses énorme souliers pointus. Les élèves riaient de lui à gorge déployé, le traitant de tous les noms possibles et inimaginable. Ubald préparait cependant une revanche mérité. Il passait de longues heures le soir à dessiner seul dans sa chambre... Il gagne maintenant très bien sa vie à faire des caricatures originales de personnes fort connu. Il faut dire qu'il a eu de nombreux modèles : tous les camarades peu gentil qui ont ri de lui quand il était petit !

D Conjugaison

TU VAS :

Écrire des verbes à l'indicatif présent, à l'imparfait et au participe présent

1. Le radical du verbe à la 1re personne du pluriel de l'indicatif présent sert à former d'autres temps : l'imparfait et le participe présent.

Indicatif présent	Imparfait	Participe présent
nous **jou** ons	je **jou** ais	**jou** ant
nous **finiss** ons	je **finiss** ais	**finiss** ant
nous **sent** ons	je **sent** ais	**sent** ant

2. Trouve les verbes suivants dans un tableau de conjugaison.

chanter, crier, grandir, dormir, boire, dire, écrire, faire, voir, recevoir

- Fais un tableau semblable à celui de l'activité 1, puis écris ces verbes aux mêmes temps et aux mêmes personnes.
- Vérifie si l'imparfait et le participe présent sont formés à partir du radical de la 1ʳᵉ personne du pluriel de l'indicatif présent.

3. Fais la même activité avec, cette fois, les verbes « être », « avoir » et « savoir ». L'imparfait et le participe présent sont-ils formés de la même façon ?

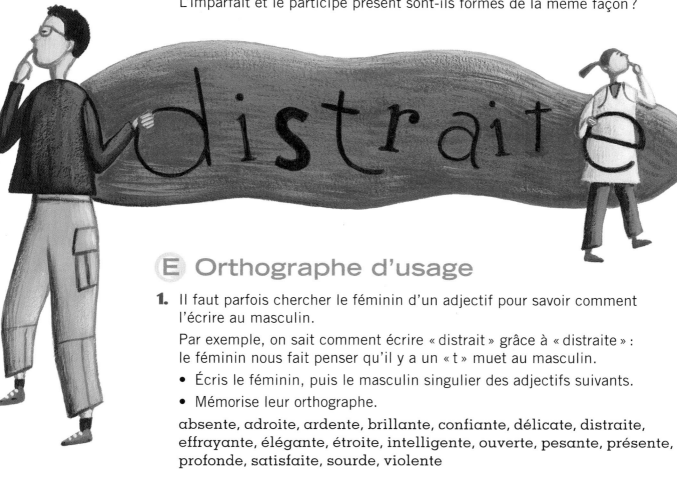

E Orthographe d'usage

1. Il faut parfois chercher le féminin d'un adjectif pour savoir comment l'écrire au masculin.

Par exemple, on sait comment écrire « distrait » grâce à « distraite » : le féminin nous fait penser qu'il y a un « t » muet au masculin.

- Écris le féminin, puis le masculin singulier des adjectifs suivants.
- Mémorise leur orthographe.

absente, adroite, ardente, brillante, confiante, délicate, distraite, effrayante, élégante, étroite, intelligente, ouverte, pesante, présente, profonde, satisfaite, sourde, violente

2. La finale «-eux» des adjectifs au masculin devient «-euse» au féminin.

- Observe l'exemple qui t'est donné dans le tableau ci-dessous.
- Place les adjectifs suivants dans un tableau semblable à celui qui suit.

affreux, audacieux, courageux, désireux, fameux, généreux, honteux, malchanceux, monstrueux, mystérieux, nerveux, paresseux, respectueux, sérieux, vigoureux

Masculin singulier	Masculin pluriel	Féminin singulier	Féminin pluriel
Ex.: affectueux	affectueux	affectueuse	affectueuses

3. Tu connais des adjectifs et des participes passés qui se terminent par « é » et par « i ». Tu sais qu'ils se prononcent de la même façon au masculin et au féminin, mais qu'ils s'écrivent différemment. En voici d'autres qui suivent le même modèle.

  - Observe le genre et le nombre des adjectifs et des participes passés suivants.
  - Classe-les dans un tableau semblable à celui qui suit.

adoré, animée, assurées, brûlé, choqués, décidée, effrayés, endormis, épanoui, fermé, gâté, jaunies, mariés, mêlée, préférés, réfléchie, réservé, rougis, vieillie

Masculin singulier	Masculin pluriel	Féminin singulier	Féminin pluriel

4. Certains adjectifs s'écrivent de la même façon au masculin et au féminin.

  - Observe les ressemblances et les différences entre les mots de chaque série.
  - Mémorise ces mots.

charitable, considérable, convenable, coupable, favorable, formidable, serviable, véritable

noble, paisible

célèbre, illustre, libre

agile, fidèle, fragile, habile

allergique, pratique, unique

égoïste, robuste

raide, tiède, timide

bizarre, tranquille

5. Tu sais écrire les pronoms « moi », « toi », « lui », « nous », etc.

  - Observe comment ils s'écrivent quand ils sont suivis du mot « même ».
  - Formule une règle pour expliquer leur orthographe.

moi ➔ moi-même

toi ➔ toi-même

soi ➔ soi-même

lui ➔ lui-même

elle ➔ elle-même

nous ➔ nous-mêmes

vous ➔ vous-mêmes

elles ➔ elles-mêmes

eux ➔ eux-mêmes

6. Les pronoms « moi », « toi » et « soi » ont tous un homophone, c'est-à-dire un mot qui se prononce de la même façon, mais qui s'écrit différemment.

  - Trouve l'homophone de chacun de ces pronoms.
  - Compose des phrases avec chaque pronom et son homophone.

Dossier ③

Les personnages de romans nous ressemblent-ils?

Les auteurs de romans font vivre des aventures palpitantes aux personnages qu'ils inventent. Les bons écrivains savent aussi nous faire vibrer, nous émouvoir. Comment s'y prennent-ils? Tu trouveras sans doute la réponse à cette question en réalisant ce dossier.

Dans ce dossier, tu vas :

- te connaître davantage ;
- explorer le sens de certains mots ;
- coopérer ;
- lire un roman ;
- découvrir les traits de caractère d'un personnage ;
- découvrir les sentiments d'un personnage ;
- faire preuve de créativité ;
- utiliser un logiciel de traitement de texte ;
- porter un jugement critique sur un roman ;
- communiquer clairement tes idées ;
- utiliser un vocabulaire précis ;
- reconnaître le groupe sujet et le groupe du verbe ;
- accorder les verbes conjugués ;
- trouver des mots dans un dictionnaire.

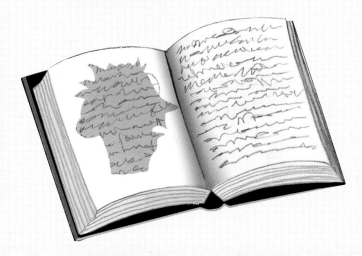

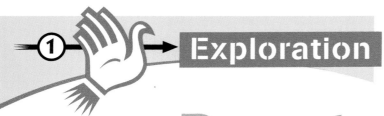

Exploration

Des mots aux sentiments

TU VAS :

Te connaître davantage

Explorer le sens de
certains mots

Coopérer

1. Tu as certainement déjà lu des romans. Les personnages
que tu y as découverts te ressemblaient-ils ? Discute de
cette question avec tes camarades.

- Quels personnages te ressemblaient le plus ? Avaient-ils les mêmes
  traits de personnalité que toi ? Les mêmes intérêts ?

- Leurs aventures ressemblaient-elles à ce que tu vis ?

- Est-ce qu'ils éprouvaient les mêmes sentiments que toi ?

2. Les auteurs de romans ont recours à différents moyens pour nous
émouvoir. Ils emploient entre autres beaucoup d'adjectifs pour décrire
les sentiments de leurs personnages.

Les adjectifs ci-dessous t'aideront à comprendre les sentiments qu'éprouvent les
personnages du roman que tu vas lire, puis à donner un nom à ces sentiments.

Fais le travail suivant avec un ou deux camarades.

- Nommez un ou une porte-parole ainsi qu'un animateur ou une animatrice.

- Observez les séries d'adjectifs sur la page suivante. Quel sentiment
  chaque série d'adjectifs permet-elle d'exprimer ?

- Notez les sentiments trouvés sur la fiche *Des mots aux sentiments*.

- Au besoin, utilisez un dictionnaire pour connaître le sens précis de
  ces adjectifs.

- Faites cette activité en vous inspirant des exemples ci-dessous.

Si un personnage est:	On peut penser qu'il éprouve un sentiment:
abasourdi, ébahi, estomaqué, étonné, sidéré, stupéfait, surpris	de surprise, d'étonnement
blasé, détaché, froid, indifférent, imperturbable	d'indifférence, de froideur

fier, digne, noble

penaud, honteux, consterné, embarrassé, gêné

choqué, déchaîné, enragé, fâché, furieux, irrité

calme, doux, patient, tolérant

triste, affligé, mélancolique, peiné, déçu, mécontent, désappointé

content, gai, heureux, joyeux, rayonnant, satisfait

anxieux, inquiet, soucieux, tourmenté, torturé, préoccupé, troublé

affectueux, tendre, aimant, chaleureux

dur, froid, malveillant, méchant

confiant, assuré, sûr, optimiste

méfiant, craintif, timoré, soupçonneux

hésitant, indécis, incertain, perplexe

encouragé, stimulé, réconforté

désespéré, découragé, abattu, déprimé

apeuré, inquiet, effrayé, terrorisé, affolé, craintif

assuré, brave, courageux, audacieux

jaloux, envieux, possessif

3. Faites un compte rendu de votre discussion en classe.

4. Retrouve tes camarades. Ensemble, évaluez votre travail d'équipe.

- Êtes-vous satisfaits du travail accompli ? Qu'est-ce qui a été le plus satisfaisant ? Pourquoi ?
- Avez-vous trouvé ce travail difficile à faire ? Expliquez votre réponse.
- Est-ce que tous les membres de l'équipe ont participé activement au travail ?
- Qu'est-ce que vous voudriez améliorer dans votre travail d'équipe ?

5. Poursuivez votre discussion en tenant compte des améliorations que vous avez décidé d'apporter.

Quel sentiment est relié à chacune des expressions suivantes ?

A Cela lui est resté sur le cœur.

B Elle se sentait le cœur sur la main.

C Il a pris ses jambes à son cou.

D Ils ont des papillons dans l'estomac.

E La moutarde lui monte au nez.

F Elles ne dorment que d'un œil.

G Il n'en croit pas ses oreilles.

6. Avez-vous amélioré votre fonctionnement en équipe ? De quoi êtes-vous le plus satisfaits ?

7. Dans ce dossier, tu vas :

- former un club de lecture, puis lire un roman par tranches ;
- discuter de la question « Les personnages de romans nous ressemblent-ils ? » ;
- ajouter ou modifier un chapitre au roman que tu auras lu ;
- exposer le roman lu et les chapitres rédigés.

8. Lis ton contrat, puis signe-le.

Les personnages et toi

Lecture

TU VAS :

Lire un roman

Découvrir les traits de caractère d'un personnage

Découvrir les sentiments d'un personnage

Te connaître davantage

Coopérer

Tu vas lire un roman et recueillir des informations sur le ou les personnages importants. Tu pourras ensuite répondre à la question : « Les personnages de romans nous ressemblent-ils ? »

1. Survole les extraits de romans présentés dans le recueil (p. 175 à 186).
   - Lis les extraits qui t'attirent le plus.
   - Choisis l'extrait qui t'intéresse.

2. Forme un club de lecture avec des élèves qui ont choisi le même roman que toi.

   Donnez un nom à votre club. Assurez-vous qu'il vous représente bien.
   - Discutez de ce qui vous a incités à choisir ce roman.
   - Lisez la quatrième de couverture.
   - À partir de la quatrième de couverture et de l'extrait que vous avez lu, faites des prédictions sur l'histoire.

3. Prends des notes dans ton carnet de lectures.
   - Quel roman as-tu choisi ? Écris le nom de l'auteur ou de l'auteure, le titre du livre, la maison d'édition et la collection, s'il y a lieu.
   - Qu'est-ce qui a motivé ton choix ?
   - Selon toi, que va-t-il se passer dans ce roman ?

4. Retrouve ton club de lecture.

- Répartissez-vous les tâches de la façon suivante.
  - Élève 1 : tu relèves les événements importants du roman.
  - Élève 2 : tu fais le portrait du personnage principal : Comment imagines-tu ce personnage ? Quelles sont ses qualités ? Quels sont ses défauts ? ses goûts ?
  - Élève 3 : tu repères les sentiments du ou des personnages principaux et tu dis ce qui les a suscités. Tu peux t'aider de la fiche *Des mots aux sentiments*.
  - Élève 4 : tu relèves les passages très bien écrits ou émouvants.
- Divisez la lecture du roman en sept tranches selon les indications de la fiche qu'on vous remettra.
  - Lisez chaque tranche individuellement.
  - Après la lecture de chaque tranche, retrouvez les membres du club de lecture. Ensemble, discutez de la partie que vous venez de lire.
- Tout au long de votre lecture, utilisez la fiche qu'on vous remettra pour noter les informations reliées à votre tâche.

5. Après avoir lu la deuxième, puis la quatrième tranche, évaluez le travail de votre club de lecture.

- Est-ce que chaque membre du club accomplit bien la tâche qui lui est confiée ?
- Que pouvez-vous faire pour améliorer vos discussions ?

6. Une fois le roman terminé, discutez de votre lecture à partir des questions suivantes.

- Les personnages du roman vous ressemblent-ils ? Quelles sont les ressemblances et les différences entre eux et vous ?
- Avez-vous aimé votre roman ? Expliquez votre point de vue.

7. Prends des notes dans ton carnet de lectures en répondant aux questions suivantes.

- As-tu aimé ton roman ? Donne tes raisons.
- As-tu trouvé des ressemblances entre un des personnages du roman et toi ? Donne des exemples tirés du roman et de ta vie personnelle.

8. As-tu aimé faire partie d'un club de lecture ?

Écriture

TU VAS :

Faire preuve
de créativité

Coopérer

Utiliser un logiciel de
traitement de texte

Te voici écrivain ou écrivaine.

1. Décide si tu veux modifier un chapitre du roman ou en inventer un.
- Vas-tu modifier un chapitre existant ? Lequel ? Quelles modifications veux-tu apporter ?
- Vas-tu plutôt rédiger un nouveau chapitre ? Si oui, où le placeras-tu ?
- Mettras-tu en scène les mêmes personnages ou en inventeras-tu de nouveaux ?
- Quelle aventure feras-tu vivre à tes personnages ? Où cette aventure se déroulera-t-elle ?
- Quel lien feras-tu entre ton chapitre et celui qui précède ? entre ton chapitre et celui qui suit ?

2. Retrouve ton club de lecture. Ensemble :
- écoutez la proposition de texte de chaque membre ;
- aidez vos camarades à trouver des idées ;
- imaginez, puis nommez les sentiments que les personnages éprouvent tout au long du chapitre. Pour vous aider, consultez la fiche *Des mots aux sentiments*.

3. Fais le schéma de ton chapitre. Note tes idées, sous forme de mots clés, en suivant l'ordre des événements.

Situation de départ	Événement déclencheur	Péripéties	Conclusion

- **Situation de départ** : Quel lien feras-tu entre la fin du chapitre précédent et le tien ? Quels seront les personnages ?
- **Événement déclencheur** : Quel événement sera à l'origine de ton chapitre ?
- **Péripéties** : Que se passera-t-il dans ce chapitre ?
- **Conclusion** : Comment le chapitre se terminera-t-il ?

4. Quels sentiments tes personnages éprouveront-ils ?

- Note ces sentiments dans ton schéma.
- Trouve une façon pour que les lecteurs perçoivent bien ces sentiments.

5. Fais le brouillon de ton chapitre.

- Laisse assez d'espace entre les lignes pour pouvoir retravailler ton texte par la suite.
- Si tu as des doutes sur l'orthographe des mots, les accords, la ponctuation ou la structure des phrases, note-les à mesure que tu rédiges ton texte.

6. Lis ton texte en te posant les questions suivantes. Modifie-le, au besoin.

- Est-ce que le lien entre le chapitre précédent et le tien est clair ?
- Peut-on suivre facilement le déroulement des événements ?
- Est-ce qu'on décèle bien les sentiments des personnages ? Y aurait-il des mots ou des phrases à modifier afin que les sentiments soient mieux exprimés ?
- Est-ce que la conclusion de ton chapitre s'enchaîne bien avec le reste de l'histoire ?

7. Forme une équipe avec un ou une camarade de ton club de lecture.

- Lisez vos textes à tour de rôle en reprenant les questions de l'activité 6.
- Fais des suggestions à ton ou ta camarade pour l'aider à améliorer son texte.

8. Reprends ton texte en faisant les modifications que tu juges pertinentes.

9. Examine chaque phrase de ton texte en te posant les questions suivantes.

- La phrase est-elle bien ponctuée ? Y a-t-il :
  - une majuscule au début ?
  - un point, un point d'interrogation ou un point d'exclamation à la fin ?
  - une virgule dans une énumération ou après un complément de phrase placé au début ou au milieu de la phrase ?
- La phrase est-elle bien structurée ? Contient-elle un groupe sujet et un groupe du verbe ?
- Les accords dans les groupes du nom sont-ils bien faits ?
- Les verbes sont-ils bien accordés ?
- Les mots sont-ils bien orthographiés ? Consulte ta liste orthographique ou un dictionnaire, au besoin.

10. Demande à ton ou ta camarade de relire ton texte afin de t'assurer qu'il ne reste pas d'erreurs.

11. Transcris ton texte à l'aide d'un logiciel de traitement de texte.
- Comment vas-tu disposer ton chapitre ? Mettras-tu des illustrations ? Si oui, à quel endroit ?
- Connais-tu bien le logiciel que tu utilises ?
- Y a-t-il des opérations que tu trouves difficiles à faire ? Qui peut t'aider ? Qui peux-tu aider ?

12. Relis ton texte une dernière fois pour en vérifier la mise en pages et pour t'assurer qu'il ne reste pas d'erreurs.

Zacharie, Jessica, Julie, Ben, et cetera...

TU VAS :

Porter un jugement critique sur un roman

Communiquer clairement tes idées

Utiliser un vocabulaire précis

À la fin de ce projet, vous exposerez le roman que vous avez lu ainsi que les chapitres que vous avez inventés. Discutez d'abord de vos chapitres.

1. Retrouve ton club de lecture.

- À tour de rôle, présentez votre chapitre.

- Discutez des chapitres que vous avez écrits.
  - Lequel est le plus original ?
  - Lequel est le plus fidèle au ton et à l'atmosphère du roman ?
  - Dans quel chapitre les sentiments sont-ils le mieux exprimés ?
  - Lequel est le mieux écrit ?

- Décidez de la façon dont vous allez disposer votre roman et les chapitres que vous avez rédigés.

2. Affiche ton chapitre. Prends le temps de lire les textes de tous tes camarades.

3. Discute de ton expérience de lecture avec les élèves de la classe. Les personnages de romans te ressemblent-ils ?

- Explique ton opinion en donnant des exemples tirés du roman que tu as lu et en te basant sur ton expérience personnelle.

- Emploie des mots précis pour expliquer ton point de vue.

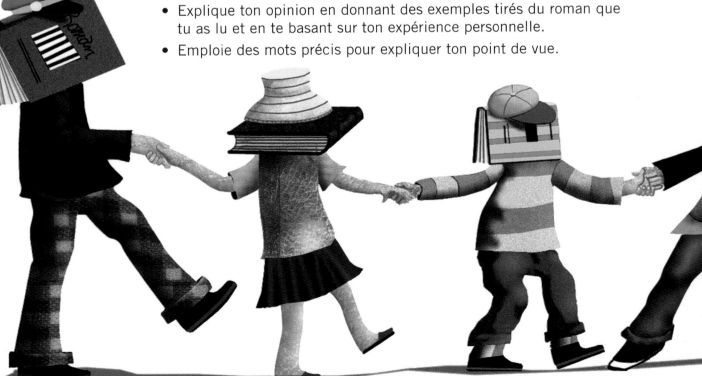

4. As-tu aimé ton roman?

- Le recommanderais-tu à tes camarades? Explique ton opinion.
- Quels sont ses points forts et ses points faibles?

5. Est-ce que tu as aimé participer à un club de lecture?

- Est-ce que cela t'aide à lire des romans?
- Aurais-tu des suggestions à faire pour le prochain club de lecture: des thèmes à discuter? des romans à suggérer?
- Est-ce que le fait de lire un roman par tranches a facilité ta lecture?

6. Relis ton contrat et vérifie si tu as respecté tes engagements. Discutes-en avec ton enseignante ou ton enseignant.

7. Fais ton bilan dans ton journal de bord.

- Que retiens-tu de cette expérience de lecture?
- Sur quels apprentissages voudrais-tu te concentrer au cours du prochain dossier? Explique ton choix.

8. Dépose dans ton portfolio:

- ton contrat;
- ta fiche *Des mots aux sentiments*;
- ta fiche de lecture;
- le chapitre que tu as rédigé.

Connaissances et stratégies

Ⓐ Lecture guidée

« Les personnages de romans nous ressemblent-ils ? » Pour répondre à cette question, il est important de bien connaître les personnages, c'est-à-dire leurs traits de caractère, leurs intérêts, les sentiments qu'ils éprouvent, puis de se poser des questions sur soi. C'est ce que tu feras en lisant deux courts extraits du roman *Piège à conviction*.

1. Ressembles-tu à Zacharie ? Pour connaître ce personnage et ainsi pouvoir répondre à cette question, lis le premier extrait.

Zacharie habite Calgary, en Alberta, dans l'Ouest canadien.
Il est le narrateur du roman : c'est lui qui raconte son histoire.

Piège à conviction

Pas d'imagination, pas d'histoire. Cette ville est un grand espace vide et quadrillé, très clair, très pratique pour circuler et vivre au quotidien, d'accord, mais peu propice aux rêveries de l'enfant amateur d'étrange que j'étais.

Que j'étais ? Pourquoi le passé ? Je n'ai pas beaucoup changé, de ce point de vue. Je suis toujours aussi fasciné par l'inexplicable et l'irrationnel. Mais il y a longtemps que j'ai renoncé à l'idée qu'un quelconque mystère puisse surgir d'une rue de Calgary.

J'y suis né, pourtant, et je n'en suis pratiquement jamais sorti. Je devrais connaître cette ville comme ma poche. J'aurais dû m'y attacher, aussi, vibrer au début de chaque mois de juillet pour le rodéo et les courses de chariots ; ou bien hurler à chaque victoire des *Flames*, et blêmir à chaque défaite…

Mais non. Je n'aime pas les chevaux et le hockey m'indiffère. J'ai horreur de taper sur une balle avec un bâton et de me mettre à courir ensuite comme si j'avais oublié quelque chose sur le feu.

Même mes parents ne comprennent pas que je dédaigne ces activités qui enthousiasment les jeunes de mon âge.

— Zach, tu ne t'intéresses donc à rien ? me disent-ils quelquefois en relevant le nez de la télé et en déposant pour un instant leur bière sur la table.

Non, je ne m'intéresse à rien. Ou, du moins, je ne m'intéresse qu'à des choses qui n'existent pas. Qui n'existent pas pour les autres, en tout cas. Je me nourris de livres.

Je vis dans un monde à part, peuplé de fantômes, de revenants, de créatures rampantes qui hantent les sous-sols, les murs et les cryptes. J'y vis seul, bien entendu, car je n'ai pas d'amis.

C'est pourquoi l'arrivée de David dans mon école, en plein milieu de l'année, a été pour moi un événement si extraordinaire.

David, à mes yeux, c'est l'exotisme intégral. Il vient de l'Est. Et l'Est, dans mon esprit, est un lieu vague, mais chargé d'histoire et de légendes, avec des villes séculaires dans lesquelles existent certainement des ruelles sombres ou des dédales de rues étroites.

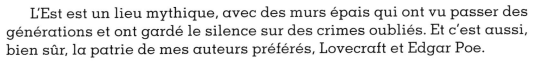

L'Est est un lieu mythique, avec des murs épais qui ont vu passer des générations et ont gardé le silence sur des crimes oubliés. Et c'est aussi, bien sûr, la patrie de mes auteurs préférés, Lovecraft et Edgar Poe.

Quand j'ai su que David arrivait de là-bas, j'ai tout de suite pressenti qu'il serait différent des autres. Lui, il saurait comprendre le monde qui était le mien.

Je suis pourtant resté longtemps sans lui parler. Je n'ai pas l'habitude de parler. Je voyais bien qu'il avait du mal à s'intégrer aux horizons dégagés des plaines: cette ville si dépourvue de secrets n'était pas faite à sa mesure. Mais, timidité ou stupidité de ma part, je n'osais pas faire le premier pas.

Finalement, c'est lui qui m'a adressé la parole en premier, plus de trois semaines après son arrivée. Il faisait beau. J'étais en train de lire, assis sur l'herbe, dans un coin écarté, tournant le dos au terrain de base-ball où s'agitaient les autres élèves.

Tiré de Laurent CHABIN, *Piège à conviction*, Montréal, Éditions Hurtubise HMH, 1998.

2. Forme une équipe avec deux camarades. Nommez un ou une porte-parole qui fera le compte rendu de votre discussion à la classe. Ensemble, décrivez Zacharie.

- Qu'est-ce qui intéresse Zacharie? Qu'est-ce qui ne l'intéresse pas? Note les passages où l'on en parle.

- Selon vous, quels sont les traits de caractère de Zacharie? Quels indices vous ont permis de les trouver?

3. Zacharie te ressemble-t-il? Discutes-en en classe.

- Si tu es porte-parole, dis quels sont, selon ton équipe, les traits de caractère de Zacharie. Donne aussi des exemples de ce qu'il aime et de ce qu'il n'aime pas.

- Connais-tu des garçons ou des filles qui ressemblent à Zacharie?

4. Comment fait-on pour trouver les traits de caractère d'un personnage? ses intérêts?

- Si tu es porte-parole, explique comment ton équipe a fait pour trouver les traits de caractère et les intérêts de Zacharie.

- Ces moyens te semblent-ils efficaces? En connais-tu d'autres?

5. Comme tu as pu le constater, il faut souvent déduire les traits de caractère d'un personnage. Voici une stratégie qui peut t'aider.

Pour déduire les traits de caractère d'un personnage

1° Je cherche des indices sur les traits de caractère du personnage. Ça peut être :
- des commentaires que le personnage fait sur lui-même ;
- ce que le narrateur ou la narratrice dit du personnage ;
- les actions que le personnage fait ;
- ce que les autres personnages disent et pensent de lui.

2° Je réfléchis à mes expériences personnelles et je me demande :
- comment serait une personne qui dirait ou ferait la même chose que le personnage ;
- pourquoi le personnage dit cela ou agit ainsi.

3° Je rassemble mes déductions et je nomme les traits de caractère du personnage.

6. Pour bien connaître un personnage, tu dois aussi déceler les sentiments qu'il éprouve dans diverses situations.

Lis un autre extrait du roman *Piège à conviction* afin de découvrir les sentiments de Zacharie.

L'ambiance dans le camp est extrêmement pesante.

Ce matin, en me réveillant, l'absence de Mike ne m'a pas spécialement frappé et je ne me suis pas posé de questions. En fait, je crois que je ne l'ai même pas remarquée.

C'est plus tard, quand monsieur Dupin, le responsable du camp, est venu nous annoncer l'atroce nouvelle, que j'ai réalisé que je ne l'avais pas vu depuis la veille.

Je ne connaissais pas particulièrement Mike. Du moins je ne le fréquentais pas, mais le fait que j'aie été l'un des derniers à le voir vivant me désigne aux regards de tous.

Tout le monde nous a vus sortir du camp à la nuit tombante, en direction des cheminées de fées. Que nous ayons peut-être vu Mike mourir de cette façon abominable nous confère une aura sulfureuse.

J'ai l'impression qu'on me dévisage, qu'on se méfie de moi, qu'on me suspecte, qui sait? Mais de quoi donc, enfin! Je n'y suis pour rien! Comment serais-je responsable d'un accident dont je n'ai même pas été le témoin?

Jamais je n'ai été l'objet de tant d'attention. Je regrette d'avoir mis ce pantalon. Non seulement je suis le seul garçon de tout le camp à ne pas être en short, mais ce pantalon à carreaux taché de rouge me donne véritablement l'air d'un demeuré.

Je me sens comme une espèce d'animal bizarre qu'on examine sans discrétion, un objet rare, presque, qu'on vient de découvrir et qu'on ne sait pas dans quelle catégorie classer.

Monsieur Dupin est reparti sur le lieu de l'accident pour y rejoindre madame Wilson, l'autre accompagnatrice. Une ambulance vient d'arriver, la police ne va certainement pas tarder.

Tiré de Laurent CHABIN, *Piège à conviction*, Montréal, Éditions Hurtubise HMH, 1998.

7. Reviens en équipe. Changez de porte-parole.

- Cherchez les sentiments que Zacharie éprouve dans cet extrait.

- Expliquez comment vous avez fait pour trouver ses sentiments.

8. Discute avec tes camarades.

- Si tu es porte-parole, dis quels sentiments éprouve Zacharie, selon ton équipe.

- As-tu déjà éprouvé des sentiments semblables? Dans quelles circonstances?

9. Les sentiments relevés par les différentes équipes étaient-ils exprimés tels quels dans l'extrait?

- Si tu es porte-parole, explique comment ton équipe a fait pour découvrir les sentiments de Zacharie.

- Quels indices peuvent aider à trouver les sentiments d'un personnage?

10. Les indices qui t'ont permis de découvrir les traits de caractère d'un personnage peuvent aussi te servir à déceler ses sentiments. Ces indices sont :

- les commentaires que le personnage fait sur lui-même ;
- ce que le narrateur ou la narratrice dit du personnage ;
- les actions que le personnage fait ;
- ce que les autres personnages disent et pensent de lui.

Dans l'extrait que tu as lu, Zacharie réfléchit à ce qui se passe dans le camp. Ses réflexions et ses commentaires révèlent ses sentiments.

Ex.: «J'ai l'impression qu'on me dévisage, qu'on se méfie de moi, qu'on me suspecte, qui sait ? »

Zacharie exprime ici qu'il se sent soupçonné, suspecté, blâmé peut-être.

«Je me sens comme une espèce d'animal bizarre qu'on examine sans discrétion, un objet rare, presque… »

Ici, Zacharie se dit mal à l'aise, inquiet, embarrassé.

11. Quand tu as à déceler les sentiments d'un personnage, tu dois :
- chercher des indices dans le texte ;
- réfléchir à ce que tu ressentirais dans des circonstances semblables ;
- rassembler ces indices pour pouvoir déduire les sentiments d'un personnage.

B Syntaxe

TU VAS :

Reconnaître
le groupe sujet et
le groupe du verbe

1. Compare les phrases suivantes à la phrase de base.

Fais le schéma de la phrase de base, puis place chaque groupe de mots au bon endroit.

A La tante de Ben écrit des romans remplis d'aventures.

B Dans sa chaise haute, Élisabeth tapait sur son bol de soupe.

C Il avait entendu beaucoup de choses à propos de sa tante.

D Le village le plus proche est à l'autre bout du monde.

E Elle aurait voulu être une adulte tout de suite.

2. Forme une équipe avec un ou une camarade.
- Explique-lui comment tu as fait pour reconnaître le groupe sujet.
- Déterminez quels moyens vous semblent les plus efficaces.

3. Discute, en classe, des moyens que tu utilises pour trouver le groupe sujet.

4. Reviens en équipe. En vous servant des phrases de l'activité 1, expliquez comment repérer le groupe du verbe.

5. En classe, discutez des moyens que vous avez utilisés.

6. Compare les moyens énumérés à ceux qui suivent.
- Le groupe du verbe indique ce qu'on dit du sujet dans la phrase.

  Ex.: Élisabeth tapait sur son bol de soupe. (phrase B)

  On dit d'Élisabeth (groupe sujet) qu'elle « tapait sur son bol de soupe » (groupe du verbe).

- Le groupe du verbe est obligatoire : on ne peut pas l'effacer.

  Ex.: Le village le plus proche ~~est à l'autre bout du monde~~. (phrase D)

  Sans groupe du verbe, cette suite de mots n'est pas une phrase.

- Le groupe du verbe ne peut pas être déplacé : dans la phrase de base, il suit le groupe sujet.

  Ex.: Avait entendu beaucoup de choses à propos de sa tante il. (phrase C)

  Cette suite de mots ne forme pas une phrase.

- Pour reconnaître un groupe du verbe, on peut le remplacer par un verbe ou par un autre groupe du verbe. Observe la phrase E.

  Ex.: Elle aurait voulu être une adulte tout de suite.

  Elle   arrive   tout de suite.

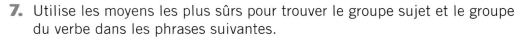

7. Utilise les moyens les plus sûrs pour trouver le groupe sujet et le groupe du verbe dans les phrases suivantes.

A Contrairement aux autres élèves de sa classe, Zacharie est un jeune homme rêveur.

B La tante de Ben écrit des livres pour les jeunes depuis plusieurs années.

C Nous sommes pris dans une étrange aventure.

D Dix mètres plus loin, à l'autre bout du hall, je distinguais un escalier monumental.

8. Explique à un ou une camarade quels moyens tu as utilisés pour repérer le groupe sujet et le groupe du verbe.

TU VAS :

Reconnaître
le groupe sujet

9. Comme tu l'as déjà observé, un groupe sujet peut être formé de différentes façons. Dans les phrases suivantes, les groupes sujets sont formés :

- d'un pronom ;

  | Groupe sujet |

  Ex.: On   a ri.
  pronom

- d'un groupe du nom formé d'un déterminant et d'un nom ;

  | Groupe sujet |

  Ex.: Quatre camarades   ont lu un roman plutôt triste.
  └─ dét. + nom ─┘
          GN

- d'un groupe du nom formé d'un déterminant et d'un nom accompagné d'un complément ;

  | Groupe sujet |

  Ex.: Un garçon courageux   s'efforce de rassurer ses amis.
  └ dét. + nom + compl. du nom ┘
             GN

  | Groupe sujet |

  Ex.: Les occupants de cette maison   brillaient par leur absence.
  └ dét. + nom + compl. du nom ┘
             GN

10. Fais ce travail en équipe.

- Repérez le groupe sujet dans les phrases suivantes et expliquez comment il est formé.

- Dites quel pronom peut remplacer le groupe sujet.

A Jo étreignait mon bras de sa petite main tremblante.

B Les frères et sœurs de Tommy sont parfois agaçants.

C L'arrivée de David a été pour Zacharie un événement extraordinaire.

TU VAS:

Reconnaître
le groupe du verbe

11. Observe les phrases suivantes. Tu verras que le groupe du verbe peut être formé :

- d'un verbe seul ;

| Groupe du verbe |

Ex.: On a ri.
verbe

- d'un verbe accompagné d'un adverbe ;

| Groupe du verbe |

Ex.: Quatre camarades   lisent   silencieusement.
verbe   +   adverbe

Remarque: L'adverbe est une classe de mots, comme la classe des noms, des verbes, des adjectifs, etc. Très souvent, l'adverbe permet d'ajouter une précision au verbe.

C'est un mot invariable : il ne s'accorde pas.

- d'un verbe suivi d'un complément du verbe ;

| Groupe du verbe |

Ex.: Quatre camarades   lisent   un roman plutôt triste.
verbe   +   compl. du verbe

| Groupe du verbe |

Ex.: Tommy   sort   ses livres   de son sac d'école.
verbe + compl. du verbe +   compl. du verbe

- d'un verbe suivi d'un attribut du sujet.

| Groupe du verbe |

Ex.: Les frères et sœurs de Tommy   sont   agaçants.
verbe + attribut du sujet
être

| Groupe du verbe |

Ex.: Les frères de Tommy   sont   des farceurs.
verbe +   attribut du sujet
être

Remarque: Ce qui suit le verbe « être » est un attribut du sujet. L'attribut donne une caractéristique au sujet.

12. Fais le travail suivant avec un ou une camarade.

- Décomposez les phrases suivantes dans un schéma représentant la phrase de base.
- Décrivez de quoi les groupes du verbe sont formés.
- Expliquez comment vous avez fait pour repérer les groupes du verbe et pour dire de quoi ils sont formés.

A Hiram est un enfant unique.

B Maxime et ses amis ont vu une maison à travers le brouillard.

C Jessica étend son beurre d'arachide sur sa rôtie.

ⓒ Orthographe grammaticale

TU VAS :

Accorder les verbes conjugués

1. Forme une équipe avec un ou une camarade. Observez les phrases suivantes et expliquez l'accord des verbes.

A Un gros nuage gris fonçait droit vers eux.

B Jessica se glisse au pied de son lit, laisse pendre ses jambes et décide enfin de se lever.

C Les enfants uniques sont chanceux, pense Tommy.

D Les parents de Julie partiront bientôt en voyage.

2. Certains verbes des phrases B, C et D sont difficiles à accorder. Explique pourquoi.

3. Plusieurs élèves font des erreurs quand vient le temps d'accorder les verbes :

- soit parce qu'ils ne reconnaissent pas le ou les verbes dans la phrase ;
- soit parce qu'ils ne trouvent pas le mot qui commande l'accord du verbe.

4. Discute, avec tes camarades, des moyens que tu utilises pour reconnaître le verbe dans la phrase suivante.

Luc garde sa sœur Julie pendant le voyage de ses parents.

5. Compare les moyens que tu utilises à ceux qui suivent.

Pour reconnaître le verbe

- Je repère le mot ou les mots qui pourraient être des verbes.

  Ex.: Luc garde sa sœur Julie pendant le voyage de ses parents.

  Les mots «garde» et «voyage» pourraient être des verbes.

- Je me demande si le mot se conjugue à différents temps.

OUI, je peux dire:	NON, je ne peux pas dire:
Luc gardait sa sœur Julie	pendant le voyageait de ses parents.
Luc gardera sa sœur Julie	pendant le voyagera de ses parents.

- Je me demande si le mot se conjugue à différentes personnes du singulier et du pluriel.

OUI, je peux dire:	NON, je ne peux pas dire:
Je garde sa sœur Julie	pendant le je voyage de ses parents.
Nous gardons sa sœur Julie	pendant le nous voyageons de ses parents.

- Je me demande si je peux mettre le mot «ne» ou «n'» avant ce mot et le mot «pas» après.

OUI, je peux dire:	NON, je ne peux pas dire:
Luc ne garde pas sa sœur Julie	pendant le ne voyage pas de ses parents.

- Donc, dans cette phrase, le mot «garde» est un verbe, mais le mot «voyage» n'est pas un verbe.

6. Quel mot commande l'accord du verbe dans la phrase ci-dessous? Explique à tes camarades comment tu fais pour trouver ce mot.

Les parents de Luc voyagent au Venezuela.

7. Dans cette phrase, le groupe sujet est formé d'un groupe du nom qui se décompose ainsi:

Groupe sujet

Les parents de Luc voyagent au Venezuela.
dét. + nom + compl. du nom
GN

Pour accorder le verbe dans un cas semblable, tu dois trouver le **noyau** du groupe sujet, c'est lui qui commande l'accord du verbe.

- J'efface tous les mots que je peux effacer dans le groupe du nom sujet; j'efface donc le ou les compléments du nom.

  Ex.: Les parents ~~de Luc~~ voyagent au Venezuela.

- J'utilise la tournure «<u>c'est... qui</u>» pour encadrer le sujet.

  Ex.: <u>C'est</u> **les parents** <u>qui</u> voyagent au Venezuela.

  On ne peut pas dire <u>c'est</u> **de Luc** <u>qui</u> voyagent au Venezuela.

- J'accorde le verbe avec le nom qui commande son accord.

  Ex.: Les parents de Luc voyagent au Venezuela.

  – «parents» est un nom pluriel;

  – «Les parents» pourrait être remplacé par «Ils»;

  – le verbe s'écrit donc à la 3ᵉ personne du pluriel.

8. Place-toi en équipe avec un ou une camarade pour faire le travail suivant.

- Choisissez, parmi les verbes entre parenthèses, celui qui est bien orthographié.

- Expliquez votre choix.

A Les camarades de Mike (se promène – se promènent) à l'extérieur du camping.

B Les parents de Jo, Pouce et Maxime (avançait – avançaient) à pas de tortue derrière eux.

C Cette auteure de plusieurs romans (questionne – questionnent) souvent les enfants sur leurs goûts.

9. Il arrive aussi que l'on ait de la difficulté à accorder le verbe quand le sujet est placé après le verbe, comme dans la phrase suivante.

« Les enfants uniques sont chanceux », pense Tommy.

Si on place cette phrase dans l'ordre de la phrase de base, elle devient :

Tommy pense : « Les enfants uniques sont chanceux. »

Il est alors facile de trouver le sujet en utilisant la tournure «c'est... qui».

C'est **Tommy** qui pense : « Les enfants uniques sont chanceux. »

10. Reviens en équipe.

- Repérez les verbes conjugués dans les phrases qui suivent.
- Expliquez l'accord de chaque verbe.

A « Je pensais ne plus entendre parler de conseil de famille », dit Simon.

B « Hé ! fait à nouveau le père de Ben. Tu ne veux pas me parler ? »

C « Zach, tu ne t'intéresses donc à rien ? » me disent quelquefois mes parents.

Ⓓ Orthographe d'usage

1. Dans les romans, on trouve souvent des interjections. Ces mots servent aussi à exprimer des sentiments. Ils sont invariables, c'est-à-dire qu'ils ne s'accordent pas. Toutefois, certaines interjections peuvent s'écrire de deux façons.

- Observe les interjections suivantes.
- Dis quels sentiments elles peuvent exprimer ou à quoi elles peuvent servir. Vérifie leur sens dans le dictionnaire, au besoin.
- Mémorise leur orthographe.

Ah !, Ha !, Adieu !, Eh !, Hé !, Hélas !, Oh !, Ho !, Aïe !, Bah !, Zut !, Psitt !

2. Sais-tu chercher rapidement un mot dans un dictionnaire ? Rappelle-toi la stratégie qui peut t'aider.

Pour trouver un mot dans un dictionnaire

- J'ouvre le dictionnaire à la section qui correspond à la première lettre du mot.

au début	vers le milieu	vers la fin
a, b, c, d, e	f, g, h, i, j, k, l, m, n, o	p, q, r, s, t, u, v, w, x, y, z

- J'observe les mots repères écrits dans le haut des pages :

  à gauche, il y a le **premier mot** de la page de gauche ;

  à droite, il y a le **dernier mot** de la page de droite.

- J'observe la deuxième et la troisième lettre des mots repères.

  Je me demande si le mot que je cherche peut être compris entre ces deux mots.

  Si oui, je cherche le mot dans ces deux pages.

  Sinon, je continue de tourner les pages.

- Je lis la définition du mot pour m'assurer que c'est le mot que je cherche.

  J'observe son orthographe.

3. Pour t'exercer à consulter le dictionnaire :
- trouve le sens des mots de chacune des séries ci-dessous ;
- compose des phrases avec ces mots ;
- mémorise l'orthographe de ces mots en les associant à des mots clés qui t'aident à en retenir le sens.

date – datte

foi – foie – fois

jarre – jars

peindre – peinturer

porc – pore – port

poing – point

sur – sûr

4. Parfois, on ne se rappelle plus comment commence un mot. Pour le chercher dans le dictionnaire, il faut alors faire des hypothèses sur les premières lettres du mot.

Ex.: Si tu cherches le mot « atteindre », tu peux regarder sous « atin- », « attin- », « atein- » ou « attein- ».

- Cherche les mots que ton enseignante ou ton enseignant te dictera.
- Explique à tes camarades comment tu as fait pour trouver ces mots.
- Mémorise l'orthographe de ces mots.

5. Il est parfois difficile de retenir l'orthographe de certains mots. Observe les mots de chaque série, en particulier les premières lettres, puis mémorise leur orthographe.

- Un ou deux « c » ?

  acrobate, acrylique ; accrocher, accroire, accuser

- Un ou deux « l » ?

  alimentation, alors ; allée, allergie, allumer, allure

- Un ou deux « d » ?

  adresse ; addition

- Un ou deux « p » ?

  apaiser, apercevoir, apeuré ; apparaître, appareil, appartenir, appeler, appétit, apporter

- Un ou deux « r » ?

  arachide, araignée, aréna ; arracher, arranger, arrêt, arroser

- Un ou deux « t » ?

  atroce ; attacher, attaque, atteindre, attendre, attirer, attitude, attraction, attraper

6. Les mots qui suivent se ressemblent : ce sont des mots de même famille.
- Observe leurs ressemblances et leurs différences.
- Mémorise leur orthographe.

acrobate – acrobatie – acrobatique

allumé – allumée – allumer – allumette

attaque – attaquer

cause – causer

coiffer – coiffeur – coiffeuse – coiffure

habitude – habituer – s'habituer

humour – humoristique

préparer – se préparer – préparation

promener – se promener – promenade – promeneur – promeneuse

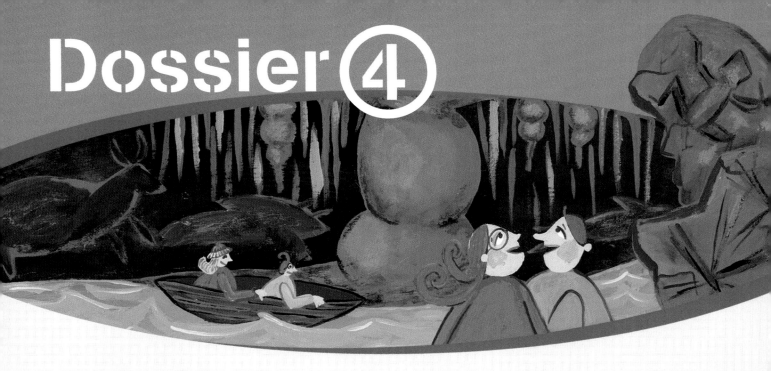

Dossier ④

Sous nos pieds, un monde mystérieux

Qu'y a-t-il sous nos pieds ? Si on peut facilement admirer le monde à la surface de la Terre, le sous-sol, par contre, nous apparaît beaucoup plus mystérieux. Pourtant, où que l'on fouille, où que l'on creuse, on trouve des traces de l'histoire : celle des êtres vivants qui peuplent la Terre depuis des millions d'années, celle de la Terre elle-même.

À la fin de ce dossier, tu vas participer à un colloque scientifique sur l'univers mystérieux qui se cache sous nos pieds.

Dans ce dossier, tu vas :

- discuter de tes connaissances et des questions que tu te poses sur le monde souterrain ;
- trouver les mots justes pour exprimer tes idées ;
- trouver des informations dans des textes documentaires et des sites Internet ;
- résoudre des problèmes ;
- faire preuve de créativité ;
- exprimer clairement tes idées ;
- soigner ton langage ;
- établir des liens dans ton texte ;
- utiliser un logiciel de traitement de texte ;
- comprendre les liens dans un texte ;
- reconnaître les pronoms personnels compléments du verbe ;
- trouver le groupe de mots que le pronom remplace ;
- éviter les répétitions ;
- accorder les verbes conjugués ;
- reconnaître le temps des verbes ;
- conjuguer les verbes au futur et au conditionnel présent.

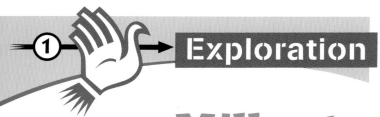
Mille et une questions

TU VAS:

Discuter de
tes connaissances et
des questions que tu
te poses sur le monde
souterrain

Trouver les mots justes
pour exprimer
tes idées

1. Selon toi, qu'est-ce qu'on peut trouver si on creuse en profondeur dans le sol?

- Dis ce que tu sais le plus clairement possible.
- Utilise les termes justes au cours de la discussion.
- Au besoin, demande à tes camarades de t'aider.

2. Quels liens peux-tu faire entre les différentes idées énoncées par tes camarades : est-ce qu'on peut regrouper ces idées par thème? Voici quelques idées de thèmes :

- la croûte terrestre ;
- les puits de pétrole ;
- le monde des êtres vivants ;
- les fouilles archéologiques, etc.

3. À la lumière de cette discussion, qu'est-ce que tu aimerais savoir sur ce monde mystérieux?

4. Les scientifiques qui travaillent dans des domaines semblables se réunissent à l'occasion pour présenter leurs travaux. On appelle ces réunions des « colloques ».

Au cours de ce dossier, tu vas faire une présentation dans le cadre d'un colloque sur le monde souterrain : comme les scientifiques, tu partageras tes découvertes les plus récentes dans ton domaine.

- Tu vas te documenter sur le sujet choisi.
- Tu vas préparer une communication avec un ou une collègue scientifique comme toi. Tu devras préparer :
  - une présentation visuelle : montage, maquette, affiche ou transparent ;
  - une courte présentation orale ;
  - un texte.
- Tu vas communiquer tes découvertes et écouter celles des autres.

5. Voici les domaines et les sujets au programme du colloque.

Domaines	Sujets	Questions
Les phénomènes naturels ayant une origine souterraine	Les volcans	• Comment explique-t-on les éruptions volcaniques? • Quelles sont les conséquences d'une éruption volcanique?
	Les tremblements de terre	• Où les plus gros tremblements de terre ont-ils lieu et pourquoi?
	Les grottes	• Comment les grottes se forment-elles? • Comment les stalactites et les stalagmites se forment-elles? • Quelles sont les plus belles grottes du monde?
Des traces des êtres vivants	Le travail d'archéologue	• Que nous apprennent les fouilles archéologiques? • En quoi consiste le travail des archéologues?
	Les fouilles archéologiques au Québec	• Qu'est-ce que les fouilles archéologiques nous apprennent sur les Amérindiens? • Qu'est-ce que les fouilles archéologiques nous apprennent sur les Européens venus en Amérique?
	Les fossiles	• Comment des animaux ou des végétaux deviennent-ils des fossiles? • Quels fossiles importants a-t-on découverts au Québec?
Le monde minéral	Les roches	• Quelles sont les ressemblances et les différences entre les divers types de roches?
	L'énergie enfouie dans le sol	• Comment les nappes de pétrole se sont-elles formées? • Comment extrait-on le charbon, le pétrole et le gaz naturel?

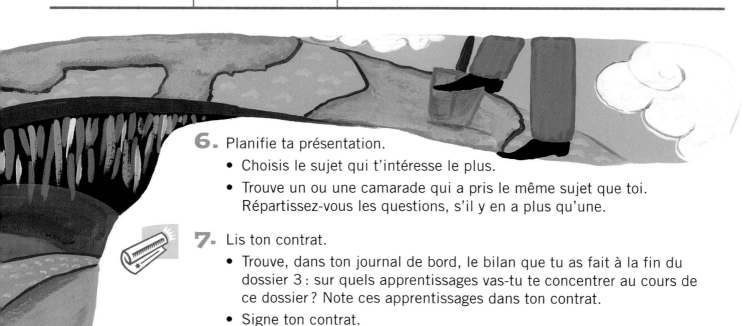

6. Planifie ta présentation.
- Choisis le sujet qui t'intéresse le plus.
- Trouve un ou une camarade qui a pris le même sujet que toi. Répartissez-vous les questions, s'il y en a plus qu'une.

7. Lis ton contrat.
- Trouve, dans ton journal de bord, le bilan que tu as fait à la fin du dossier 3: sur quels apprentissages vas-tu te concentrer au cours de ce dossier? Note ces apprentissages dans ton contrat.
- Signe ton contrat.

Ton projet

Une mine de renseignements

Lecture

TU VAS:

Trouver des informations dans des textes documentaires et des sites Internet

1. Que veux-tu savoir sur ton sujet? Note tes interrogations dans la partie A de ta fiche de lecture.

2. Discute de ce que tu veux savoir avec l'autre membre de ton équipe. Fais-lui part de tes connaissances et de tes hypothèses en réponse à ses propres interrogations.

3. Trouvez, dans le recueil (p. 187 à 216), le texte qui porte sur votre sujet.
   - Regardez le titre, les intertitres ainsi que les illustrations.
   - Quelles informations pensez-vous trouver dans le texte?

4. Commence ta recherche.
   - Lis le texte une première fois pour prendre connaissance du contenu.
   - Lis les questions de la partie B de ta fiche de lecture. Elles te serviront de guide pour répondre à la question que tu as choisie.
   - Relis ton texte afin de répondre aux questions de la partie B de ta fiche.
   - Si tu trouves, dans le texte, des réponses à tes interrogations personnelles, note-les dans la partie A de ta fiche.

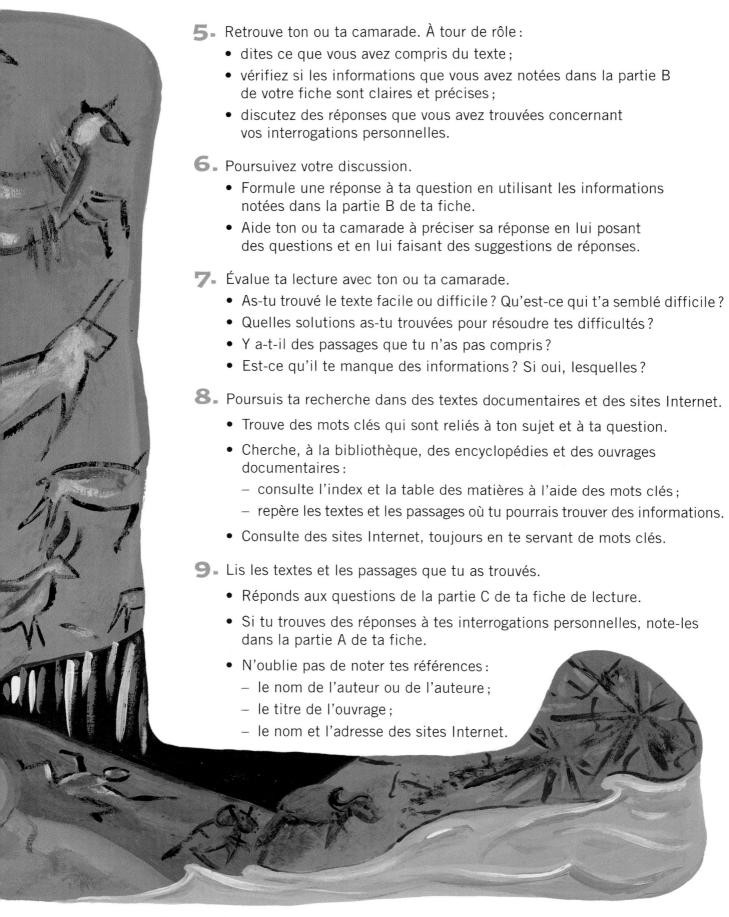

5. Retrouve ton ou ta camarade. À tour de rôle :

- dites ce que vous avez compris du texte ;
- vérifiez si les informations que vous avez notées dans la partie B de votre fiche sont claires et précises ;
- discutez des réponses que vous avez trouvées concernant vos interrogations personnelles.

6. Poursuivez votre discussion.

- Formule une réponse à ta question en utilisant les informations notées dans la partie B de ta fiche.
- Aide ton ou ta camarade à préciser sa réponse en lui posant des questions et en lui faisant des suggestions de réponses.

7. Évalue ta lecture avec ton ou ta camarade.

- As-tu trouvé le texte facile ou difficile ? Qu'est-ce qui t'a semblé difficile ?
- Quelles solutions as-tu trouvées pour résoudre tes difficultés ?
- Y a-t-il des passages que tu n'as pas compris ?
- Est-ce qu'il te manque des informations ? Si oui, lesquelles ?

8. Poursuis ta recherche dans des textes documentaires et des sites Internet.

- Trouve des mots clés qui sont reliés à ton sujet et à ta question.
- Cherche, à la bibliothèque, des encyclopédies et des ouvrages documentaires :
  - consulte l'index et la table des matières à l'aide des mots clés ;
  - repère les textes et les passages où tu pourrais trouver des informations.
- Consulte des sites Internet, toujours en te servant de mots clés.

9. Lis les textes et les passages que tu as trouvés.

- Réponds aux questions de la partie C de ta fiche de lecture.
- Si tu trouves des réponses à tes interrogations personnelles, note-les dans la partie A de ta fiche.
- N'oublie pas de noter tes références :
  - le nom de l'auteur ou de l'auteure ;
  - le titre de l'ouvrage ;
  - le nom et l'adresse des sites Internet.

10. Partage tes découvertes avec ton ou ta camarade.
- Discute des réponses notées dans la partie C de ta fiche.
- Est-ce que les informations sont pertinentes ?
- As-tu toutes les informations que tu cherchais ?

11. Note les informations pertinentes, puis, avec l'aide de ton ou ta camarade, assure-toi que ta réponse est complète.

Production

TU VAS :

Résoudre des problèmes

Faire preuve de créativité

1. Tu as maintenant toutes les informations dont tu as besoin. Il te reste à planifier ta présentation visuelle.
- Feras-tu une maquette ? un montage ? un transparent ? une affiche ?
  - Quel moyen est le plus efficace pour communiquer les informations clairement ?
  - Lequel illustre le mieux les liens entre les informations ?
  - Lequel sera le mieux compris par tes camarades ?
- Pense aux différentes possibilités qui s'offrent à toi. Fais des croquis, au besoin.
- Choisis la présentation qui convient le mieux.

2. Retrouve ton ou ta camarade. Montre-lui le croquis que tu as retenu. Discutez ensemble de vos présentations.
- Contiennent-elles les informations importantes ?
- Est-ce qu'on saisit bien les liens entre les différentes informations ?
- Y aurait-il des modifications à apporter : une idée ou un élément visuel à ajouter ou à préciser ? un élément à enlever ou à déplacer ?

3. Améliore le croquis de ta maquette, de ton montage, de ton transparent ou de ton affiche.
- Quelles suggestions faites par ton ou ta camarade vas-tu retenir ?
- Modifie ton croquis, au besoin.

4. Fais ton montage, ta maquette, ton transparent ou ton affiche. Range le tout soigneusement jusqu'au moment du colloque.

Communication orale

Ta présentation orale sera la pièce maîtresse de ta communication. C'est à ce moment-là que tu exposeras tes découvertes.

1. Fais le plan de ta présentation.

- Inspire-toi de ta fiche de lecture, de tes autres notes et de ta présentation visuelle.
- Utilise des mots clés pour noter les idées importantes.
- Note, toujours à l'aide de mots clés, les informations que tu présenteras.
- Cherche les termes justes. Au besoin, consulte le texte du recueil ou un dictionnaire.

2. Relis ton plan et fais ta présentation dans ta tête.

3. Dans les colloques, les scientifiques s'efforcent d'être clairs et de soigner leur langage. Retrouve ton ou ta camarade. À tour de rôle, exercez-vous à faire votre présentation et faites-vous des suggestions pour l'améliorer.

- Organise tes idées afin qu'on puisse bien suivre tes explications.
- Utilise des mots justes et articule correctement.
- Sers-toi de ta présentation visuelle pour illustrer tes explications.

4. Modifie ton plan ou tes notes, au besoin, pour te rappeler le travail que tu viens de faire et les suggestions de ton ou ta camarade. Conserve ton plan jusqu'au moment du colloque.

Écriture

TU VAS :

Établir des liens dans ton texte

Utiliser un logiciel de traitement de texte

À la fin du colloque, tes collègues scientifiques repartiront avec un texte qui leur rappellera tes explications. Rédige un texte clair et précis à leur intention.

1. Revois ta fiche de lecture et tes notes. Choisis les informations à mettre dans ton texte.

2. Fais le schéma de ton texte. Tu peux t'inspirer de tes présentations visuelle et orale.

- Quelles idées veux-tu faire ressortir ?
- En combien de parties diviseras-tu ton texte ?
- Quelles informations mettras-tu dans chaque paragraphe ?
- Comment amèneras-tu ton sujet dans l'introduction ?
- Comment concluras-tu ton texte : par une question ? un commentaire personnel ?

3. Rédige ton texte en t'inspirant du schéma que tu viens de faire.

- Laisse assez d'espace entre les lignes pour pouvoir retravailler ton texte.
- À mesure que tu écris, indique tes doutes sur l'orthographe d'un mot ou la structure d'une phrase.

4. Lis ton texte en te posant les questions suivantes.

- As-tu mis toutes les informations qu'il fallait pour répondre à ta question ?
- Ton texte est-il divisé en paragraphes ?
- Est-ce que toutes les phrases portent sur ce que tu veux expliquer ?
- Les liens entre les différentes informations sont-ils clairs ? Sers-toi, au besoin, de marqueurs de relation ou d'autres groupes de mots pour préciser les liens entre les idées.
- Est-ce que les mots que tu as utilisés sont précis et justes ? Au besoin, vérifie le sens des mots dont tu doutes dans un dictionnaire.

5. Retrouve ton ou ta camarade.

- Lis le texte de ton ou ta camarade en te posant les mêmes questions qu'à l'activité précédente.
- Fais-lui des suggestions, au besoin, afin que son texte soit clair et précis.

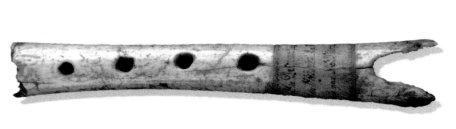

6. Relis ton texte, phrase par phrase, en surveillant les aspects suivants :

- la ponctuation :

  y a-t-il une majuscule au début de la phrase et un point à la fin, une virgule dans une énumération et après un complément de phrase placé au début ou au milieu ?

- la structure de la phrase :
  - chaque phrase contient-elle un groupe sujet et un groupe du verbe ?
  - ces deux groupes de mots sont-ils placés dans le bon ordre ?

- les accords :
  - vérifie les accords dans les groupes du nom ;
  - vérifie l'accord du ou des verbes ; fais attention aux cas difficiles !

- l'orthographe des mots :

  consulte ta liste orthographique et un dictionnaire, au besoin.

7. Demande à ton ou ta camarade de vérifier la ponctuation, la structure des phrases et l'orthographe de ton texte et de t'indiquer les erreurs qui restent. Vérifie son texte.

8. Corrige ton texte en te servant d'un dictionnaire, de ta liste orthographique, d'un tableau de conjugaison ou d'une grammaire, selon le cas.

9. Transcris ton texte à l'aide d'un logiciel de traitement de texte.
   - Vérifie qu'il ne reste pas d'erreurs.
   - Assure-toi que la présentation est claire et soignée.

10. Range ton texte et ta présentation visuelle jusqu'au colloque.

Synthèse et bilan

Des scientifiques passionnants !

TU VAS :

Exprimer clairement tes idées

Soigner ton langage

1. Est-ce que tous les éléments de ta présentation sont prêts ?

2. Installe l'élément visuel que tu as préparé. Demande l'aide de ton ou ta camarade, au besoin.

- Fais ta présentation en suivant ton plan.
  - Soigne ton langage.
  - Observe et écoute tes interlocuteurs pour saisir leurs réactions et leurs questions.
- Après ta présentation, distribue le texte que tu as rédigé.

3. Pendant les présentations de tes collègues scientifiques :
- assure-toi de suivre la logique des informations ;
- vérifie si tu as bien compris en posant des questions ou en reformulant l'idée dans tes mots.

4. Fais le bilan du dossier avec tes camarades.
- As-tu fait des découvertes étonnantes ? Si oui, lesquelles ?
- Que penses-tu de ta présentation ? Tes idées étaient-elles claires ? La présentation visuelle a-t-elle intéressé tes camarades ?
- Que penses-tu de la présentation de tes camarades ? As-tu bien compris ce qu'ils voulaient t'expliquer ?

5. Fais ton bilan personnel dans ton journal de bord.
- Indique les étapes que tu as suivies pour faire ta communication.
- Note quelques-unes des découvertes que tu as faites.
- Évalue ta préparation ainsi que ta participation.

6. Relis ton contrat. Indique les apprentissages où tu penses avoir fait des progrès. Discutes-en avec ton enseignante ou ton enseignant.

7. Dans ton portfolio, dépose :
- ta fiche et tes notes de lecture ;
- ton croquis ou une photo de ta présentation visuelle ;
- les notes de ta présentation orale ;
- une copie de ton texte ;
- ton journal de bord ;
- ton contrat.

À l'entraînement !

Connaissances et stratégies

Ⓐ Lecture guidée

TU VAS :

Comprendre les liens dans un texte

Les textes scientifiques sont parfois difficiles à comprendre, surtout ceux qui expliquent un phénomène. Les paragraphes qui suivent sont extraits du texte *Quand la terre tremble...*, dans le recueil. On y explique comment se produisent les tremblements de terre. Tu dois saisir les liens entre les informations pour bien comprendre l'explication.

> **1.** Dans le premier paragraphe, on te rappelle comment la Terre est formée. Tu as besoin de ces informations pour comprendre le phénomène des tremblements de terre.

Pourquoi la terre tremble-t-elle ?

Pour répondre à cette question, il faut d'abord connaître la composition de la Terre. Notre planète se compose de trois parties : 1) le noyau, 2) le manteau et 3) la croûte. Le noyau de la Terre est constitué de métal brûlant et liquide. Ce noyau est entouré du manteau dans lequel se trouvent des poches de roche chaude et molle qui se déplacent lentement. Au-dessus du noyau et du manteau, il y a la croûte terrestre, une partie solide mais non uniforme.

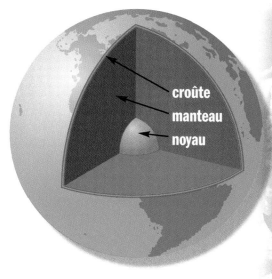

croûte
manteau
noyau

> **2.** Explique à tes camarades ce que tu as compris de ce paragraphe.

3. L'explication proprement dite commence dans ce paragraphe. Lis-le.

4. Discute avec tes camarades.

- Qu'est-ce qui fait que les plaques tectoniques se déplacent?

- Explique comment tu as trouvé la réponse.

5. Poursuis ta lecture.

6. Explique ce que tu as compris du paragraphe que tu viens de lire.

- Pourquoi les plaques tectoniques se déforment-elles?

- Comment explique-t-on que la croûte terrestre se brise et qu'il y a des ondes sismiques?

- Comment as-tu fait pour trouver ces informations?

La croûte terrestre est constituée de plaques tectoniques. On en compte six grandes et plusieurs petites. Ces plaques se déplacent parce qu'elles flottent sur le manteau qui bouge lui-même très lentement. Parfois, elles s'écartent les unes des autres, ce qui crée un espace. C'est d'ailleurs par cet espace que remontent les roches en fusion contenues dans le manteau. Il arrive aussi que les plaques glissent les unes sur les autres ou encore qu'elles entrent en collision.

Les plaques ont une certaine élasticité, ce qui fait qu'elles se déforment sous la pression et qu'elles accumulent de l'énergie, comme un ressort que l'on tend. Après un certain temps, souvent des centaines d'années, les plaques atteignent la limite de leur résistance. Elles relâchent alors brusquement toute l'énergie accumulée, comme si le ressort venait de claquer. Ce relâchement fait que la croûte terrestre se brise et qu'il y a des vibrations, que l'on appelle des «ondes sismiques». Celles-ci se propagent dans toutes les directions, un peu comme les ondes à la surface de l'eau quand on y jette une roche.

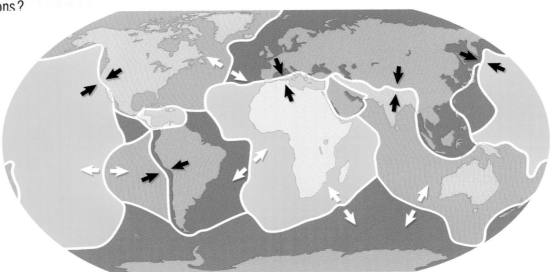

7. As-tu déjà entendu parler de l'épicentre d'un tremblement de terre? Où se situe-t-il, selon toi?

8. Explique à tes camarades ce que tu as compris du paragraphe.

Une telle brisure dans la croûte se nomme une «faille». C'est le long des failles que se produisent la plupart des séismes. Le lieu précis où survient un séisme à l'intérieur de la croûte terrestre s'appelle le «foyer». Et si l'on imagine une ligne verticale qui part de ce foyer et remonte en ligne directe à la surface de la Terre, on aboutit à un point nommé «l'épicentre».

9. Voici un schéma de l'explication d'un tremblement de terre. Ce schéma ressemble-t-il à ce que tu as compris du texte ?

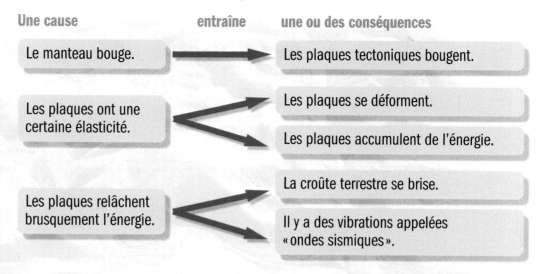

Une cause	entraîne	une ou des conséquences
Le manteau bouge.	→	Les plaques tectoniques bougent.
Les plaques ont une certaine élasticité.	→	Les plaques se déforment.
	→	Les plaques accumulent de l'énergie.
Les plaques relâchent brusquement l'énergie.	→	La croûte terrestre se brise.
	→	Il y a des vibrations appelées « ondes sismiques ».

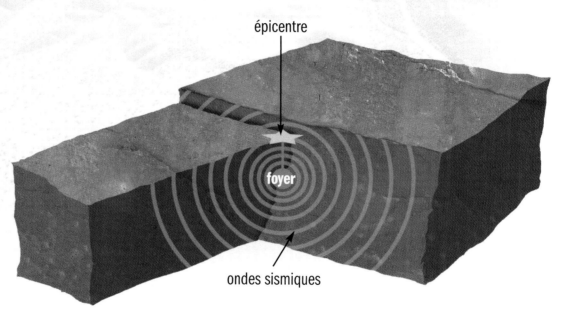

épicentre

foyer

ondes sismiques

10. Pour trouver les causes et les conséquences dans une explication, tu dois chercher des indices comme :

- des marqueurs de relation :
  - ceux qui indiquent la cause : « parce que », « puisque », « comme », « à cause de », « car », « en effet », etc. ;
  - ceux qui indiquent la conséquence : « ainsi », « donc », « par conséquent », « alors », etc.
- des groupes de mots comme « ce qui entraîne », « ce qui amène », « ce qui fait que », « en conséquence », etc.

Tu dois aussi te servir de tes connaissances et réfléchir au sens du texte.

B Syntaxe

TU VAS :

Reconnaître les
pronoms personnels
compléments du verbe

Trouver le groupe
de mots que
le pronom remplace

1. Compare les phrases A et B, puis C et D.

- Quelles modifications observes-tu ?
- Quelles opérations syntaxiques ont été utilisées pour faire ces modifications ?

A   Les archéologues fouillent le sol.

B   Les archéologues le fouillent.

C   Les paléontologues cherchent les traces de poissons anciens dans la falaise.

D   Les paléontologues les cherchent dans la falaise.

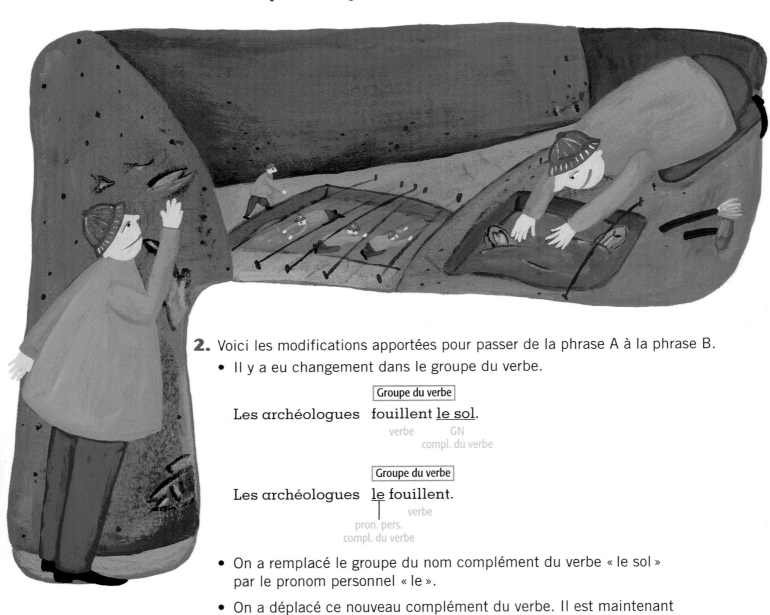

2. Voici les modifications apportées pour passer de la phrase A à la phrase B.

- Il y a eu changement dans le groupe du verbe.

Groupe du verbe

Les archéologues   fouillent le sol.
                   verbe   GN
                        compl. du verbe

Groupe du verbe

Les archéologues   le fouillent.
                   pron. pers. verbe
                   compl. du verbe

- On a remplacé le groupe du nom complément du verbe « le sol » par le pronom personnel « le ».

- On a déplacé ce nouveau complément du verbe. Il est maintenant avant le verbe.

Explique à ton tour comment on est passé de la phrase C à la phrase D.

3. Forme une équipe avec un ou une camarade.

- Remplacez les groupes du nom compléments du verbe soulignés par un pronom personnel.
- Expliquez votre démarche.

A On trouve de nombreuses roches sur la Terre. Les géologues classent <u>les roches</u> en trois grandes catégories.

B Une archéologue vient de trouver un objet ancien. Elle analyse <u>l'objet ancien</u> pour connaître son origine.

C L'homme de la préhistoire racontait les événements à sa façon. Il chantait <u>les événements</u> et peignait <u>les événements</u> sur les murs des grottes.

4. Comme tu viens de le voir, « le », « la », « les » et « l' » peuvent être des pronoms personnels compléments du verbe. Tu sais qu'ils peuvent aussi être des déterminants.

Comment distinguer quand ce sont des déterminants et quand ce sont des pronoms ? Discutes-en avec ton ou ta camarade.

- Observez les trois « les » dans la phrase ci-dessous.
- Quand « les » est-il déterminant ? Quand est-il pronom ?

<u>Les</u> paléontologues sont des spécialistes des fossiles. Ils <u>les</u> trouvent dans <u>les</u> roches.

5. Voici des indices qui t'aideront à distinguer « le », « la », « les » et « l' » déterminants et pronoms personnels.

- Un déterminant est toujours suivi d'un nom ; il fait partie d'un groupe du nom. **Attention !** Il y a parfois un adjectif devant le nom (**ex. :** les vieilles roches).

  Dans la phrase que tu viens d'observer, le premier « les » fait partie du groupe du nom « les paléontologues » et le troisième fait partie du groupe du nom « les roches ».

- Un pronom complément du verbe n'est pas suivi d'un nom ; il remplace un groupe de mots et il fait partie du groupe du verbe.

  Dans la même phrase, le deuxième « les » est un pronom personnel ; il remplace le groupe du nom « les fossiles » et il fait partie du groupe du verbe « les trouvent » : il est complément du verbe.

6. Poursuis la discussion avec ton ou ta camarade.

- Cherchez, dans les phrases suivantes, tous les « le », « la », « les » et « l' ».
- Dites s'il s'agit de déterminants ou de pronoms personnels.
- Expliquez ce qui vous permet de faire la distinction.

A De nombreux pays subissent des séismes dévastateurs, qui font la manchette des journaux. Ces séismes, fort heureusement, on ne les ressent pas au Québec.

B La croûte terrestre est divisée en grands blocs qu'on appelle les plaques tectoniques. Le magma, qui se trouve à l'intérieur de la Terre, les fait bouger.

C Le charbon, le pétrole et le gaz naturel sont des combustibles fossiles. Nous les extrayons du sol et nous les brûlons pour en tirer l'énergie qu'ils contiennent.

7. D'autres pronoms personnels peuvent être compléments du verbe. Ce sont, entre autres, « lui », « leur », « nous » et « vous ».

Ex.: Les éruptions volcaniques <u>nous</u> impressionnent toujours.

Les tremblements de terre <u>vous</u> impressionnent plus que les éruptions volcaniques.

Quand Aïda visitera la Gaspésie, un paléontologue <u>lui</u> racontera l'histoire du prince de Miguasha.

Quand Aïda et sa famille visiteront la Gaspésie, un paléontologue <u>leur</u> racontera l'histoire du prince de Miguasha.

Site où l'on trouve de nombreux fossiles à Miguasha, en Gaspésie.

Le prince de Miguasha est un des fossiles les plus célèbres au monde.

8. Comme tu as pu le constater, les pronoms personnels permettent souvent d'éviter des répétitions. On les appelle des mots de substitution parce qu'ils remplacent un groupe de mots.

- Lorsqu'il remplace un groupe du nom, le pronom doit être du même genre et du même nombre que le nom noyau de ce groupe.

   Ex.: Ce garçon a trouvé une roche très colorée.

   m. s.　　　f. s.

   Il　　　　la　　　　　regarde attentivement.

   (le garçon)　(la roche)

- Quand tu emploies un pronom, tu dois t'assurer que les lecteurs sauront quel groupe de mots ce pronom remplace.

   Ex.: Gabrielle a trouvé des roches rondes.

   f. s.　　　f. s.

   Elle　　　la　　　　　regarde attentivement.

   (Gabrielle)　?

   Dans la 2ᵉ phrase, le pronom « la » pourrait remplacer un groupe du nom comme « la roche ». Mais cela n'a pas de sens, car dans la phrase précédente, on trouve « des roches rondes ». Il aurait donc fallu écrire :

   Elle　　　les　　　　regarde attentivement.

   (Gabrielle)　(les roches)

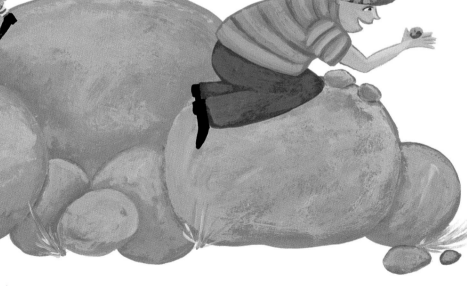

9. Dans le texte suivant, repère tous les pronoms personnels, sujets ou compléments du verbe. Trouve le groupe du nom qu'ils remplacent.

En juin dernier, une classe de 6ᵉ année est allée en Gaspésie pour voir les falaises de Miguasha. C'était la première fois que les élèves les voyaient. Ils les ont trouvées magnifiques. À la fin de l'avant-midi, les jeunes ont assisté à une conférence donnée par un étudiant en paléontologie. Il a terminé son exposé en invitant ses auditeurs à le suivre pour visiter le musée.

C Orthographe grammaticale

TU VAS:

Accorder les verbes conjugués

Erreurs

1. Des élèves ont écrit des phrases et ils ont fait des erreurs dans l'accord de certains verbes.

- Peux-tu détecter leurs erreurs ? Explique ce qu'ils ont fait.
- Qu'est-ce qu'ils auraient dû faire pour bien accorder ces verbes ?

A Depuis qu'elle a reçu ses cristaux, Carla les conservent précieusement dans un coffre.

B Je vous donnerez un ouvrage très instructif sur la lente évolution de la Terre.

C Des géologues nous expliquerons les secrets du sol.

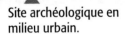

Site archéologique en milieu urbain.

2. Ces erreurs sont fréquentes. Les élèves ont accordé le verbe avec le pronom qui le précède sans se demander s'il était vraiment le sujet.

- Dans la phrase A, le sujet est « Carla » et non le pronom « les », qui remplace « les cristaux », et qui est complément du verbe.
- Dans la phrase B, le sujet est le pronom « je ». Ce pronom est toujours sujet. Le verbe « donner » s'accorde avec le pronom « je » et non avec le pronom « vous », qui est ici complément du verbe.
- Dans la phrase C, le verbe « expliquer » s'accorde avec le groupe du nom sujet « des géologues » et non avec le pronom complément « nous ».

3. Voici ce que tu dois faire quand tu emploies un pronom personnel dans une phrase.

- Si le pronom est « je », « tu », « il », « ils » et « on », il est toujours sujet : tu peux donc accorder le verbe avec un de ces pronoms.
- Si le pronom est « le », « la », « les », « l' », « lui » et « leur », il n'est jamais sujet. Tu dois donc chercher le sujet en utilisant les moyens que tu connais déjà.
- Si le pronom est « nous », « vous », « elle » ou « elles », il est parfois sujet, parfois complément du verbe. Tu dois donc recourir aux moyens que tu connais pour trouver le sujet de la phrase.

4. Choisis le verbe entre parenthèses qui convient dans les phrases suivantes.

A On trouve des ouvrages très intéressants sur les volcans. On les (feuillette – feuillettes – feuillettent) toujours avec plaisir.

B Lorsque je reviendrai, je vous (montrerai – montrerez – montrerés) mes fossiles.

C Les archéologues nous (ferons – feront) encore découvrir des vestiges du lointain passé des autochtones.

5. Tu connais maintenant plusieurs pièges à éviter quand tu accordes un verbe. Voici certains de ces pièges.

- Certains mots sont parfois des verbes, parfois des noms.

  Ex.: Étienne affiche son texte derrière la porte de la classe.

  Dans cet exemple, tu dois bien repérer le verbe. Pour cela, tu peux utiliser les moyens que tu connais.

  Ici, le verbe est « affiche » et non « porte ».

- Le noyau du groupe sujet est parfois séparé du verbe par un complément du nom qui fait partie du groupe sujet.

  Ex : Les puits de pétrole se trouvent dans des régions autrefois recouvertes par des mers.

  Tu dois t'assurer de trouver le noyau du groupe sujet : c'est avec ce mot que le verbe s'accorde. Ici le noyau du groupe sujet est « puits ».

- Le sujet est parfois séparé du verbe par un pronom personnel complément du verbe.

  Ex.: Ses roches, Matteo les conserve précieusement.

6. Repère les erreurs d'accord du verbe dans les phrases suivantes et explique-les.

Erreurs

    A Les richesses du sous-sol assure du travail à de nombreux ouvriers.

    B Les entreprises minières sont toujours à la recherche d'une nouvelle mine. Si elle est prometteuse, elles l'exploite et embauche des mineurs.

    C Au Mexique, de nombreux travailleurs sont à la recherche de pierres précieuses. Carolina, par exemple, les cherchent dans les falaises au bord de la mer.

    D Deux étudiants en géologie viendront à l'école bientôt ; ils nous montrerons un film sur les richesses du sous-sol.

Ⓓ Conjugaison

TU VAS :

Reconnaître le temps des verbes

Conjuguer les verbes au futur et au conditionnel présent

1. Pour consulter un tableau de conjugaison, tu dois savoir à quel temps est conjugué le verbe que tu cherches.

- Dessine un tableau semblable à celui qui suit.
- Classe les verbes suivants dans ce tableau.

    je veux, il aimerait, nous prendrons, elle criera, tu choisissais, qu'ils viennent, punie, sachant, tu voudrais, nous ferons, buvant, elle ouvrait, vous écriviez, nous courons, je sortais, tenant, tu joueras, qu'ils puissent, nous prendrions, elles font

Indicatif présent	Imparfait
Futur simple	**Conditionnel présent**
Participe présent	**Participe passé**
Subjonctif présent	

2. Les verbes au futur simple et au conditionnel présent se ressemblent beaucoup.

- Observe les verbes suivants.
- Trouve les ressemblances et les différences entre le futur simple et le conditionnel présent.

Futur simple	Conditionnel présent
Je sauter **ai**	Je sauter **ais**
Tu jouer **as**	Tu jouer **ais**
Il compter **a**	Il compter **ait**
Nous chercher **ons**	Nous chercher **ions**
Vous explorer **ez**	Vous explorer **iez**
Elles mange **ront**	Elles manger **aient**
Je choisir **ai**	Je choisir **ais**
Tu dormir **as**	Tu dormir **ais**
Elle ouvrir **a**	Elle ouvrir **ait**
Nous grandir **ons**	Nous grandir **ions**
Vous sentir **ez**	Vous sentir **iez**
Ils partir **ont**	Ils partir **aient**

3. Les verbes suivants sont-ils construits exactement de la même façon ?

- Conjugue chaque verbe avec le sujet « je » au futur et au conditionnel présent.
- Consulte un tableau de conjugaison pour répondre à la question.

aller, avoir, être, faire, pouvoir, prendre, savoir, venir, voir, vouloir

E Orthographe d'usage

1. Les mots suivants apparaissent souvent dans ce dossier. Sers-toi de la stratégie que tu connais pour mémoriser leur orthographe.

archéologue, combustible, énergie, fossile, gaz, grotte, pétrole, plaque tectonique, science – scientifique, sous-sol, souterrain – souterraine, terrestre, tremblement, volcan

2. Le son [ks] s'écrit parfois « x » comme dans « saxophone ». Est-ce qu'il peut s'écrire autrement ?

- Observe les différentes façons d'écrire le son [ks], puis fais un tableau contenant autant de colonnes qu'il y a de manières d'écrire ce son.
- Classe tous ces mots dans ton tableau.

accent	exciter – excité – excitée
accepter	fonctionner
accessoire	fraction
accident	maximum
action	saxophone
boxe	succès
distraction	taxe
excellent – excellente	taxi

3. Un grand nombre de noms se terminent par les lettres « -tion ». Souvent, ces noms sont formés à partir d'un verbe.

- Compare l'orthographe du verbe et du nom dans chaque paire de mots.
- Mémorise-les.

agiter – agitation	expliquer – explication
animer – animation	fabriquer – fabrication
anticiper – anticipation	instruire – instruction
augmenter – augmentation	inventer – invention
composer – composition	inviter – invitation
consoler – consolation	observer – observation
construire – construction	punir – punition
démolir – démolition	produire – production
distraire – distraction	(se) récréer – récréation
distribuer – distribution	transformer – transformation

Dossier ⑤

Entre ciel et terre

Depuis des millénaires, des hommes et des femmes s'émerveillent en regardant le ciel. Ils essaient aussi de comprendre cet univers immense et combien mystérieux !

Pourquoi s'intéresse-t-on à l'espace ? Pour comprendre la naissance et la mort des étoiles ? Pour y puiser l'inspiration ? Pour imaginer des aventures fantastiques dans des univers inconnus ? Toi, que cherches-tu les yeux ainsi levés vers le ciel ?

Dans ce dossier, tu vas :

- faire connaître tes réactions ;
- interpréter les réactions des autres ;
- interpréter des expressions courantes ;
- comparer des poèmes ;
- observer la forme des poèmes ;
- sélectionner des informations dans un texte ;
- utiliser des méthodes de travail efficaces ;
- faire preuve de créativité ;
- communiquer tes images ou tes connaissances ;
- comprendre la construction de la phrase impérative ;
- comprendre la construction de la phrase de forme négative ;
- reconnaître les verbes conjugués avec l'auxiliaire « avoir » ou « être » ;
- accorder les verbes conjugués avec l'auxiliaire « être » ;
- conjuguer les verbes à l'impératif ;
- reconnaître l'auxiliaire « être » à différents temps.

Exploration

De la Terre au Soleil

TU VAS:

Faire connaître
tes réactions

Interpréter les
réactions des autres

Interpréter des
expressions courantes

1. Discute du thème de ce dossier avec tes camarades.

- Quels sentiments éprouves-tu quand tu observes le ciel par une belle soirée d'été ?
- Quelles questions te poses-tu dans ces moments-là ?

2. Forme une équipe avec deux ou trois camarades.

Tout au long de la discussion, vous allez réagir aux propos de l'élève qui prend la parole, mais sans parler.

Discutez des moyens dont vous disposez pour le faire.

3. Nommez un animateur ou une animatrice de même qu'un ou une porte-parole. Faites votre discussion à partir des questions suivantes.

> Quand on observe longuement la Lune et les étoiles, on voit qu'elles se déplacent dans le ciel. Tournent-elles autour de la Terre ?
>
> Le matin, est-ce que le Soleil se lève vraiment ?
>
> Est-ce qu'on peut voir des satellites artificiels dans le ciel ?
>
> Que sont les étoiles filantes ? S'agit-il d'étoiles qui se déplacent à toute allure dans le ciel ?
>
> Comment peut-on expliquer les aurores boréales ?

4. Partagez vos réponses avec la classe.

- Si tu es porte-parole, explique le plus fidèlement possible les idées de ton équipe. Prête attention aux gestes et aux mimiques de tes camarades en te demandant ce qu'ils veulent exprimer.
- Si tu n'es pas porte-parole, réagis aux propos de l'élève que tu écoutes, mais sans parler.

5. Dans ton journal de bord, note ce que tu retiens de cette discussion. Quelles sont tes réponses aux questions de l'activité 3 ? Si tu as des doutes, écris tes hypothèses de réponses et les questions que tu te poses.

6. Fais le travail suivant avec ton équipe en changeant d'animateur ou d'animatrice et de porte-parole. Pendant la discussion :

- prête attention aux réactions de tes camarades ;
- réagis aux propos de l'élève qui prend la parole, mais sans parler.

On emploie souvent des expressions qui font allusion au ciel, à la lune ou aux étoiles. Tu connais déjà l'expression « être dans la lune » ; en voici d'autres. Ensemble, trouvez le sens des expressions soulignées.

A L'histoire se passait sous d'autres cieux.

B Elle est tombée du ciel à l'annonce de son résultat.

C Laura est au septième ciel depuis qu'elle a reçu un courriel de sa correspondante.

D Raphaël et ses amis ont dormi à la belle étoile.

E À Asbestos, on trouve une mine à ciel ouvert.

F Les craintes de Kim ont fondu comme neige au soleil.

G C'est écrit dans le ciel !

H Les parents de Rashid trouvent qu'il demande la lune.

7. Poursuivez votre discussion en cherchant le sens des deux proverbes ci-dessous. Changez d'animateur ou d'animatrice et de porte-parole.

A Aide-toi, le ciel t'aidera !

B Le soleil brille pour tout le monde.

8. Faites un compte rendu de vos discussions.

- Si tu es porte-parole, rapporte fidèlement les idées de tes camarades.
- Lorsque tu écoutes, exprime tes réactions, mais sans parler.

9. Reviens en équipe. Ensemble, évaluez votre travail.

- Est-ce que tous les membres de l'équipe ont bien participé au travail ? Sinon, comment pourriez-vous améliorer la situation ?
- Les porte-parole ont-ils rapporté fidèlement les idées de l'équipe ? Expliquez votre point de vue.
- Est-ce que vous avez prêté attention aux réactions de vos camarades lorsque vous preniez la parole ?
- Avez-vous réagi aux propos de vos camarades par des gestes ou des mimiques ? Est-ce que c'était facile ou difficile ? Expliquez votre réponse.

10. Dans ce dossier, tu vas explorer l'espace avec des yeux de poète ou avec des yeux de scientifique.

À la fin, tu vas déposer le résultat de ton exploration à la bibliothèque.

Comment voudrais-tu présenter ton travail ? Discutes-en avec tes camarades. Vous pouvez :

- afficher vos travaux sur un babillard ;
- constituer un recueil de textes scientifiques et de poèmes ;
- faire un lancement en invitant quelques personnes.

As-tu d'autres idées ?

11. Pour préparer cette présentation, tu vas :

- lire des poèmes ou un texte informatif ;
- écrire un poème ou un texte informatif.

12. Tu peux explorer les sujets suivants.

- Avec des yeux de poète :
  - l'immensité de l'espace,
  - les liens entre la lune et le soleil,
  - la lune,
  - le soleil.

- Avec des yeux de scientifique :
  - le fonctionnement d'un télescope,
  - les étoiles filantes,
  - les arcs-en-ciel et leur formation,
  - les satellites,
  - les aurores polaires,
  - les constellations.

13. Choisis le sujet qui t'attire. Note ton choix dans ton journal de bord et explique-le.

14. Lis ton contrat, puis signe-le après avoir réfléchi à ton engagement.

② **Ton projet**

En passant par les étoiles

- Si tu as opté pour un regard de poète, suis la **démarche A**.
- Si tu as préféré la manière des scientifiques, suis la **démarche B**.

TU VAS :

Comparer des poèmes

Observer la forme des poèmes

Sélectionner des informations dans un texte

Lecture

Démarche A	Démarche B

1.

Réfléchis au sujet que tu as choisi.

Démarche A	Démarche B
• Quelles images te viennent en tête ?	• Qu'est-ce que tu sais sur ce sujet ?
• Qu'est-ce que tu ressens ?	• Qu'est-ce que tu aimerais apprendre ?
• As-tu déjà entendu, vu ou lu des images que tu trouvais particulièrement belles ?	

2.

Forme une équipe avec des camarades qui ont choisi le même sujet que toi.

Démarche A	Démarche B
Partage tes images et tes impressions avec les membres de ton équipe.	Partage ce que tu sais et les questions que tu te poses avec les membres de ton équipe.
3. Dans ton carnet de lectures, note les images et les impressions qui te touchent.	**3.** Note, dans la partie A de ta fiche de lecture, ce que tu sais et les questions que tu te poses sur le sujet.

4. Trouve, dans le recueil (p. 218 à 226), les poèmes qui se rapportent à ton sujet. Observe le titre et la forme de chaque poème.

4. Dans le recueil (p. 227 à 246), trouve le texte qui porte sur ton sujet. Observe le titre, les intertitres et les illustrations.

5.

Lis le ou les textes du recueil.

Prends le temps de bien comprendre chaque poème. Relis-les au besoin.

- Quel poème préfères-tu ?
- Qu'est-ce qui t'attire le plus : la forme du poème ou ce qui est exprimé ?
- Dans quel poème trouves-tu des images qui ressemblent le plus à celles que tu as en tête ?

Fais une première lecture pour connaître le contenu du texte.

- Lorsque tu trouves des informations qui confirment tes connaissances ou qui répondent à tes questions, note-les dans la partie A de ta fiche.
- Relis le texte en cherchant des réponses aux questions de la partie B de ta fiche.

6.

Reviens en équipe. Ensemble, discutez de votre lecture.

- Quels poèmes vous plaisent le plus ? Pourquoi ?
- Quelles ressemblances et quelles différences observez-vous entre ces poèmes ?
- Y a-t-il des vers ou des passages qui évoquent des images particulièrement belles ?

- Les informations contenues dans le texte confirment-elles vos connaissances personnelles ? Sinon, expliquez les différences entre ce que vous pensiez et les informations contenues dans le texte.
- Comparez les réponses que vous avez notées dans la partie B de votre fiche. Cherchez ensemble la formulation la plus complète et la plus claire pour chaque réponse.

7. Note tes impressions dans ton carnet de lectures.

- Quel poème aurais-tu aimé écrire ?
- Y a-t-il des passages que tu aimerais conserver ? Si oui, transcris-les en indiquant la source et explique ce qui te plaît dans ces passages.

7. Dans ton journal de bord :

- note les informations qui modifient ou qui précisent ce que tu savais sur le sujet ;
- parmi les découvertes que tu as faites, note celles qui t'étonnent le plus.

8.

Forme une équipe avec des camarades qui ont lu des textes différents du tien.

- Présente-leur ton sujet et le poème que tu as préféré.
- Explique-leur ce qui t'a plu dans ce poème.

- Donne-leur une vue d'ensemble de ton texte.
- Communique-leur les informations qui t'ont paru les plus importantes.
- Pose des questions à tes camarades sur leur sujet.

9.

Retrouve ton équipe de départ. Ensemble, évaluez votre lecture.

- Cette lecture vous a-t-elle donné des idées pour écrire un poème ?
- Les poèmes étaient-ils faciles ou difficiles à comprendre ? Quelles difficultés avez-vous éprouvées ? Quelles solutions avez-vous trouvées ?
- Les discussions vous ont-elles aidés à apprécier les poèmes ? Comment ?

- Cette lecture vous a-t-elle apporté des informations nouvelles ? Lesquelles ?
- Avez-vous besoin d'autres informations pour préciser ou enrichir vos connaissances ? Si oui, lesquelles ? Où pouvez-vous les trouver ?
- Le texte était-il facile ou difficile à comprendre ? Quelles difficultés avez-vous éprouvées ? Quelles solutions avez-vous trouvées ?
- Les discussions vous ont-elles aidés à comprendre les textes ? Comment ?

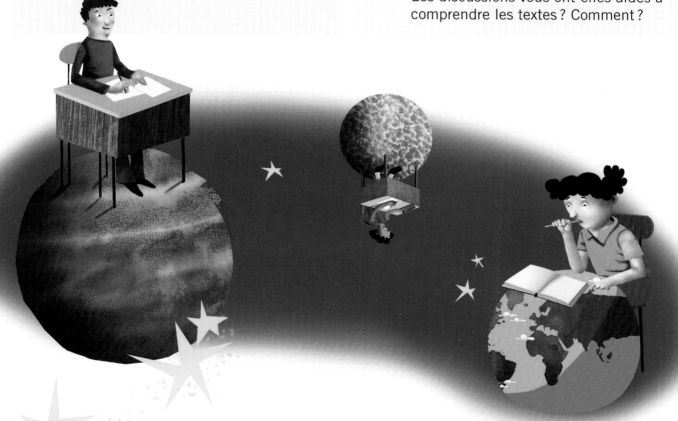

TU VAS :
Utiliser des méthodes
de travail efficaces
Faire preuve de
créativité

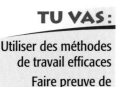

Écriture

Démarche A	Démarche B

1.

Rappelle-toi les décisions prises au moment de l'exploration.
Pense au sujet que tu as choisi.

• Relis les notes que tu as prises dans ton carnet de lectures.	• Relis les notes que tu as prises dans ton journal de bord et sur ta fiche de lecture.
• Trouve une illustration qui porte sur ton sujet et qui t'inspire.	• Pense au but de ton texte et aux personnes qui le liront.
• Note ce que tu vois, ce que tu entends, ce que tu ressens, les pensées et les mots qui te viennent à l'esprit.	• Choisis les informations que tu veux communiquer aux élèves qui liront ton texte.

2.

Décide comment tu vas organiser tes idées.

• Pense à la forme que tu veux donner à ton poème : des rimes ou des vers libres ? un calligramme ? un haïku ? un autre type de poème ?	• Fais un schéma de ton texte.
	• Organise les informations à l'aide de ton schéma.
• Décide dans quel ordre tu écriras les images, les sentiments et les idées que ton sujet t'inspire.	• Pense à ce que tu mettras dans l'introduction et dans la conclusion.

3.

Fais un brouillon de ton texte.

- Laisse assez d'espace entre les lignes pour pouvoir le modifier par la suite.
- Si tu as des doutes, indique-les à mesure que tu rédiges ton texte.

4.

Relis ton texte en te posant les questions ci-dessous, puis fais les modifications, au besoin.

- Est-ce que ton poème évoque bien les sentiments, les images et les idées que tu voulais exprimer?
- La forme de ton poème correspond-elle à ce que tu souhaitais?

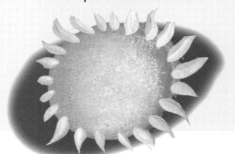

- Rappelle-toi le but que tu t'es fixé. Est-ce que ton texte explique bien ton sujet?
- Est-il facile à comprendre?
- Devrais-tu ajouter des informations pour que les lecteurs comprennent bien ton sujet?
- Est-il bien structuré? Les phrases de chaque paragraphe ont-elles un lien entre elles? Devrais-tu déplacer des informations?

5.

Présente ton texte aux camarades de ton équipe.

Ensemble, examinez chaque texte en vous posant les questions ci-dessous.

- Est-ce qu'on saisit bien les images, les idées et les sentiments exprimés?
- La forme du poème est-elle intéressante?
- Quelles améliorations suggérez-vous?

- Le texte est-il clair? Est-ce qu'il contient assez d'informations pour qu'on comprenne bien le sujet?
- Est-il bien structuré?
- Quelles modifications suggérez-vous?

6.

Reprends ton texte et fais les modifications que tu juges pertinentes.

7.

Corrige ton texte. Examine chaque phrase ou chaque vers en te posant les questions suivantes, puis fais les corrections nécessaires.

- La ponctuation, s'il y a lieu, est-elle correcte?
- Est-ce que chaque phrase est claire? facile à comprendre?
- Est-ce que chaque phrase est bien structurée : contient-elle un groupe sujet et un groupe du verbe? **Attention!** En poésie, la structure des phrases peut être différente : il n'y a pas toujours un groupe sujet et un groupe du verbe.
- Les accords dans les groupes du nom sont-ils faits?
- Le ou les verbes sont-ils bien accordés?
- Les mots sont-ils bien orthographiés? Consulte ta liste orthographique et un dictionnaire, au besoin.

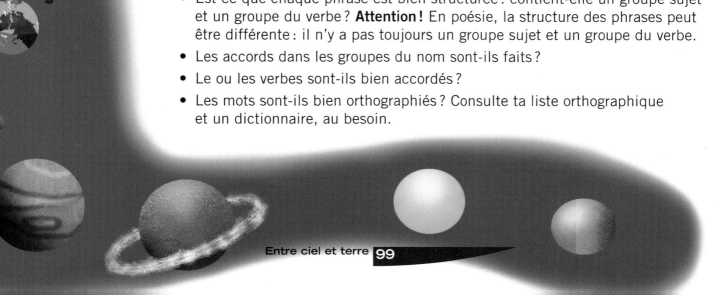

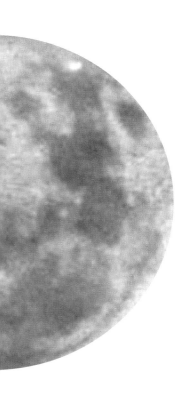

8.

Demande à un ou une camarade de vérifier tes corrections avec toi.
Servez-vous des questions de l'activité 7.

9.

Transcris ton texte en tenant compte des décisions prises en classe.

- Pense à la disposition de ton texte.

- Décide si tu le transcriras à la main ou à l'aide d'un traitement de texte.

- Ajoute une ou des illustrations pour créer une ambiance autour de ton poème ou pour illustrer une explication.

  Les illustrations sont souvent importantes dans un texte scientifique, car elles aident à la compréhension.

- Relis ton texte une dernière fois afin qu'il ne reste pas d'erreurs.

10.

Forme une équipe avec des élèves qui ont écrit des textes différents : des poèmes et des textes informatifs, des textes sur divers sujets. Ensemble, évaluez votre démarche.

- À tour de rôle, expliquez la démarche que vous avez suivie pour écrire votre texte.

- Quelles ressemblances et quelles différences y a-t-il entre vos démarches ?

- La démarche suivie vous satisfait-elle ? Expliquez ses avantages et ses inconvénients.

Synthèse et bilan

③

Au zénith !

TU VAS :

Communiquer tes images ou tes connaissances

Te voilà à la fin d'un exaltant voyage dans l'espace ! Laisse aux élèves de l'école le plaisir de découvrir ton travail, puis fais le bilan de ce dossier.

1. Fais une courte présentation de ton travail aux élèves de ta classe.

- Explique ta démarche.
- Présente ton travail.
- Réagis aux travaux des autres en faisant ressortir les aspects les plus intéressants.

2. En classe, décidez comment vous annoncerez la présentation de vos travaux.

- En l'annonçant à la radio de l'école ?
- En envoyant un courriel à des personnes de votre choix ?
- En utilisant le site Internet de l'école ?
- Par le biais du journal de l'école ?

3. Exposez vos travaux à la bibliothèque de l'école.

4. Fais le bilan de ce dossier avec tes camarades.

- Quelles découvertes as-tu faites ?
- Aimerais-tu approfondir tes connaissances sur l'espace ? Aimerais-tu lire d'autres poèmes ? Sur quels sujets ?

5. Fais ton bilan personnel dans ton journal de bord.

- Écris les découvertes qui t'ont paru les plus frappantes.
- Relis ton contrat et note les engagements que tu as respectés. Écris les apprentissages que tu veux approfondir dans un prochain dossier.

6. Dans ton portfolio, dépose :

- ta fiche de lecture ou ton carnet de lectures ;
- ton journal de bord ;
- le texte que tu as rédigé ;
- ton contrat.

Connaissances et stratégies

Ⓐ Lecture guidée

TU VAS :

Comparer des poèmes

Observer la forme des poèmes

1. Imagine-toi dehors par une chaude journée d'été. Il a plu abondamment et il tombe encore un peu de bruine. Soudain, tu aperçois un arc-en-ciel.

   Tu l'observes longuement. Que vois-tu tout autour ? À quoi te fait penser cet arc-en-ciel ? D'où vient-il ? Qu'est-ce que tu ressens ? Quels mots te viennent en tête ?

2. Dans ton journal de bord, écris les images qui te viennent à l'esprit.

3. Partage ces images avec tes camarades.

4. Voici trois poèmes portant sur l'arc-en-ciel. Lis chacun d'eux, lentement, en cherchant les images qui ont inspiré les trois poètes.

L'arc en ciel

Quand le soleil se marie
avec les gouttes de pluie,
pour montrer sa joie il sort
du fond d'un coffre au trésor
les couleurs de l'arc-en-ciel
qu'il étale dans le ciel.

Vert et bleu, jaune, indigo,
violet, orange et rouge,
c'est le splendide bandeau
dont il pare ses épouses ;
et nous on sait, qu'à nouveau,
ce sont les noces, là-haut,
de la lumière et de l'eau !

André CAILLOUX
Tiré de *Invente et rêve*, Charlesbourg,
Les presses laurentiennes, 1987.

Arc-en-ciel

Un coquelicot et un souci
Se sont pris par la main
Avec un pissenlit,
Puis une pomme verte
Et un bleuet
Et encore une prune
Et un iris violet.
Et sur la prairie,
Ils ont joué à l'arc-en-ciel
Comme dans le ciel.

Anne-Marie CHAPOUTON
Tiré de *Comptines pour enfants bavards*,
coll. Père Castor, Flammarion, 1998.

La pluie qui s'est tue

a dessiné l'arc-en-ciel

le soleil l'a vu

Yves BRILLON
Tiré de *Haïku et francophonie
canadienne*, Les Éditions David,
2000.

5. Lequel de ces poèmes préfères-tu ?

- Explique ce que tu aimes.

- Les images évoquées ressemblent-elles à tes images ?

6. Poursuis la discussion.

- Dans les deux premiers poèmes, l'arc-en-ciel est associé à une rencontre.
De quelle rencontre s'agit-il dans chaque cas ?

- Quelles autres associations pourrais-tu faire en pensant à un arc-en-ciel ?

- Comment appelle-t-on les poèmes qui ont une forme semblable au troisième ?
Qu'est-ce que tu remarques dans la structure de ce poème ?

7. Dans les deux premiers poèmes, les poètes ont comparé l'arc-en-ciel à quelque
chose, mais sans utiliser des mots de comparaison, c'est-à-dire des mots comme
« pareil à », « semblable à » « tels que », « comme », etc.

Dans le premier poème, l'arc-en-ciel est comparé à un mariage entre le soleil
et la pluie. Dans le second poème, il est comparé à une ronde de fleurs et
de fruits colorés.

Cette sorte de comparaison s'appelle une « métaphore ». On en trouve souvent
en poésie.

8. Le troisième poème est un haïku : c'est un poème très court, d'origine japonaise,
composé de trois vers. Souvent le haïku ressemble à une énigme. Le lien entre
les vers n'est pas exprimé directement. Le poète laisse aux lecteurs le soin de
le découvrir.

9. Voici un autre haïku. Lis-le pour découvrir les images évoquées par l'auteure.

Une vache au pré

Veut boire la lune

Dans l'eau de la mare

Nicole DE LA CHEVROTIÈRE
Tiré de *Haïku et francophonie canadienne*,
Les Éditions David, 2000.

10. Quel titre donnerais-tu à ce poème ? Qu'est-ce que tu en comprends ? Discutes-en avec tes camarades.

11. Ce poème s'intitule *Inimaginaire*. Est-ce que ce mot existe réellement ? Qu'est-ce qu'il t'inspire ? Partage tes idées avec tes camarades, puis lis ce poème.

Inimaginaire

Une planète
Tourne en ma tête,
Tourne sans trêve.

Une planète
Tourne en ma tête.
Elle m'enlève.

Tourne en ma tête
Une planète,
Tourne sans trêve.

J'y suis, j'y rêve.

Pierre CORAN
Tiré de *Inimaginaire*, Bruxelles,
Éditions Labor, 2000.

12. Qu'est-ce que tu comprends de ce poème ?

13. L'auteur a joué avec les mots et les vers. Observe comment il a écrit son poème. Discute de tes observations avec tes camarades.

14. Que ferais-tu avec un peu d'eau de mer et une poignée de terre ? Partage avec tes camarades les images qui te viennent en tête.

15. Voici ce que le poète Gilles Vigneault a fait quant à lui avec ces deux ingrédients. Lis son poème.

Le poète

Je prendrai dans ma main gauche
Une poignée de mer
Et dans ma main droite
Une poignée de terre.
Puis je joindrai mes deux mains
Comme pour une prière
Et de cette poignée de boue
Je lancerai dans le ciel
Une planète nouvelle
Vêtue de quatre saisons
Et pourvue de gravité
Pour retenir la maison
que j'y rêve d'habiter.
Une ville. Un réverbère.
Un lac. Un poisson rouge.
Un arbre et à peine
Un oiseau.
Car une telle planète
Ne tournera que le temps
De donner à l'Univers
La pesanteur d'un instant.

Gilles VIGNEAULT
Tiré de *Balises*, Québec,
Nouvelles Éditions de l'Arc, 1986.

16. Discute du poème avec tes camarades.

- De quelle planète le poète rêve-t-il ?

- Quelles images trouves-tu les plus belles ? Dis ce qu'elles évoquent pour toi.

17. Dans son poème, Gilles Vigneault a employé, entre autres, la comparaison :

« Puis je joindrai mes deux mains Comme pour une prière »

18. Qu'est-ce que tu retiens de la lecture de ces poèmes ?

- Quels poèmes as-tu préférés ? Pourquoi ?

- Est-ce que le fait de réfléchir à la manière dont les poèmes sont écrits t'aide à mieux les comprendre ?

- Est-ce que cette réflexion te donne des idées pour écrire un poème ?

B Syntaxe

TU VAS:

Comprendre
la construction de
la phrase impérative

1. Parmi les phrases suivantes, lesquelles sont des phrases impératives ?
Comment le sais-tu ?

A   Utilise tes jumelles.

B   Avec des jumelles, tu distingues plusieurs étoiles et
des satellites artificiels.

C   Appuie tes coudes sur une chaise pour éviter de bouger.

2. Tu as raison ! Les phrases A et C sont des phrases impératives.
La phrase B est une phrase déclarative.

- La phrase impérative sert à donner des ordres, des consignes,
des conseils ou à faire une demande.

- Sa structure est différente de celle de la phrase de base, qui est
une phrase déclarative.

Compare les deux phrases suivantes.

Groupe sujet	Groupe du verbe
A Tu	utilises des jumelles.
B	Utilise des jumelles.

- Pour passer de la phrase déclarative à la phrase impérative :
  - on a effacé le sujet ;
  - on a remplacé le verbe par un verbe à l'impératif.

- Dans une phrase impérative, le sujet, qui est effacé, peut être
uniquement « tu », « nous » ou « vous ».

Ces phrases impératives $\longrightarrow$	**ont été formées à partir de ces phrases déclaratives.**
Utilise des jumelles. $\longrightarrow$	Tu utilises des jumelles.
Utilisons des jumelles. $\longrightarrow$	Nous utilisons des jumelles.
Utilisez des jumelles. $\longrightarrow$	Vous utilisez des jumelles.

3. Compose trois phrases impératives, puis vérifie avec un ou une camarade si elles sont bien construites.

4. Connais-tu d'autres moyens de donner des consignes, des conseils, des ordres ou de faire une demande?

Tu peux utiliser:

- une phrase déclarative;

   Ex.: Vous me prêtez vos jumelles tout de suite.

- une phrase comprenant un verbe à l'infinitif;

   Ex.: Remettre les jumelles à leur place.

- un groupe du nom.

   Ex.: Passage interdit.

TU VAS:

Comprendre
la construction de
la phrase de forme
négative

5. Quelles ressemblances et quelles différences observes-tu entre les phrases A et B, puis entre les phrases C et D?

A Alex observe souvent les constellations.

B Alex n'observe jamais les constellations.

C Quelqu'un viendra chez Fanny.

D Personne ne viendra chez Fanny.

6. Ces quatre phrases sont des phrases déclaratives.

- Les phrases A et C sont des phrases déclaratives de forme positive.

- Les phrases B et D sont des phrases déclaratives de forme négative.

- Les phrases de forme négative comprennent deux mots de négation:
   - dans la phrase B, les mots de négation sont « n' » et « jamais »;
   - dans la phrase D, les mots de négation sont « personne » et « ne ».

7. Parmi les phrases suivantes, lesquelles sont de forme négative ?
Quels sont les mots de négation employés ? Discutes-en avec un ou
une camarade.

A Sans télescope, on ne peut pas observer les étoiles lointaines.

B Avec des jumelles, on peut suivre le parcours des satellites
artificiels.

C Antonin n'a pas pu partir à temps pour l'observatoire.
Il n'a vu personne à son arrivée.

8. Tu connais déjà quelques mots de négation. Les connais-tu tous ?

- « ne... pas », « ne... plus », « ne... jamais », « ne... rien »,
  « ne... personne » ;

  Ex.: Quand le ciel est nuageux, on <u>ne</u> voit <u>rien</u>.

  Ex.: Tu <u>ne</u> vois <u>personne</u>.

- « personne... ne », « rien... ne ».

  Ex.: <u>Rien</u> <u>n</u>'empêchera mes amis d'observer les étoiles ce soir.

9. Les phrases impératives peuvent aussi être de forme négative.

  Ex.: <u>Ne</u> touche <u>pas</u> à ce télescope.

  <u>N</u>'observe <u>jamais</u> le soleil directement.

10. **Attention !** Dans la langue parlée, on emploie souvent un seul mot
de négation. Mais quand on écrit, on doit en utiliser deux : « ne » ou
« n' » et un autre mot de négation.

On dit souvent :	mais on doit écrire :
Je vois **rien**.	Je **ne** vois **rien**.
Touche **pas** au télescope.	**Ne** touche **pas** au télescope.

On entend aussi parfois « J'ai pas vu personne ». Dans cette phrase,
il y a bien deux mots de négation, mais ce ne sont pas les bons.
On devrait plutôt dire : « Je n'ai vu personne. »

11. Transforme les phrases positives ci-dessous en phrases négatives.
Compare ensuite tes phrases avec celles d'un ou d'une camarade.
Explique-lui ta démarche.

A Laurence ira au planétarium avec sa classe.

B On cherche d'autres constellations.

C Regarde en direction nord.

 Orthographe grammaticale

1. Repère les verbes dans les phrases suivantes. Explique à tes camarades comment tu as fait pour les reconnaître.

Fabien observe le ciel très souvent. L'espace pique sa curiosité et il adore s'adonner à l'observation chaque fois qu'il le peut. Déjà, il a repéré plusieurs constellations. L'été dernier, il a reçu des jumelles en cadeau. Il peut maintenant reconnaître un plus grand nombre d'étoiles et observer les cratères sur la Lune. Bientôt, il se propose de visiter l'observatoire du Mont-Mégantic avec un astronome amateur qui passe toutes ses fins de semaine là-bas.

2. Tu sais que les verbes s'écrivent parfois en un mot, parfois en deux mots. Observe les exemples ci-dessous.

A Fabien observe le ciel très souvent.

B Fabien a observé le ciel tous les soirs l'été dernier.

- Dans la phrase A, « observer » est conjugué à l'indicatif présent : « observe ». C'est un temps simple et le verbe s'écrit en un seul mot.

- Dans la phrase B, le même verbe est conjugué au passé composé : « a observé ». C'est un temps composé et le verbe s'écrit en deux mots.

3. Tu sais aussi que les verbes conjugués à un temps composé sont formés de l'auxiliaire « être » ou « avoir » et du participe passé du verbe.

Ex.: Anne-Julie ⌊est⌋ ⌊partie⌋ au camp d'astronomie.

auxiliaire ◄────┘   └────► participe passé
«être»   du verbe «partir»

Francis ⌊a⌋ ⌊reçu⌋ un télescope en cadeau.

auxiliaire ◄────┘   └────► participe passé
«avoir»   du verbe «recevoir»

4. Quel auxiliaire a servi à conjuguer les verbes des phrases suivantes au passé composé ?

    A Isaac Newton a perfectionné la lunette de Galilée.

    B Grâce à ce grand savant, les astronomes sont arrivés à nommer des constellations très éloignées de la Terre.

    C Newton a aussi formulé la loi de l'attraction universelle, une loi qui permet, entre autres choses, d'expliquer la trajectoire des comètes.

    D En 1990, les astronomes sont parvenus à mettre en orbite des télescopes comme *Hubble*.

TU VAS :

Accorder les verbes conjugués avec l'auxiliaire « être »

5. Fais ce travail avec un ou une camarade.

- Repérez les verbes conjugués avec l'auxiliaire « être » dans le texte suivant.
- Expliquez comment s'accordent l'auxiliaire et le participe passé.

L'été dernier, Ariane et ses amies sont allées à la campagne observer le ciel. Elles ont choisi un endroit éloigné des lumières de la ville. Elles sont restées quelques heures à attendre que les nuages disparaissent complètement. Puis soudain, la lune est apparue dans toute sa rondeur et des étoiles filantes sont arrivées en grand nombre. Ces filles de la ville sont tombées à la renverse : jamais elles n'avaient vu un spectacle aussi impressionnant !

6. Discutez de vos explications.

- Lesquelles sont exactes ?
- Quelle stratégie peut vous aider à accorder un verbe conjugué avec l'auxiliaire « être » ?

7. Compare ta stratégie à celle qui suit.

Pour accorder un verbe conjugué avec l'auxiliaire « être »

Écriture

1° Je repère les verbes conjugués à un temps composé.

2° J'identifie les verbes qui sont formés avec l'auxiliaire « être » suivi d'un participe passé.

3° Je cherche le sujet.

4° J'accorde l'auxiliaire en personne et en nombre avec le sujet.

5° J'accorde le participe passé en genre et en nombre avec le sujet.

Erreurs

8. Dans les phrases suivantes, les verbes sont-ils bien accordés ?
Relève les erreurs, s'il y a lieu, et discutes-en avec ton ou ta camarade.

A Pour la première fois de sa vie, Maxime est allé à la campagne voir les Perséides.

B Les astronomes sont parvenu à étudier l'espace lointain grâce au télescope *Hubble*.

C Par un beau soir d'été, les enfants du camp de vacances sont sorti pour observer les étoiles.

D La station orbitale *Mir* est resté dans l'espace beaucoup plus longtemps que prévu.

D Conjugaison

TU VAS :

Conjuguer les verbes
à l'impératif

1. Tu as vu que, dans la phrase impérative, le verbe s'écrit à l'impératif. Compare les verbes suivants. Quelles observations peux-tu faire sur la conjugaison du verbe à l'impératif ? Discute de tes observations avec ton ou ta camarade.

Indicatif présent	Impératif	Indicatif présent	Impératif
Je sors		Je choisis	
Tu sors	Sors	Tu choisis	Choisis
Elle sort		Il choisit	
Nous sortons	Sortons	Nous choisissons	Choisissons
Vous sortez	Sortez	Vous choisissez	Choisissez
Ils sortent		Elles choisissent	

Indicatif présent	Impératif	Indicatif présent	Impératif
J'observe		J'ouvre	
Tu observes	Observe	Tu ouvres	Ouvre
Il observe		On ouvre	
Nous observons	Observons	Nous ouvrons	Ouvrons
Vous observez	Observez	Vous ouvrez	Ouvrez
Elles observent		Elles ouvrent	

2. Voici des observations que tu as pu faire.

- Les verbes de la 1re conjugaison (en « er ») s'écrivent sans « s » à la 2e personne du singulier de l'impératif alors qu'ils prennent un « s » à l'indicatif présent.

- Le verbe « ouvrir » (et d'autres semblables comme « offrir », « cueillir » et « souffrir ») se conjugue comme les verbes en « er » : sans « s » à l'impératif, mais avec un « s » à l'indicatif présent.

- Les autres verbes s'écrivent de la même façon à l'indicatif présent et à l'impératif.

3. Vérifie si les affirmations qui précèdent sont vraies : trouve les verbes suivants dans un tableau de conjugaison et compare l'orthographe des verbes au présent de l'indicatif et à l'impératif.

- courir, dire, écrire, punir, promettre ;

- arrêter, jouer, manger, préparer, aller ;

- accueillir, couvrir, découvrir.

4. L'impératif des verbes « avoir », « être » et « savoir » se construit-il de la même façon que les autres verbes ? Consulte un tableau de conjugaison, au besoin.

5. Écris trois conseils ou consignes à un ou une camarade en employant des verbes à l'impératif. Fais attention à l'orthographe de l'impératif.

TU VAS :

Reconnaître l'auxiliaire « être » à différents temps

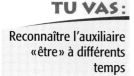

6. Tu reconnais facilement l'auxiliaire « être » quand il est conjugué à l'indicatif présent. Il sert alors à former le passé composé.

Ex. : Les astronomes **sont** <u>arrivés</u> à faire des télescopes très perfectionnés.

Édith **est** <u>allée</u> au pôle Nord.

Mais l'auxiliaire « être » peut être conjugué à d'autres temps comme à l'imparfait, au futur et au conditionnel présent pour former d'autres temps composés.

Ex. : Thierry **était** <u>arrivé</u> depuis une heure quand ses amis l'ont rejoint.

Dans cet exemple, l'auxiliaire « être » est à l'imparfait. Il sert à former le plus-que-parfait du verbe « arriver » : « était arrivé ».

7. Sauras-tu reconnaître l'auxiliaire « être » quand il est conjugué à d'autres temps qu'à l'indicatif présent ? Retrouve ton ou ta camarade. Ensemble :
- repérez les verbes conjugués avec l'auxiliaire « être » dans les phrases suivantes ;
- dites à quel temps l'auxiliaire est conjugué.

A Émile serait arrivé le premier si ses amis étaient venus le chercher à temps.

B Tu seras revenue de l'école quand je t'appellerai.

C Nous étions partis lorsque ses parents sont arrivés.

D Je serais restée beaucoup plus longtemps à observer les Perséides si les nuages n'étaient pas arrivés.

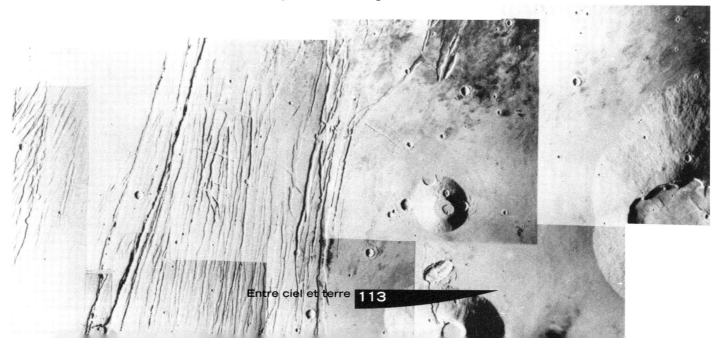

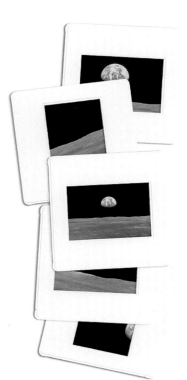

1. Observe les mots suivants avec un ou une camarade. Ils sont reliés au thème du dossier.

- Partagez vos observations sur l'orthographe de chaque mot, puis mémorisez leur orthographe.
- Choisissez 9 mots que vous donnerez en dictée à votre camarade.
- Ensemble, corrigez vos dictées.

anneau	atmosphère	orbite
Antarctique	comète	planète
arc-en-ciel	jumelle(s)*	quartier
Arctique	lumière	satellite
artificiel – artificielle	lunette	spatial – spatiale
astre	météorite	télescope

*Le mot « jumelle » s'écrit au pluriel quand il désigne l'instrument qui sert à regarder au loin.

2. Le mot « télescope » est formé du préfixe « télé- » (devenu « téle »), qui veut dire « à distance », et de « scope », qui vient d'un verbe grec signifiant « regarder ».

D'autres mots contiennent le préfixe « télé- ».

- Quel lien peux-tu faire entre le préfixe « télé- » et le sens de chacun de ces mots ?
- Observe ces mots et mémorise leur orthographe.

télécommande, télécopie, télécopieur, téléférique, téléguider, téléphone, téléspectateur – téléspectatrice, téléviseur, télévision.

3. Voici des séries de mots qui se ressemblent : ils appartiennent à une même famille. Observe ce qui est semblable dans chaque série, puis mémorise l'orthographe des mots.

aérien – aérienne – aéroport – aérogare

astre – astronaute – astronome – astronomie

mille – million – milliard

Le premier télescope réflecteur ou «télescope de Newton».

4. As-tu remarqué que l'on écrit parfois « Soleil », « Terre » ou « Lune » avec une lettre majuscule et parfois avec une lettre minuscule?

- Quand ces mots sont employés dans un contexte scientifique comme un texte qui parle des astres, on met une majuscule.

  Ex.: La **T**erre tourne autour du **S**oleil.

  La **L**une est un satellite de la **T**erre.

- Dans les autres cas, on met une minuscule.

  Ex.: J'ai vu un magnifique coucher de **s**oleil.

  On se promène au clair de **l**une.

- Les autres noms d'astres et les noms des constellations s'écrivent toujours avec une majuscule.

  Ex.: Jupiter, Mars, Saturne, la Grande Ourse

5. Compose trois phrases avec des mots choisis parmi les suivants.

Jupiter, Lune, Mars, Saturne, Soleil, Terre, Vénus

6. Observe le mot « arc-en-ciel » : il prend deux traits d'union.

D'autres mots prennent aussi un ou deux traits d'union. Par contre, certaines suites de mots n'en prennent pas.

Observe les suites de mots des deux colonnes ci-dessous et mémorise leur orthographe.

c'est-à-dire	afin de
cure-dent	afin que
garde-robe	parce que
libre-service	s'il vous plaît
pique-nique	tout à coup
science-fiction	tout à l'heure
sous-marin	tout de même
sous-sol	tout de suite
sous-vêtement	

7. Avec ton ou ta camarade, compare les phrases A et B, puis C, D et E.

- Quand y a-t-il un trait d'union après le verbe?
- Quelle hypothèse pouvez-vous formuler pour expliquer vos observations?

A Raconte l'histoire que tu as lue.

B Raconte-lui l'histoire que tu as lue.

C Donne ton livre à quelqu'un.

D Donne-moi ton livre.

E Donne-le-moi.

8. Votre hypothèse ressemble-t-elle à l'explication qui suit ?

- Lorsqu'un verbe à l'impératif est suivi d'un pronom personnel complément du verbe, on met un trait d'union entre le verbe et le pronom complément.
- Si le verbe à l'impératif est suivi de deux pronoms personnels, on met deux traits d'union.

9. Tu sais que les verbes en « er », y compris le verbe « aller », ne prennent pas de « s » quand ils sont conjugués à la 2e personne du singulier de l'impératif.

Ex.: Discute de ta lecture avec une camarade.

Va à la maison tout de suite.

- Ces verbes s'écrivent avec un trait d'union lorsqu'ils sont suivis des pronoms « en » et « y » ;
- ils prennent alors un « s » pour que cela se prononce mieux.

Ex.: Discutes-en avec une camarade.

Vas-y tout de suite.

10. Observe l'emploi du trait d'union et l'ajout d'un « s » dans les exemples suivants, puis mémorise l'orthographe de ces suites de mots.

donne-le-moi	donnes-en	
vas-y	allons-y	allez-y
raconte-lui	raconte-nous	
regarde-toi	regarde-nous	
écoutez-moi		
dis-moi		

11. Cherche le participe passé des verbes suivants et complète un tableau semblable à celui-ci.

acheter, affaiblir, annoncer, blanchir, défaire, défendre, entendre, entreprendre, offrir, recevoir, permettre, retourner, redescendre, vouloir

Masculin singulier	Masculin pluriel	Féminin singulier	Féminin pluriel
Ex.: acheté	achetés	achetée	achetées

Recueil
de textes

Table des matières

Dossier 1

Au jeu!

D'où viennent les Jeux olympiques?

Selon la légende, un dieu grec, Héraclès, aurait décidé d'organiser un grand concours de force, d'habileté et d'intelligence. Cela se passait il y a fort longtemps, à Olympie, en Grèce. On dit qu'Héraclès voulait y réunir tous les Grecs, une fois par année, afin d'interrompre les guerres qui sévissaient sans cesse. Les tout premiers jeux d'Olympie avaient donc pour but de promouvoir la paix.

Des milliers d'années plus tard, pendant cette période de l'histoire que l'on appelle l'Antiquité, la Grèce se trouve à nouveau déchirée par des conflits. Le roi qui règne alors s'inspire d'Héraclès et remet en vigueur les jeux d'Olympie.

C'est en l'an 776 avant notre ère que les Grecs commencent à célébrer les Jeux olympiques tous les quatre ans, au milieu de l'été, au moment de la pleine lune. Pendant la durée des olympiades, ils se doivent d'observer une trêve, c'est-à-dire d'interrompre la guerre.

Olympie, berceau de l'olympisme

On vient de partout pour assister aux Jeux olympiques. L'événement n'est alors pas seulement sportif : on pratique des rituels pour remercier les dieux, on écoute des poètes réciter des vers et des musiciens chanter des odes pour immortaliser les meilleurs

Épreuves de décathlon peintes sur un vase de l'ancienne Grèce.

combattants et on assiste à des débats entre intellectuels. Tout le monde cesse de combattre pour observer les athlètes qui s'affrontent. Ceux-ci ne pratiquent aucun sport d'équipe ni jeu de balle ; en fait, la course et la lutte sont les seules disciplines au programme. La foule ne considère pas les Jeux comme un spectacle, mais comme une transposition de la guerre. D'ailleurs, seuls les hommes y sont présents, aussi bien dans l'arène que dans les gradins.

Et que gagnent les vainqueurs ? Une simple couronne d'olivier. De retour dans leurs cités respectives, on les traite cependant comme de véritables héros. On chante leur triomphe, on sculpte des statues à leur image, on leur fournit à manger pour le reste de leurs jours et on leur offre des postes de prestige. Le vainqueur devient ainsi le symbole du bien et du beau, de la force physique et morale.

Vestiges de la Palestre, à Olympie. On s'y exerçait à la lutte, à la boxe et aux sauts.

La décadence des Jeux

Quelques centaines d'années plus tard, les Romains envahissent la Grèce et commencent eux aussi à participer aux Jeux. Mais ceux-ci n'ont alors plus rien d'« olympiques ». Plutôt que des lutteurs et des coureurs, ce sont des gladiateurs qui occupent l'arène, et les spectateurs apprécient de voir le sang couler. On fait combattre des lions, et des êtres humains sont dévorés. Tant de cruauté et de corruption pousse l'empereur Théodose à faire interdire les Jeux, en l'an 394 de notre ère.

Il faudra attendre plus de 1500 ans avant que renaissent les Jeux olympiques. Le baron français Pierre de Coubertin, s'inspirant des Grecs, veut à son tour promouvoir la paix entre les peuples et la santé chez les jeunes.

Pierre de Coubertin

Quand Pierre de Coubertin propose de remettre les Jeux olympiques au goût du jour, on commence d'abord par le trouver un peu farfelu. Mais le baron a de la suite dans les idées et il connaît beaucoup de monde. Il consacre énormément d'énergie à convaincre l'Europe du bien-fondé de son projet. Et il y réussit si bien qu'il nous arrive de croire que les Jeux olympiques ont toujours existé !

Le père de Pierre est artiste, sa mère, musicienne, et lui-même pratique les sports avec passion. Il lit des textes d'un philosophe français du nom de Taine. Ce dernier dénonce la manière dont les Français sont éduqués, c'est-à-dire sans se préoccuper de leur corps. Au même moment, dans les écoles d'Angleterre, on incite les jeunes à explorer la nature et à pratiquer des sports d'équipe. En Allemagne, la gymnastique fait partie du programme scolaire.

Pierre de Coubertin veut que le peuple français participe aussi à cette renaissance de l'éducation physique.

Pour illustrer l'idée qu'il se fait des Jeux olympiques, Pierre de Coubertin imagine un drapeau. De couleur blanche, symbole de la paix, il montre cinq anneaux entrelacés de couleurs différentes. Ces anneaux représentent l'union des cinq continents : le jaune pour l'Asie, le noir pour l'Afrique, le vert pour l'Océanie, le rouge pour l'Amérique et le bleu pour l'Europe.

Ouverture des premiers Jeux modernes à Athènes, en 1896.

Les Jeux modernes

« Je proclame l'ouverture des Jeux olympiques. » C'est le roi de Grèce qui, le premier, a prononcé cette formule rituelle. Cela se passait en 1896, à Athènes. La première vedette de ce grand événement est un athlète grec de 21 ans, Spiridon Louys. Il a remporté le marathon, une course à pied dont le parcours était le même que celui qu'avait emprunté, des milliers d'années auparavant, un jeune soldat grec accouru à Athènes annoncer la victoire de son peuple sur les Perses... Victoire survenue justement dans la ville de Marathon !

Au début, les Jeux modernes se tenaient tous les quatre ans, au cours de l'été, et chaque fois dans une ville différente. Puis, en janvier 1924, on inaugure les premiers Jeux d'hiver. Les deux olympiades se déroulent la même année jusqu'en 1992. À partir de cette date, ils se tiennent en alternance tous les deux ans. Ainsi, en 1994, les Jeux d'hiver ont lieu à Lillehammer (en Norvège) alors que ceux d'été ont lieu en 1996, à Atlanta (aux États-Unis).

que 19 ! Fort heureusement, la société change et leur nombre passe à 886 aux Jeux de Salt Lake City aux États-Unis, en 2002.

Autre signe des temps : la naissance des Jeux paralympiques, que l'on doit au Dr Ludwig Guttman. Ce médecin traite des soldats blessés pendant la Deuxième Guerre mondiale. Il leur fait pratiquer des sports et il organise des compétitions. En 1948, le jour même de l'inauguration des Jeux olympiques de Londres, il inaugure des jeux pour les handicapés. En 1960, à Rome, ces jeux sont officiellement reconnus comme les Jeux paralympiques. Depuis, cet événement ne cesse de prendre de l'ampleur.

Charlotte Cooper est la première femme championne olympique. La joueuse de tennis anglaise participe ici à un tournoi à Wimbledon, en 1908.

Les femmes étaient absentes des Jeux grecs ; elles le sont tout autant des premiers Jeux modernes. Ce n'est qu'en 1900 qu'elles font leur apparition ; leur présence est toutefois bien timide, puisqu'elles ne sont

La Québécoise Chantal Petitclerc aux Jeux paralympiques de Sydney, en Australie, en 2000.

Fait marquant pour le Canada, et pour le Québec en particulier, Montréal est l'hôte des Jeux d'été de 1976. Cet événement donne à la ville l'occasion de se doter d'un imposant parc olympique et d'un stade d'une architecture exceptionnelle. Parmi les participants, une jeune Roumaine de 14 ans, Nadia Comaneci, éblouit le monde entier avec ses notes parfaites en gymnastique.

La grande vedette des Jeux olympiques de Montréal en 1976, Nadia Comaneci. La jeune athlète a obtenu une note parfaite à plusieurs reprises.

Une histoire de conflits

Pierre de Coubertin espérait se servir des Jeux pour promouvoir la paix. Or, de nombreux conflits ont assombri le parcours de cet événement sans précédent.

Ainsi, en 1916, les Jeux doivent se tenir à Berlin, en Allemagne, mais ils sont annulés en raison de la guerre qui sévit en Europe (1914-1918). La trêve tant souhaitée par le père des Jeux modernes n'est donc pas respectée. La même situation se produit durant la Seconde Guerre mondiale (1939-1945). Les Jeux attendus en 1940 ne verront pas le jour, eux non plus, car les êtres humains sont encore une fois occupés à se battre !

Il n'y a pas que les guerres qui perturbent l'événement sportif. Certaines personnes et des groupes politiques l'utilisent pour faire valoir leurs idées ou leurs causes. Par exemple, en 1936, la ville de Berlin, en Allemagne, est l'hôte de l'événement. Le dictateur Adolph Hitler, qui est au pouvoir, tente d'utiliser les Jeux pour montrer au reste du monde que la race blanche est supérieure aux autres. Pourtant, c'est Jesse Owens, un Noir américain, qui triomphe avec quatre médailles d'or !

Plus tard, soit en 1968, des athlètes noirs se servent des Jeux de Mexico pour dénoncer le racisme entre les Blancs et les Noirs, aux États-Unis. Au moment où retentit l'hymne national américain, ils montent sur le podium et lèvent un poing ganté de noir. Puis, aux Jeux de Munich en 1972, un commando palestinien retient 11 Israéliens en otage et exige la libération de prisonniers détenus en Israël. Tous les otages sont tués, ainsi que cinq hommes du commando.

Jesse Owens, grand héros des Jeux de Berlin, en 1936.

Pierre de Coubertin avait réinventé les Jeux olympiques afin que triomphent la noblesse de l'esprit humain et la paix sur Terre ! L'histoire nous a montré, malheureusement, que les Jeux ne sont pas à l'abri des pressions politiques, des haines raciales, de la corruption… ni même du dopage !

Le patinage de vitesse :
courte ou longue, la piste ?

Un jour, il y a plus de mille ans, des Hollandais eurent l'idée d'attacher des os d'animaux à la semelle de leurs sabots de bois. Ainsi chaussés, ils se mirent à glisser sur les rivières et les lacs gelés, en hiver. C'étaient les premiers patins...

La Hollande est sillonnée de canaux. Aussitôt la glace figée, les gens enfilaient ces étranges chaussures à lames rustiques et s'en servaient pour voyager. Quelques centaines d'années plus tard, le patin est devenu un moyen de transport utile et agréable en saison hivernale, aussi bien chez les Hollandais que chez les Scandinaves et les Écossais. Puis vint le jour, vers la fin du 16e siècle, où l'un d'eux eut l'idée d'utiliser le fer pour la confection des lames. Cette trouvaille permit aux patineurs d'avancer beaucoup plus vite. Par conséquent, c'est le développement même du patinage de vitesse qui s'est accéléré.

Environ 50 ans plus tard, en 1642, des amateurs fondent un club de patinage de vitesse à Édimbourg, la capitale de l'Écosse. Puis, en 1850, on fabrique des lames en acier. Celles-ci sont désormais plus légères, mais, surtout, elles peuvent être plus aiguisées. En 1889, la Hollande organise le premier championnat mondial de patinage de vitesse de l'histoire. À la fin du 19e siècle, cette nouvelle discipline attire des foules de spectateurs, dans plusieurs parties du monde, y compris au Canada. En 1854, la toute première compétition de patinage sur glace enregistrée officiellement se déroule sur le fleuve Saint-Laurent. Cette course réunit trois officiers de l'armée britannique qui patinent... de Montréal à Québec !

Les Hollandais ne sont pas en reste, puisque c'est sur leur territoire qu'on trouve le plus sensationnel des marathons de patinage de vitesse ! Chaque année, environ 12 000 patineurs, tirés au sort parmi les 25 000 volontaires désireux de participer,

Des participants au marathon de 200 kilomètres, en Hollande.

parcourent 11 villes situées dans le nord de la Hollande, glissant sur près de 200 kilomètres de canaux gelés.

Le patinage de vitesse fait partie du programme olympique depuis les tout premiers Jeux d'hiver. Pourtant, il a fallu attendre 1960 pour qu'on laisse les femmes y participer ! Cela s'est déroulé en Californie, dans un endroit au nom étrangement prédestiné : *Squaw Valley* ou... la « Vallée des femmes ».

Les épreuves

Le patinage de vitesse est aujourd'hui l'une des compétitions sportives les plus courues. On y voit des patineurs atteindre des vitesses dépassant les 55 km/h. À chaque poussée, le patineur ou la patineuse applique sur la glace une force maximale, et cela le plus longtemps possible, en réduisant au minimum la résistance. Les très longues lames qui mesurent de 38 à 45 centimètres leur permettent de rester en contact avec la glace plus longtemps.

Le patinage de vitesse se pratique sur longue piste et sur courte piste. Sur longue piste, les concurrents sont jumelés. Ils avancent deux par deux dans le sens inverse des aiguilles d'une montre, le long de couloirs qui mesurent 400 mètres de largeur. À chaque tour de piste, les coureurs changent de couloir afin d'égaliser la distance parcourue. Leur temps est chronométré au centième de seconde.

La Canadienne Alanna Kraus est en tête de cette course sur courte piste aux Jeux de Salt Lake City, en 2002.

Sur courte piste, le patinage de vitesse s'effectue sur une patinoire ovale. Le parcours mesure 111,12 m et les concurrents prennent le départ par groupe de quatre ou de six. Les virages sont très serrés et se prennent à grande vitesse. C'est pour cette raison que les rebords de la patinoire sont toujours recouverts de matelas protecteurs. Les chutes et les disqualifications sont courantes sur courte piste, alors qu'on en compte très peu sur longue piste.

Des étoiles canadiennes

Le patinage de vitesse sur courte piste a donné lieu à plusieurs grands moments de l'histoire olympique. De nombreux athlètes canadiens s'y sont, en effet, fort bien illustrés. Par exemple, lors des Jeux olympiques de Salt Lake City, en février 2000, ce sport a permis au Canada de récolter 9 des 17 médailles qu'il a obtenues au total. C'est également dans cette discipline qu'on a vu naître des étoiles montantes, tels Gaétan Boucher et Sylvie Daigle, qui ont obtenu par la suite des titres mondiaux.

Aux Jeux de 1992, Frédéric Blackburn et Nathalie Lambert ont remporté les premières médailles olympiques officielles en patinage sur courte piste. En 1994, c'était au tour de Marc Gagnon de gagner sa première médaille de bronze. Cet athlète est d'ailleurs devenu, en 2002, le plus grand médaillé olympique canadien en patinage de vitesse aux Jeux d'hiver, puisqu'il a remporté cinq médailles (trois d'or et deux de bronze), soit une de plus que Gaétan Boucher.

Le Canada se distingue dans ce sport. Cela n'est sans doute pas étonnant si l'on tient compte de la rudesse du climat.

Le Québécois Marc Gagnon a remporté la médaille d'or au 500 mètres sur courte piste lors des Jeux d'hiver 2002.

La gymnastique : sauts, vrilles et voltiges

Les Jeux olympiques offrent au monde entier la possibilité d'admirer les performances de jeunes hommes et femmes qui s'élèvent, parfois, au rang de héros et d'héroïnes. Ces athlètes ont décidé d'aller jusqu'au bout de leurs possibilités. Leurs performances sont d'ailleurs très souvent époustouflantes. Il n'est donc pas surprenant que l'expérience olympique soit aussi chargée d'émotions.

Voici une des disciplines olympiques qui suscite particulièrement l'admiration des spectateurs : la gymnastique.

La gymnastique

Les premières personnes qui ont eu l'idée de faire de la gymnastique sont les habitants de la Crète, cette île grecque où s'est développée une culture très raffinée durant l'Antiquité. À cette époque, on exécutait des sauts, des vrilles et des voltiges en enjambant des… taureaux ! L'athlète courait vers la bête en train de charger, la saisissait par les cornes et profitait de l'élan de l'animal pour exécuter dans les airs de véritables acrobaties. Puis, il finissait en rebondissant sur le dos de la bête, avant de retomber au sol avec le plus de grâce et de légèreté possible.

Toutefois, si on pratiquait la gymnastique, c'était d'abord et avant tout pour préparer les soldats à devenir de bons combattants. Dans chaque ville grecque, il y avait des gymnases qui servaient d'écoles. Les jeunes s'y réunissaient autour de maîtres qui leur enseignaient l'art de s'exprimer par la parole et la musique, mais aussi par le corps. Un être complet et harmonieux devait savoir défendre ses idées, exercer son esprit et développer sa force. Après le déclin des grandes civilisations grecque et romaine, plusieurs centaines d'années ont passé sans qu'aucune attention ne soit portée au corps. En fait, la gymnastique a été oubliée pendant plus de 1500 ans !

Vers 1750, en Allemagne, quelques personnes redécouvrent la gymnastique. À Berlin, en 1811, un éducateur enseigne à ses élèves à faire des exercices sur des appareils fixes. Environ au même moment, en Suède, on se met à exécuter des enchaînements avec des cerceaux, des massues et des petits ballons.

Puis, en 1896, le baron Pierre de Coubertin fait renaître les Jeux olympiques. Dès les premiers Jeux, qui ont lieu en Grèce, la gymnastique masculine fait partie du programme. Ce n'est que 32 ans plus tard, à Amsterdam, que les femmes sont elles aussi autorisées à participer aux épreuves de gymnastique.

Chaque gymnaste est évalué par un groupe de juges qui lui accorde une note sur dix points. Lorsqu'il s'agit d'une équipe, composée de six personnes, les juges attribuent plutôt une

La jeune gymnaste soviétique, Olga Korbut, à la poutre.

note globale. Le programme de gymnastique comprend trois disciplines : la gymnastique artistique, la gymnastique rythmique et le trampoline. Aujourd'hui, la gymnastique olympique est nettement dominée par les athlètes de la Russie, de l'Europe de l'Est et du Japon. Parmi ces gymnastes extraordinaires, on trouve plusieurs femmes.

Olga et Nadia

La gymnastique artistique féminine est la discipline qui a connu la croissance la plus rapide au cours des dernières années. Pourquoi cette discipline est-elle si populaire ? C'est surtout grâce aux performances exceptionnelles d'Olga Korbut et de Nadia Comaneci, lors des Jeux olympiques de 1972 et de 1976. La beauté, l'élégance et la perfection des prestations des deux jeunes gymnastes ont frappé l'imagination de millions de jeunes filles dans le monde.

Les gymnastes offrent au public des performances fascinantes à regarder parce qu'elles exigent équilibre, puissance, souplesse, agilité et courage, en plus d'une grande précision technique et d'une bonne dose de créativité.

La gymnastique féminine comprend quatre épreuves : le saut de cheval, les barres asymétriques, la poutre et les exercices au sol. La gymnastique masculine en compte six : le saut de cheval et les exercices au sol, comme chez les femmes, mais aussi le cheval d'arçons, les barres parallèles, la barre fixe et les anneaux.

Les épreuves

- **Le saut de cheval.** Le but de cette épreuve est de franchir avec force et élégance un obstacle qui rappelle le dos d'un cheval, d'une hauteur de 1,25 m. Pour ce faire, les gymnastes doivent prendre leur élan en courant sur une distance de 25 mètres, bondir sur un tremplin, franchir l'obstacle en posant les mains dessus, puis exécuter leur envol avant d'atterrir au sol, les pieds joints.

- **Le cheval d'arçons.** Cet appareil (ou agrès) se compose d'un cylindre rembourré muni de deux poignées, nommées les « arçons », sur lesquelles un gymnaste masculin s'appuie pour réaliser des enchaînements de rotations avec les jambes. Ces mouvements se distinguent par leur hauteur, leur rapidité et leur précision.

Le médaillé d'or au cheval d'arçons des Jeux d'Atlanta, Donghua Li.

- **Les barres parallèles.** Ces barres permettent l'exécution de nombreux enchaînements de mouvements : élans, appuis et suspensions. Cet appareil exige une très grande force musculaire ; il est réservé aux hommes.

- **Les barres asymétriques.** Il s'agit d'un des agrès les plus spectaculaires en gymnastique. Ce sont deux barres parallèles, mais installées à des hauteurs différentes. La gymnaste doit effectuer une séquence de mouvements tout en souplesse, avec changements de prise, de barres et de direction, ainsi que rotations, envols et déplacements entre les barres, mais aussi au-dessous et au-dessus.

La Française Elvire Teza aux barres asymétriques aux Jeux de Sydney, en 2000.

- **La poutre.** Cet appareil mesure 5 mètres de longueur, 1,25 m de hauteur, mais seulement... 10 centimètres de largeur ! Il demande donc aux gymnastes un très grand équilibre et une excellente capacité de concentration. L'espace limité pour effectuer les séries de mouvements acrobatiques ne doit pas empêcher leur perfection ni l'harmonie de leur enchaînement.

Finale de gymnastique à Sydney, en 2000.
Liu Xuan représentait la Chine.

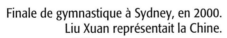

- **Les exercices au sol.** Ici, la parfaite concordance des enchaînements de mouvements avec la musique, obligatoirement instrumentale, est primordiale. L'élégance des mouvements et l'expression des gymnastes sont aussi des facteurs très importants sur lesquels les juges s'appuient pour évaluer la performance des gymnastes.

- **La barre fixe.** Cet agrès est formé d'une seule barre. Les gymnastes masculins y effectuent des enchaînements de rotations en avant et en arrière avec changement de point d'appui.

- **Les anneaux.** Placés à une hauteur de 2,55 m, les anneaux sont réservés aux hommes. Les gymnastes y réalisent des exercices d'élan, de force et de maintien, répartis en nombre à peu près égal dans chacune de leur prestation. Les bras sont souvent tendus, en croix, ce qui requiert une très grande force musculaire de la part des gymnastes.

L'Américain Blaine Wilson s'exerce aux anneaux en vue des Jeux olympiques de Sydney, en 2000.

Les épreuves de gymnastique exigent de l'adresse, de l'endurance et de la force, mais aussi de l'élégance, tant chez les hommes que chez les femmes. Toutes ces qualités amènent les spectateurs, souvent consternés devant une telle perfection de mouvements, à s'exclamer d'enthousiasme !

Damien est convaincu d'avoir marqué un but au soccer. Malheureusement, l'arbitre juge que le but n'est pas valable et lui brandit sous le nez un carton jaune. Damien est hors de lui. Il réagit en lançant son ballon au juge, qui le reçoit sur la main... Résultat : le juge sort son... carton rouge. Damien est expulsé de la partie.

Carton rouge

Je suis parti direct vers le vestiaire, sans regarder personne. Sans regarder les autres sur le banc de touche. Sans regarder mon entraîneur. Sans regarder mon père.

Mais mon père et l'entraîneur ne sont en fait qu'une seule et même personne.

Le temps de revenir seul vers le vestiaire, j'avais déjà un peu honte de ma réaction de gamin.

D'accord, je n'ai que onze ans, et réagir comme un gamin, je peux encore me le permettre, mais je n'aime tout de même pas.

Qu'est-ce qui m'avait pris ?

Le frottement de mes crampons sur le sol bétonné du couloir me rentrait dans la tête, comme si je l'entendais avec un casque stéréo. J'ai poussé la porte du vestiaire désert.

C'est triste un vestiaire désert. Surtout avec les affaires des copains accrochées sagement aux portemanteaux. Et dehors, loin, étouffés, les cris des joueurs et des spectateurs, l'ambiance du match qui continue, qui continuait sans moi.

Je me suis assis à ma place. Je me suis appuyé contre mon blouson et mon pantalon. J'ai bu longuement au goulot d'une bouteille d'eau entamée que j'avais attrapée au passage sur la table. Je n'ai jamais su boire proprement au goulot. L'eau m'a coulé sur le menton, sur la poitrine nue, même sur les genoux. J'ai étendu les jambes, et je me suis essuyé le visage avec mon maillot que je serrais toujours dans mon poing.

J'étais mal. Très mal.

Mais je savais maintenant pourquoi je m'étais laissé aller à ce geste de colère, ce geste de gamin. Balancer le ballon sur l'arbitre. Pas à cause du but refusé ou du carton jaune. À cause de tout le reste.

Tout le reste, c'est-à-dire... C'est compliqué, mais je vais essayer d'expliquer. Je vais prendre en vrac, un peu comme les raisons me sont venues à ce moment-là.

D'abord cet avenir qu'ils ont tous déjà prévu pour moi, tracé d'avance. Je dis tous, parce que je pense à mon père mais pas seulement à lui. Même des gens que je ne connais presque pas ont tout prévu et tracé pour moi. De simples supporters. Ils sont là à chaque entraînement, mais je ne les connais pas plus pour autant.

Je suis de la graine de champion, paraît-il, c'est comme ça qu'ils disent. « Tu vois la tête de Papin sur la couverture de *Top But* ? Dans dix ans, à la même place, il y aura la tienne ! »

N'importe quoi ! Ils le disent peut-être en riant, mais moi je ne ris pas. Puis, dans dix ans, *Top But* n'existera sûrement plus.

Même leurs encouragements à la fin du match ou de l'entraînement m'agacent. Leurs petites tapes gentilles sur la tête ou sur l'épaule, quand je rentre au vestiaire avec les copains. « C'est bien, petit ! Tu iras loin. »

Ils m'énervent. Je n'ai pas spécialement envie d'aller loin. Si seulement je savais déjà où je veux aller !

Le pire c'est quand ils parlent de moi et que je surprends des morceaux de leur conversation. C'est facile, car ils ne font pas attention. Font certainement exprès de parler bien fort pour que j'entende.

Il paraît qu'un grand club s'intéresse déjà à moi. Je ne suis pas tout à fait à vendre, mais presque.

Ils m'observent, m'examinent. Encore un peu, et ils viendraient me regarder les dents, vérifier qu'elles sont saines. Comme les marchands d'esclaves, il y a longtemps en Afrique. J'ai lu un livre là-dessus à la bibliothèque.

Je ne serai jamais à vendre, et mon avenir pour l'instant, je m'en moque. Mon avenir, c'est demain. Au mieux, la semaine prochaine. Je ne veux pas voir plus loin.

Dans tout ça, mon père n'est pas le plus chien, au contraire. Mais le problème, c'est qu'il est mon père, toujours à côté de moi, et du coup, même sans en rajouter, il devient encore plus collant que les autres.

Il essaie de rester discret, mais il me pousse sans arrêt. Il ne rate pas une occasion de me faire toucher du doigt ce qui est bon ou non pour moi, si je veux réussir.

Il n'avait qu'à réussir lui-même, au lieu de se retrouver entraîneur bénévole ou presque chez les tout-petits. Prospecteur, ils l'appellent. Il n'a pourtant pas la tête d'un chercheur d'or.

Je deviens méchant, mais je m'en fous.

Ce que je lui reproche surtout, ce que je ne supporte plus, c'est sa manière de parler avec les dirigeants.

Il les craint, il leur parle doucement, alors qu'ils ne connaissent rien au foot. Ils ne savent même pas faire la différence entre un ballon de compétition et un ballon d'entraînement.

Mais je sais pourquoi il les craint, pourquoi il fait toujours bien attention de ne pas les contrarier. Ils ont l'argent et les relations. Le pouvoir. S'il les brusque, s'il se les met à dos, mon avenir est fichu.

Si mon avenir est à ce prix, je préfère arrêter de jouer.

Arrêter de jouer...

Dans ma tête et le silence du vestiaire, ces mots ont résonné, comme tout à l'heure le bruit de mes crampons sur le sol en béton.

Je me suis levé et j'ai enlevé mon short, mon slip, mes chaussettes. Je suis parti à poil – mais je n'en ai pas beaucoup – vers les douches.

Ma décision était prise, sans même attendre la sanction qu'ils allaient m'infliger, trois, quatre matchs de suspension, ou peut-être plus. Là, sous le jet brûlant, j'ai crié en riant : « J'arrête de jouer ! J'arrête de jouer ! »

Je riais tout seul, mais j'avais plutôt envie de pleurer, car je savais qu'avec mon mauvais caractère, j'étais bien capable de tenir cette grave décision.

Tiré de Jacques VÉNULETH, *Carton rouge*, Paris, Castor Poche Flammarion, 1994.

Corina rêve d'être une grande gymnaste. Après un premier échec, elle est finalement acceptée à la célèbre école de Deva, en Roumanie, où sont formées les plus grandes championnes olympiques.

La championne

Et Corina recommença, une fois, dix fois, cent fois tout au long de ce beau samedi ensoleillé, comme elle et les autres élèves le faisaient depuis des semaines déjà, sous l'œil vigilant des entraîneurs.

Plusieurs semaines s'étaient écoulées, en effet, depuis que Mitran avait entrepris la formation de Corina. En dépit de ses efforts et de ceux de Corina, tout n'allait pas nécessairement pour le mieux. Mitran s'inquiétait. Bien sûr, Corina rêvait de devenir gymnaste professionnelle, de participer aux compétitions internationales, de se classer un jour parmi les championnes, mais comprenait-elle vraiment l'importance du défi qu'elle s'était donné? Mitran en doutait. La petite travaillait très fort, sans doute, mais son air frondeur et souvent satisfait d'elle-même laissait penser qu'elle ne mesurait pas très bien tout le chemin qu'elle avait encore à parcourir pour atteindre le but.

De toute cette journée, Mitran n'avait pas laissé une minute de répit à la fillette. Il observait chaque geste, critiquait chaque mouvement, la houspillant même assez durement à l'occasion.

— Tu écoutes ce que je te dis ou non?

— Mais oui, protesta vivement Corina.

— Pas du tout, ma belle, tu répètes les mêmes erreurs parce que tu n'en fais qu'à ta tête.

Excédée, Corina lui lança un regard noir avant de regrimper sur la barre. Elle reprit l'exercice du début, encore une fois. Mais la fatigue faisait son œuvre, et loin de s'améliorer, Corina s'engourdissait.

Elle regarda de biais son amie Maria, dont le visage montrait aussi des traces de fatigue. Leurs yeux se croisèrent et la seconde de distraction leur fut fatale : elles dégringolèrent toutes les deux en même temps. Maria éclata de rire, mais Corina fut prise au contraire d'un accès de rage. À coups répétés, elle se mit à frapper la barre de son poing serré.

— La classe est terminée, cria Mitran en se dirigeant vers Corina.

Les élèves se dispersèrent bruyamment, sauf Stéphane qui, tout au fond de la salle, se balançait toujours, accroché à ses anneaux. Mitran attrapa la fillette par le bras.

— Ce n'est pas en piquant des rages que tu vas t'améliorer, Corina.

Elle se dégagea violemment.

— Pas la peine d'essayer puisque je ne suis bonne à rien.

— Allons donc, protesta Mitran, tu te conduis comme...

— Comme un canard, s'exclama Corina. Je n'ai aucun talent et je n'apprendrai jamais rien !

— Mais qu'est-ce que tu racontes ?

— C'est exactement ce que vous avez dit ! cria Corina.

Excédé, Mitran leva les bras au ciel. Corina fila en courant vers le vestiaire en claquant la porte derrière elle. Mitran soupira. Il ne vit pas Stéphane qui avait discrètement suivi Corina en longeant les murs.

[...]

Le lendemain, dimanche, Corina se précipita à la porte de la maison familiale lorsqu'elle entendit la sonnerie. C'était sûrement Maria ! Sa surprise fut sans bornes lorsqu'elle reconnut le visage de Mitran à travers la vitre. Son cœur fit un bond. Sa colère d'hier ? Mitran venait-il lui annoncer qu'elle était renvoyée de l'école ? Elle ouvrit la porte en hésitant, puis c'est avec un immense soulagement qu'elle le vit sourire.

— Tu veux marcher avec moi, Corina ?

— Bien sûr, dit Corina en se précipitant d'un bond sur son manteau.

Ce fut une fort longue marche et une fertile conversation. Mitran sut trouver les mots pour expliquer, encourager, convaincre Corina : elle pouvait réussir, si seulement elle s'en donnait la peine.

— À compter de maintenant, je travaillerai seul avec toi, mais attention, plus rien ne m'échappera, pas la moindre bévue. Tu devras m'obéir à la lettre et tu recommenceras chaque geste, chaque mouvement, mille fois s'il le faut, jusqu'à la perfection. Tu es d'accord ?

Corina avait écouté chaque parole de Mitran avec la plus grande attention. Tous les sentiments s'étaient succédé sur son visage. Oui, Corina était d'accord !

En fait, elle se lança dans le travail avec tant d'énergie que Mitran dut parfois s'interposer.

— Tu exagères, Corina, ce n'est pas bon.

Corina haussait les épaules en riant et ses petites mains serraient, roulaient, glissaient sur les barres pendant des heures d'affilée. Même si elle prenait toujours la précaution de les enduire de poudre blanche, elle avait de plus en plus de mal à dissimuler les rougeurs, les fines craquelures et les débuts d'ampoules qu'elle soignait tant bien que mal chaque soir et en cachette pour ne pas inquiéter ses parents.

Ce jour-là, elle ne put retenir une grimace dès que ses mains saisirent la barre, comme si elle avait touché du feu. Elle les retira aussitôt et se mit à souffler avec force sur ses paumes endolories, tout en se dirigeant vers le contenant de poudre blanche. Mitran l'avait suivie.

— Ça va, Corina?

— Oui, répondit la fillette en affichant un brave sourire.

Elle posa ses mains à plat sur la substance crayeuse, qui se colora aussitôt d'un filet rose.

— Qu'est-ce que c'est que ça? s'écria Mitran. Fais voir tes mains!

Corina fit disparaître ses mains derrière son dos. Mitran lui saisit les poignets et ramena sous ses yeux les deux poings fermés.

— Fais voir, Corina, répéta Mitran en serrant avec force ses poignets.

Des gouttes de sang se traçaient un chemin entre les doigts de Corina. De grosses larmes brûlantes avaient commencé à lui rouler sur les joues. Ses mains se desserrèrent lentement. Mitran pâlit. Un véritable désastre! Les deux mains de Corina étaient sillonnées de petits cratères rouges, comme si tous les plis avaient décidé de s'ouvrir en même temps. De grosses ampoules non soignées avaient éclaté et laissaient la chair à vif. Mitran avait l'air furieux.

— Si tu m'avais écouté comme tu devais, tu ne serais pas dans cet état. Pas d'exercices pour une semaine. Rentre chez toi!

Corina éclata en sanglots.

— Je ne peux pas, la compétition approche et je dois travailler...

Mitran lâcha les poignets de Corina et la fixa d'un air sévère.

— Tu m'as entendu? J'ai dit une semaine...

Corina ouvrit la bouche pour protester de nouveau, mais Mitran la prit par les épaules et la poussa doucement vers le vestiaire.

— Allez, tu t'habilles. Tu rentres chez toi.

L'arrivée à la maison de Corina fut loin d'être triomphale, d'autant plus que son père était là, puisqu'il ne travaillait pas le samedi. Son air penaud et l'heure inhabituelle de son retour ne manquèrent pas d'attirer l'attention de toute la maisonnée.

— Alors, Corina, qu'est-ce qui se passe? demanda sa mère.

Pour toute réponse, Corina ouvrit ses petits poings serrés.

— Mitran m'a renvoyée à la maison...

— Et avec raison, s'écria son père en voyant l'état des mains de Corina. Pourquoi tu n'as rien dit?

— À cause de la compétition, murmura la fillette.

Grand-mère s'avança :

— Laisse voir un peu...

— C'est parfaitement ridicule, criait le père en colère. Demain, je parlerai à son entraîneur. Cette folie doit cesser immédiatement !

Heureusement pour Corina, sa mère intervint.

— Écoute, ce serait dommage, Corina est inscrite à la compétition de Baia Mare et...

— Et elle se rend malade pour ça, coupa son père.

Le regard implorant de Corina le calma quelque peu. Il marmonna en quittant la pièce.

— La gymnastique, la gymnastique... ce n'est pas la seule chose qui compte au monde.

Grand-mère tenait toujours les mains de Corina et les examinait soigneusement.

— Il a raison, ton père, tu n'aurais pas dû attendre que tes mains soient dans cet état. C'est pas joli du tout... Et tu as de la fièvre, dit-elle en touchant le front de Corina. Allez, ouste, au lit !

Pour la première fois de la journée, Corina ne se fit pas prier pour obéir. En moins d'une minute, elle avait retiré ses vêtements et filé sous les couvertures. Jusque-là, la suite rapide des événements l'avait empêchée de vraiment sentir son mal, mais maintenant ses mains brûlaient comme si elles serraient deux tisons ardents.

Tiré de Viviane JULIEN, *La championne*, Montréal, Éditions Québec/Amérique, 1991.

Benjamin, 15 ans, est un brillant joueur de rugby, mais il adore aussi patiner. Par un curieux concours de circonstances, il se retrouve à pratiquer la danse sur glace, avec Belinda, une fille de sa classe. Bien sûr, il ne veut pas que ça se sache !

Ce soir à la patinoire

— Morris ? hésita Belinda. On a été plutôt bons, quand même, ce soir – non ?

— Vous avez été très bons, reconnut Morris, à leur grande surprise. Mais il manque encore quelque chose.

— Quoi ? voulut savoir Benjamin.

— La danse sur glace, ce n'est pas que de la technique. Il y faut de l'émotion, aussi. Beaucoup d'émotion. C'est ce qui donne toute sa force au spectacle. Vous deux, sur la glace, vous êtes de marbre.

Le silence retomba, épais. Benjamin et Belinda évitaient de se regarder.

— Je vais vous dire, déclara Morris. Que vous ne puissiez pas vous sentir en dehors de la patinoire, moi, je ne veux pas le savoir. Sur la glace, le courant doit passer.

Benjamin devint écarlate.

— Absolument, insista Morris. Sur la glace, vous devez vous aimer, ou faire comme si. Nous n'arriverons à rien, et je dis bien : à rien, si vous ne faites pas ce que je dis.

— Mais ce n'est pas facile de s'entraîner à ça, dit Belinda d'une toute petite voix.

— Oui, eh bien je vous conseille de vous y entraîner tout de même, et vite, prévint Morris. Je vous ai inscrits pour un championnat dans sept semaines.

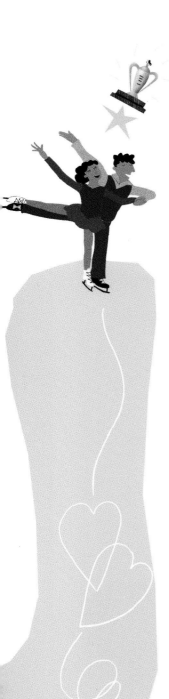

— Dans combien de temps? s'effara Benjamin.

— On ne sera jamais prêts, objecta Belinda.

— Vous le serez, parce qu'il le faudra. Pour commencer, à partir de maintenant, entraînement quatre fois par semaine.

Ils étaient trop abasourdis pour réagir immédiatement. Au bout d'une longue minute, Belinda hasarda:

— Il a lieu où, ce championnat?

— Ici, et c'est pour cette raison d'ailleurs qu'il n'y a pas moyen d'y couper. Le gérant n'a pas l'intention de vous dispenser de droits d'entrée à vie si vous ne faites pas au moins la preuve de votre sérieux.

— Je n'ai jamais mis les pieds dans un championnat, moi, dit Benjamin d'une voix blanche.

— Pas d'affolement, se radoucit Morris. Ce n'est pas vraiment un championnat, juste une compétition amicale pour encourager les nouveaux talents.

[...]

— Quatre soirs par semaine, reprit-elle. Tu crois que tu vas y arriver, toi?

— Il faudra bien, on n'a pas le choix. Bah, je m'en sortirai bien.

Mais le lendemain matin il n'en était plus si sûr. Lorsqu'il entra en classe, Rob l'attendait, le front sombre.

— On a encore perdu, hier soir, annonça-t-il d'un ton accusateur.

— Quoi? Qui a perdu quoi?

— Notre équipe. Ton équipe, autrement dit.

— Contre qui?

— Rowley Regis, tu devrais le savoir. Quatre ans qu'on ne s'était pas fait battre par eux.

— C'est bête, mais n'exagérons rien: ne me dis pas que si j'avais été là on était sûrs de leur filer une pâtée[1].

— Si, justement. On n'a perdu que par trois buts, un bon ailier aurait fait toute la différence.

— Gaz est un excellent ailier.

---

1. Signifie « l'emporter sur eux ».

— Gaz, c'est du beurre en branche[2] et tu le sais très bien. Y en a pas deux qui courent comme toi dans tout le collège.

— Chaplin de la quatre Nord[3] me rattrape à tous les coups, fit valoir Benjamin.

— En ligne droite, peut-être, mais... Oh, et puis m..., quoi. Faut que tu joues, c'est tout.

Benjamin restait planté raide, les bras ballants.

— Puisque je te dis que je ne peux pas.

Rob s'avança vers lui, l'accula contre le mur.

— Écoute, vieux. Il y a un match samedi, et tu joueras, c'est moi qui te le dis. Tu as toujours fait ailier et je n'ai personne d'autre.

— Non, bredouilla Benjamin. Impossible.

Rob l'empoigna par le revers du col.

— On peut savoir ce qui a plus d'importance que de soutenir ton meilleur copain ?

— Il faut que je... Je sors, samedi. Je suis désolé.

— Je ne sais pas ce qui me retient de te casser la gueule.

— Essaye toujours. Je ne pense pas que je me laisserai faire, mais surtout ça n'y changera rien : je ne jouerai pas pour autant.

2. C'est un incompétent.
3. Il s'agit d'une équipe adverse.

D'une secousse, il se libéra. Rob l'empoigna derechef. Cette fois, ils en venaient aux mains. L'arrivée de Mrs[4] Hopkins mit fin à ce jeu douteux.

— Je vous croyais bons copains, vous deux, dit-elle pour tout commentaire.

— Moi aussi, je le croyais, gronda Rob en lâchant Benjamin.

Il alla s'asseoir à côté de Gaskins. Benjamin battit en retraite au fond de la classe.

Mrs Hopkins gagna son bureau.

— Tout le monde est ici ? s'informa-t-elle sèchement.

— Je crois, madame, dit Sally Jones qui était chef de classe.

— Parfait. Je te laisse le soin de remplir le registre, s'il te plaît, Sally. Merci. J'ai ici vos bulletins de mi-trimestre, poursuivit Mrs Hopkins, s'adressant à la classe entière. (Elle brandit une liasse de papiers.) En tête de classe nous retrouvons, bien sûr, Jean Wallis, et en bon dernier, comme toujours, Steven Catley. (De la pointe de son stylo, elle parcourait sa liste.) Entre les deux, pas de grande nouveauté excepté deux surprises, deux mauvaises surprises hélas.

Chacun se figea, redoutant d'entendre son nom.

— La première, et la plus inexplicable, concerne Belinda Thomas qui chute de la sixième place à la vingt et unième ; la seconde concerne Benjamin Trueman, qui était onzième depuis fort longtemps et se retrouve trente-troisième. J'ai ici, de surcroît, une demi-page de remarques au sujet de chacun de vous deux que m'a remise le proviseur.

4. Abréviation de « Madame », en anglais.

La classe était muette. Benjamin appelait de ses vœux la fin du monde.

Mais la fin du monde ne vint pas. Mrs Hopkins consulta sa montre et poursuivit :

— L'assemblée[5] est dans trois minutes, vous pouvez disposer, je vous revois tout à l'heure. Belinda et Benjamin, restez ici, je vous prie. J'ai à vous parler.

La classe se coula au dehors, Rob fila sans un regard en arrière.

— Approchez-vous, tous deux. Prenez des chaises et venez ici.

En silence, ils s'exécutèrent.

— Alors ? dit-elle d'un ton sec. Qu'avez-vous à dire pour votre défense ?

Pas de réponse.

— Belinda, je dois dire, c'est toi qui me déçois le plus. Le proviseur aussi est déçu. Une pareille chute en quelques semaines semble inexcusable.

— Je suis désolée, murmura Belinda qui ne savait que dire.

— Désolée, pas pour moi j'espère, répondit Mrs Hopkins. C'est toi qui passeras l'examen, l'an prochain.

— Je rattraperai d'ici là, souffla Belinda.

— Tu as tout intérêt à le faire. Le proviseur parle de convoquer tes parents.

Horrifiée, Belinda se tut.

— Et maintenant, sauve-toi ; cours ! L'assemblée n'est pas commencée. Referme la porte derrière toi, merci.

Les joues en feu, Belinda s'éclipsa, laissant Benjamin seul avec leur professeur.

— À nous deux, Benjamin. Maintenant, je t'écoute. Dis-moi ce qui se passe.

— Je ne sais pas... marmotta Benjamin.

— Ce n'est pas une réponse, Benjamin, tu le sais. Je t'ai toujours traité en adolescent responsable ; il est temps de montrer que tu en es un.

— Je n'arrive plus à trouver le temps de faire mes devoirs.

— À le trouver, ou à le prendre ? Je te lis les appréciations. Mr[6] Coup : « Les devoirs ne sont pas faits ce trimestre. » Mr Smythe : « Benjamin n'apprend pas ses leçons de chimie. » Mrs Stars : « Aucun travail personnel ce trimestre. » C'est un concert unanime.

---

5. Rencontre de tous les élèves de l'école, en Angleterre.
6. Abréviation de « Monsieur », en anglais.

Benjamin n'ouvrit pas la bouche.

— Pour certaines disciplines, c'est un fait, le phénomène n'est pas nouveau. Tu as renoncé aux langues il y a déjà plus d'un an.

— Je n'ai pas l'intention de faire des langues.

— Je le sais, et j'ai fermé les yeux, même si j'ai sans doute eu tort. Mais c'est seulement parce que tu étais bon dans d'autres disciplines – en maths, en physique et chimie...

— Je comptais les poursuivre jusqu'en terminale, dit Benjamin avec une pointe d'anxiété.

— Et jusqu'ici nous t'en croyions tous capable, assura Mrs Hopkins, le front soucieux. Tu es un garçon intelligent, mais sur le point de tout gâcher, on dirait bien.

— Je suis désolé, murmura Benjamin malgré lui. (Mais que dire d'autre?) Je vais essayer de redresser la barre.

— Toi seul peux le faire, dit Mrs Hopkins. À toi de jouer. (Elle s'était levée.) Ne te leurre pas toi-même, Benjamin. Crois-moi.

Elle le laissa seul à son bureau et quitta la pièce.

Tiré de Nicholas WALKER, *Ce soir à la patinoire*, trad. française par Rose-Marie Vassallo, Paris, Castor Poche Flammarion, 1992.

Jouer...
pour gagner
ou pour participer ?

En 1896, lorsque Pierre de Coubertin fonde les Jeux olympiques modernes, il affirme que ce qui compte le plus, ce n'est pas tant de gagner que de participer. Avait-il raison ?

Camille et Nadar en discutent. Chacun donne son opinion sur le sujet. Écoutons-les attentivement.

Camille : Moi, je pense que lorsqu'on joue, ce qui compte c'est de **gagner**. Si tu ne cherches pas à gagner, je n'aurai pas le goût de faire partie de la même équipe que toi. Tu vas manquer de motivation, on va mal jouer, on va perdre et ça va démoraliser tout le monde. Après on va jouer encore plus mal... Pour bien jouer, il faut avoir envie de l'emporter sur l'autre, de gagner.

Nadar : Moi, je pense que lorsqu'on joue, ce qui compte c'est de **participer**. Si on joue ensemble et qu'on le fait par plaisir, on va bien jouer ! On va même mieux jouer, parce qu'on aura envie de donner le meilleur de soi. Pour s'amuser encore plus. Et le pire c'est qu'à cause de ça... on va gagner ! Justement parce qu'on n'aura pas joué pour gagner ! Pour bien jouer, il faut avoir envie de se faire plaisir, de participer.

Camille : Alors, si je comprends bien, toi, ça ne te dérange pas de perdre ?

Nadar : Moi, ce qui m'intéresse, c'est de découvrir ce que je vaux comme joueur. Alors je me concentre sur mon jeu et non pas sur le fait de dominer l'autre. Que le meilleur gagne, et tant mieux si c'est moi ! Toi, joues-tu uniquement pour gagner ? Autrement dit, quand tu perds, as-tu l'impression d'avoir perdu ton temps ?

Camille : C'est sûr que je ne suis pas contente. Et je m'assure d'avoir ma revanche pour pouvoir remporter une victoire.

Nadar : Et surtout tu ne veux pas reconnaître que tu t'es amusée, hein, même si tu as perdu ?

Camille : Tu voudrais que je sois contente d'avoir perdu ? C'est pas du jeu, ça. Ceux qui veulent seulement s'amuser nous font perdre notre temps.

Nadar : Pourtant, le vrai sens du mot « jeu » c'est de s'amuser ! Si tu regardes dans le dictionnaire, tu verras que le mot « jeu » vient du latin *jocus*, qui veut dire « badinage, plaisanterie ». On devrait donc toujours jouer l'esprit léger. Quand on est obsédé par la victoire et qu'on veut gagner à tout prix, le jeu devient trop sérieux. C'est ce qui fait qu'on devient mauvais perdant.

Dans le *Petit Robert*, on définit le jeu comme « une activité physique ou mentale purement gratuite qui n'a, dans la conscience de la personne qui s'y livre, d'autre but que le plaisir qu'elle procure ». Bref, jouer c'est se faire plaisir.

Camille : Bon, mais regarde un peu plus loin dans ton dictionnaire. Tu verras que le mot « jeu » a un deuxième sens. C'est une « activité organisée par un système de règles définissant un succès ou un échec, un gain ou une perte ». Jouer, c'est sérieux. Et pour bien jouer, il faut se donner des objectifs, par exemple, celui de gagner.

Nadar : J'en ai un objectif, c'est d'atteindre mon maximum, de faire de mon mieux…

Camille : … en te contentant des résultats que ça donne ! Tu n'es pas un gagnant, tu es un perdant.

Nadar : Au contraire, quand on a comme objectif de faire de son mieux, c'est qu'on vise l'excellence. On suit le mot d'ordre des Jeux olympiques, que Pierre de Coubertin a mis de l'avant : « Plus vite, plus haut, plus fort ! » C'est contre soi-même qu'on doit se battre, pas contre les autres.

Camille : Pourtant, monsieur de Coubertin a aussi dit que « le sportif cherche la peur pour la dominer, la fatigue pour en triompher et la difficulté pour la vaincre ». Mais ce n'est peut-être pas donné à tout le monde de déployer autant d'énergie pour combattre et… gagner !

Nadar : En tout cas, c'est donné à tout le monde de jouer. Le principe des Jeux olympiques, c'est que le sport est un droit fondamental qui appartient à tous les individus, à toutes les races, à toutes les classes sociales et aux deux sexes. L'olympisme, c'est une façon de voir la vie. On doit vivre dans la joie de l'effort. Quand on ne cherche qu'à gagner, on ne vit que dans la joie de la victoire! La défaite prend alors des proportions catastrophiques.

Camille : La joie de la victoire, c'est ce qui pousse à faire des efforts.

Nadár : De l'orgueil, voilà ce que c'est. Et quand l'orgueil domine, la chicane n'est pas loin. Pour ma part, je crois que si les athlètes travaillent tant, c'est plutôt pour s'accomplir : perfectionner leur technique, muscler leur corps, améliorer leurs stratégies.

Camille : Tout cela est bien beau quand c'est mis au service du véritable objectif du jeu. Car les sports, au fond, ça sert à autre chose : ça sert à s'affronter… de façon civilisée. Dans les sports qui opposent deux équipes, les adversaires sont de véritables ennemis… De part et d'autre d'un filet, les participants qui s'affrontent savent qu'il y aura des gagnants et des perdants. Bien sûr, il y a des règles à suivre, des arbitres et des spectateurs. C'est ça qui fait qu'on reste dans les limites de l'acceptable. Mais on vise quand même à éliminer l'autre de façon civilisée.

Nadar : Moi, je trouve cela plutôt barbare de considérer les participants comme des ennemis… :

Camille : Au contraire, ce n'est qu'un jeu.

Nadar : Chose certaine, on s'entend pour dire que c'est important de faire du sport, de se dépasser et de JOUER. Au fait, viendrais-tu jouer une partie… d'échecs ?

Dossier ②

Je suis... moi!

C'est quoi l'intelligence ?

Dans ce texte, le généticien français Albert Jacquard s'adresse aux enfants en répondant à leurs questions. Un généticien est un scientifique qui étudie la génétique, c'est-à-dire la science de ce qui se transmet par les gènes des parents aux enfants.

L'intelligence, ça se construit

[...] Ma copine répond toujours très bien aux questions de notre professeur ; pourtant elle n'étudie pas plus que moi. Elle est probablement plus intelligente !

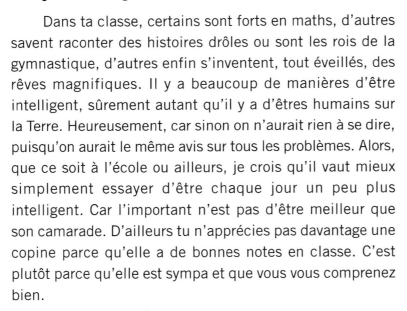

Dans ta classe, certains sont forts en maths, d'autres savent raconter des histoires drôles ou sont les rois de la gymnastique, d'autres enfin s'inventent, tout éveillés, des rêves magnifiques. Il y a beaucoup de manières d'être intelligent, sûrement autant qu'il y a d'êtres humains sur la Terre. Heureusement, car sinon on n'aurait rien à se dire, puisqu'on aurait le même avis sur tous les problèmes. Alors, que ce soit à l'école ou ailleurs, je crois qu'il vaut mieux simplement essayer d'être chaque jour un peu plus intelligent. Car l'important n'est pas d'être meilleur que son camarade. D'ailleurs tu n'apprécies pas davantage une copine parce qu'elle a de bonnes notes en classe. C'est plutôt parce qu'elle est sympa et que vous vous comprenez bien.

Mais l'intelligence, c'est quoi ?

C'est comme si, à la naissance, tu avais reçu une grande feuille à dessin et des peintures de toutes les couleurs. Depuis lors, à chaque occasion, tu prends ton pinceau pour y dessiner des formes. C'est ainsi que, peu à peu, tu as fait apparaître, sur ce papier, un paysage et une maison. Puis tu as décidé d'y ajouter des couleurs.

Chaque jour, ton dessin devient plus riche et plus beau. Comme ton intelligence. Chaque fois que tu fais travailler ton cerveau, [...] tu le rends capable de nouvelles performances. C'est le contraire d'une pile, qui, elle, s'use peu à peu, à mesure qu'on l'utilise. Le cerveau, au contraire, s'use lorsque l'on ne s'en sert pas. C'est merveilleux, non ?

Et cela sera sans fin. Car chaque fois que tu obtiens une réponse, que tu comprends un raisonnement nouveau, tu constates que de nouvelles questions se posent, que des raisonnements encore plus subtils doivent être mis au point. Oui, ce sera sans fin. Heureusement. Car la vie serait triste si l'univers n'avait plus de secrets. Par chance, il est si riche que nous n'en aurons jamais fini de l'explorer.

Le cerveau humain n'a pas fini de nous étonner

À la maison, on a un ordinateur [...] C'est incroyable tout ce qu'il est capable de faire. Je trouve qu'il est très intelligent. Et pourtant il paraît que l'ordinateur, même le plus perfectionné, n'arrive pas à la cheville du cerveau humain.

C'est vrai, parce qu'il n'existe pas d'ordinateur capable d'avoir de la volonté ou de vrais sentiments, d'être de bonne ou de mauvaise humeur, d'aimer ou de rêver. Mais je crois que, d'une manière générale, il vaut mieux ne pas comparer l'ordinateur au cerveau. Le cerveau est si extraordinaire, si perfectionné, que les scientifiques comprennent seulement de très petits domaines de son fonctionnement.

Mais en gros, comment ça marche un cerveau ?

Quand un enfant naît, son cerveau n'est pas encore terminé. C'est un peu comme s'il y avait, sous le crâne du bébé, des lutins pleins de bonne volonté mais peu expérimentés. Leur travail, c'est de se communiquer des messages. Mais comme ils se trouvent dans des tunnels très sombres, ils ne se voient pas les uns les autres. La vie y est donc très difficile, jusqu'au jour où quelques-uns d'entre eux découvrent qu'ils ont, autour du cou, chacun une lampe de poche. La nouvelle se répand lentement, si bien que peu à peu, ici et là, des lutins commencent à s'envoyer des signaux lumineux. Ils finissent par s'apercevoir qu'ils sont des milliards. Et comme l'union fait la force, leur travail devient plus facile.

Mais on n'a pas de lutins dans la tête !

Dans la réalité, on appelle ces lutins des neurones. Leur nombre est incroyablement élevé. Il y en a probablement 100 milliards. Pour te donner une idée de ce chiffre, imagine que tu veuilles compter les neurones d'un cerveau, à toute vitesse. Pour y arriver, ta vie n'y suffirait pas. Et même si tu demandais l'aide de tous tes camarades de classe, il faudrait que vous deveniez tous au moins centenaires.

Et ces neurones, que j'ai comparés à des lutins, n'ont en fait pas qu'une seule lampe autour du cou mais des milliers. C'est-à-dire que chacun communique avec des milliers d'autres.

Ce sont ces neurones, et les liens qu'ils établissent entre eux, qui permettent peu à peu d'avoir de la mémoire, de l'imagination, des émotions, des réactions. Bref, de devenir plus intelligent.

On ne peut pas mesurer l'intelligence !

Suis-je plus ou moins intelligente que mes copains de classe ? Je ne voudrais pas le savoir. Si, à l'école, on nous demandait de faire le test permettant de mesurer l'intelligence, j'aurais très peur. J'imagine que je me situerais dans la moyenne. Mais si ce n'était pas le cas ! De quoi aurais-je l'air ? Je préfère ne pas y penser.

Les psychologues ont imaginé toutes sortes de tests, qu'ils utilisent, par exemple, à l'école pour trouver le meilleur moyen d'aider un enfant qui a des difficultés scolaires, ou dans une entreprise avant de choisir un nouvel employé. Ces tests peuvent rendre service. Mais ils ne permettent en aucun cas de décrire l'intelligence d'un homme ou d'une femme. Ils se limitent à montrer si la personne a tendance

à être plus rapide que la moyenne, si elle voit bien dans l'espace, si elle est plus imaginative que ses camarades ou si elle concentre mieux son attention. Et encore ! Ils ne précisent pas si celui qui a répondu aux questions est en forme ce jour-là ou s'il aurait eu un résultat tout autre le lendemain ou la veille [...] aucun chiffre ne peut donner ce renseignement.

Lentement mais sûrement !

Généralement je ne suis pas rapide. Je garde par exemple un mauvais souvenir de mes derniers examens. Pour terminer dans les temps, j'ai dû écrire sans arrêt. À un moment donné, j'ai même dû lâcher mon crayon, car j'avais une crampe [...]

[...] Être rapide est une qualité. On ne peut pas le nier. À l'école, lors des examens, tu as compris qu'on tenait compte de la vitesse à laquelle tu étais capable de travailler.

Alors moi je n'ai pas de chance, parce que je déteste me dépêcher...

On n'est pas moins intelligent parce qu'on est lent. Pour t'en convaincre, je te propose d'imaginer deux voyageurs qui doivent se rendre en train dans une ville voisine. Le premier saute dans l'express, tandis que le second monte dans l'omnibus. Résultat : tous deux arrivent à bon port. Ce qui est l'essentiel. Il y a tout de même une différence : le premier a le temps de découvrir la ville dans laquelle il est arrivé, mais l'autre pendant ce temps-là observe les villages qu'il traverse le long du parcours. Ainsi, l'un et l'autre voient du pays ; simplement, ce n'est pas le même pays.

Ce n'est donc pas la rapidité qui est importante, mais l'attitude que l'on a. En voyage, comme partout ailleurs – à l'école ou avec ses parents –, si l'on se montre curieux, si l'on s'intéresse à ce qui nous entoure, on devient plus intelligent, que l'on soit rapide ou non.

Tiré de Albert JACQUARD, *C'est quoi l'intelligence ?*, Paris, Éditions du Seuil, 1989.

Le secret du bonheur

Es-tu heureux ? Es-tu heureuse ? Il est difficile de répondre à une telle question, n'est-ce pas ? Certains jours, tu es de bonne humeur ; d'autres jours, tu es triste. Comment évaluer l'état général de ton bonheur ? Et puis, être heureux, qu'est-ce que ça signifie réellement ?

Certaines personnes disent qu'être heureux, c'est être libre – celles-ci cherchent sans doute à tout prix la liberté. D'autres personnes disent qu'être heureux, c'est réaliser ses rêves – celles-là cherchent plutôt à concrétiser ce que leur imagination leur suggère. D'autres encore affirment que le bonheur n'existe tout simplement pas : selon elles, seul le destin existe !

Vers le milieu du siècle dernier, un penseur américain nommé Abraham Maslow s'est penché sur la question du bonheur. Il a fait le raisonnement suivant : « Un arbre est heureux quand il a ce qu'il lui faut pour grandir et s'épanouir. Et qu'est-ce qu'il lui faut, à l'arbre ? Du soleil, de l'eau, de la terre pour accueillir ses racines et de la place pour pousser. » À partir de cette constatation toute simple, Maslow s'est dit que, comme les arbres, les humains pouvaient être heureux si leurs besoins étaient comblés. Il suffisait de déterminer quels étaient ces besoins.

Cinq catégories de besoins

Catherine pleure souvent. Chez elle, le réfrigérateur est toujours vide, et elle a faim. On ne peut pas dire que Catherine est heureuse, car il lui manque une des choses dont les êtres humains ont absolument besoin : la nourriture.

Avant toute chose, s'est dit Maslow, nous devons, en tant qu'êtres humains, assurer notre survie. Comme les arbres, nous avons besoin d'eau potable et d'air pur. Il nous faut aussi manger et dormir. Ce sont des besoins élémentaires, que nous appelons **besoins physiologiques**, et il est primordial de les satisfaire : notre survie en dépend.

Imaginons maintenant que les parents de Catherine réussissent à remplir le réfrigérateur et à lui préparer des repas nourrissants. Les besoins physiologiques de Catherine sont désormais comblés. Mais Catherine est-elle heureuse pour autant ? Pas nécessairement, car elle se demande maintenant avec angoisse comment faire pour que le réfrigérateur ne soit plus jamais vide. Cela est normal : Catherine a besoin de sécurité.

Selon Maslow, une fois que notre corps a ce qu'il lui faut pour survivre, nous pensons à combler nos **besoins de sécurité** : avoir un toit sur la tête, un coin à nous, une garantie que nos besoins élémentaires continueront d'être assouvis et que rien ne nous menacera.

Mario mange toujours à sa faim, sa mère est programmeuse et son père, enseignant. Sans être riche, la famille ne manque de rien. Les besoins fondamentaux de Mario sont assouvis. Son besoin de sécurité également. Mario est-il heureux pour autant ? Pas nécessairement, car il est enfant unique et, à l'école, il ne parvient pas à se faire des amis. Mario se sent très souvent seul.

Quand notre survie est assurée et que nous nous sentons en sécurité, un autre type de besoins surgit : les **besoins d'amour** et **d'appartenance**. En effet, pour être heureux, les humains doivent sentir qu'ils font partie d'un groupe, d'une famille, d'un clan, d'une bande, d'une nation. Ils doivent se savoir appréciés de leur entourage. Ils ont besoin d'amour et de tendresse.

Ali, 13 ans, n'a jamais manqué de rien à la maison. Son père est un industriel prospère. L'avenir ne l'inquiète pas. De plus, Ali est entouré d'amis. Est-il heureux pour autant ? Pas nécessairement, car il pense qu'il ne vaut pas grand-chose. « Si j'ai des amis, se dit-il, c'est parce que mon père est riche. » Ali n'a pas une très haute estime de lui-même.

Voilà un autre besoin que ressentent les humains : le **besoin d'estime**. Nous aimons savoir que nous avons de la valeur, à nos yeux et aux yeux des autres. Ce sentiment nous permet de nous apprécier et de ne pas dépendre de l'opinion extérieure. Nous nous sentons alors libres et capables de prendre des décisions. Pourtant, il nous reste encore d'autres besoins à combler pour goûter totalement au bonheur.

Kim, 14 ans, joue au basket-ball et elle sait qu'elle a du talent. Elle est parmi les meilleures de son équipe, qui gagne des championnats un peu partout au pays. Ses besoins physiologiques, son besoin de sécurité, d'appartenance et d'estime sont comblés. Est-elle parfaitement heureuse pour autant ? Pas nécessairement, car elle rêve de devenir comédienne et elle ne sait pas comment s'y prendre pour y arriver.

Le **besoin d'accomplissement** est le besoin le plus élevé de l'être humain. Il requiert de mettre en valeur tout son potentiel. Il exige également de donner un sens à sa vie. Ce besoin prend des formes différentes selon les individus. Certains ressentent le besoin d'étudier, de développer des compétences et des connaissances personnelles ; d'autres ont besoin d'inventer des choses, de faire de la musique, de la peinture, du sport ; d'autres encore cultivent leur vie intérieure en méditant, en réfléchissant ou en contemplant la nature. D'une manière générale, nous avons tous besoin de nous exprimer, de créer et de repousser nos limites.

Les gens heureux ont une histoire

Selon Maslow, une personne pleinement heureuse est autonome, c'est-à-dire qu'elle obéit à ses lois intérieures, et elle ne nécessite pas l'approbation des autres pour prendre ses décisions. Un être heureux assure ses besoins élémentaires, s'organise pour être en sécurité, s'entoure d'amis, tout en appréciant le fait d'être seul de temps en temps. Un être heureux est motivé par ses propres talents, son énergie créatrice et son désir de connaître. Bien que les gens heureux répandent le bonheur autour d'eux, ils ne tiennent pas absolument à ce que tout le monde les aime, puisqu'ils savent s'apprécier tels qu'ils sont.

Ils connaissent le chagrin, bien sûr, mais ils ne sont pas démolis par les événements difficiles que la vie leur impose. Être heureux, pour Abraham Maslow, c'est donc être en pleine possession de ses moyens et s'organiser pour répondre à tous ses besoins.

Une pyramide

La théorie d'Abraham Maslow se présente comme une pyramide, avec cinq catégories de besoins. Selon le penseur, il faut commencer par la base (ou les fondations) en comblant nos besoins physiologiques. Ensuite, nous passons par les trois catégories du centre, de plus en plus restreintes, avant d'atteindre la dernière, au sommet de la pyramide, celle de l'accomplissement de soi. Bien entendu, il ne s'agit là que d'une théorie... La vie est beaucoup plus complexe : elle ne ressemble en rien à une pyramide découpée en catégories... Pourtant, comme toutes les théories, la pyramide de Maslow constitue un outil pratique pour nous rappeler que nous devons : 1) prendre soin de notre corps, 2) assurer notre sécurité, 3) nous entourer de gens que nous aimons et qui nous aiment, 4) nous apprécier à notre juste valeur, et 5) poursuivre nos rêves et nos idéaux.

L'échelle des besoins selon Maslow

La théorie d'Abraham Maslow nous permet de comprendre que, pour être pleinement heureux ou heureuse, nous devons combler nos différents besoins. ▶

Besoins d'accomplissement

Besoins d'estime

Besoins d'amour et d'appartenance

Besoins de sécurité

Besoins physiologiques

Les mystères de l'hérédité

Même en faisant le tour de la planète, tu ne pourrais pas trouver un être humain exactement pareil à toi. Bien sûr, certaines personnes peuvent te ressembler beaucoup, par exemple, les membres de ta famille. Mais il n'existe pas deux individus parfaitement identiques. Chacun est unique par son apparence et par sa personnalité.

Le début de la vie

Au moment de la fécondation, ce qui sera un jour un bébé est plus petit que le point qui termine cette phrase. Il s'agit d'une seule cellule, une sorte de chambre miniature qui contient déjà toutes les caractéristiques transmises par ses parents. On appelle justement ces caractéristiques les « caractères héréditaires ».

L'hérédité

L'hérédité, c'est ce qui fait qu'un enfant aura les yeux bleus comme son père, les cheveux blonds comme sa mère ou qu'il deviendra grand et mince comme sa grand-mère.

Ce sont les parents qui transmettent les caractères héréditaires à leurs enfants. Chaque cellule de l'être humain contient un exemplaire de l'ensemble des gènes qu'il a hérités de son père et de sa mère. Les gènes sont des éléments infiniment petits qui contiennent de l'information, un peu comme un programme d'ordinateur. Dans l'ensemble des gènes présents chez une personne, il y a tous les « programmes » nécessaires pour fabriquer un être humain.

Les petits pois de Mendel

Les premières découvertes de la génétique, la science qui étudie les gènes, ont été faites par Gregor Mendel, un moine autrichien qui a vécu de 1822 à 1884. Il a découvert les lois de l'hérédité en étudiant la reproduction... des petits pois !

À la naissance, les jumeaux se ressemblent parfois tellement que même leurs parents ne parviennent pas à les distinguer. Pourtant, en vieillissant, ils afficheront certaines différences permettant de constater que l'être humain est unique.

De qui tient-il ces magnifiques yeux bleus ? De son père ou de sa mère ?

Mendel a uni deux plants de pois ayant des aspects différents : le premier produisait des pois lisses, et le second produisait des pois ridés. Or, tous les plants de petits pois qui sont nés de ce croisement étaient des plants de pois lisses ! Ensuite, Mendel a croisé les plants de pois lisses qu'il venait d'obtenir. En moyenne, il a obtenu trois plants de pois lisses pour un plant... de pois ridés ! Eh oui ! Curieusement, les petits pois ridés étaient réapparus.

Comment expliquer ce résultat ? Dans les faits, chaque plant que Mendel avait utilisé au début de son expérience possédait les deux gènes reliés à l'aspect du pois. Un des plants avait deux gènes de pois lisses, et l'autre avait deux gènes de pois ridés. Comme chaque plant a donné un de ses gènes aux plants de la génération suivante, ces nouveaux plants possédaient deux gènes différents : un gène de pois lisses et un gène de pois ridés. Les nouveaux plants qu'ils ont créés à leur tour pouvaient donc posséder l'une ou l'autre des combinaisons de gènes suivantes : lisse/lisse, lisse/ridé, ridé/lisse ou ridé/ridé.

Toutefois, quand un plant possédait deux gènes opposés comme lisse/ridé ou ridé/lisse, c'était le caractère « lisse » qui l'emportait. Pourquoi ? Parce que ce caractère est dominant. Ainsi, on dit que des gènes sont « dominants », si ce sont eux qui l'emportent, et, au contraire, qu'ils sont « récessifs », s'ils se manifestent uniquement lorsqu'il y en a deux pareils dans la paire.

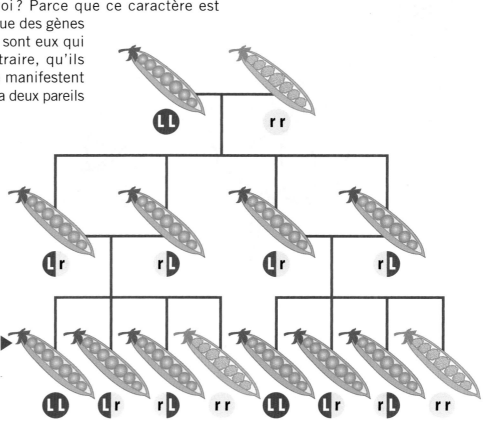

L : gène de pois lisse
r : gène de pois ridé

Certains gènes sont dominants, c'est-à-dire qu'ils l'emportent. D'autres sont récessifs : deux gènes pareils dans la paire sont nécessaires pour qu'ils se manifestent.

Des petits pois... aux êtres humains

Ce qui arrive aux petits pois se produit aussi chez les êtres humains. Les gènes existent toujours par paires. Un exemplaire provient du père, et un autre, de la mère.

Prenons les gènes responsables de la couleur des yeux. Imaginons qu'un homme aux yeux bruns et une femme aux yeux bleus mettent au monde un enfant. Le père possède une paire de gènes pour la couleur des yeux : un gène pour les yeux bruns et un autre pour des yeux de couleur inconnue. La mère, elle, a au moins un gène pour les yeux bleus, puisqu'elle a elle-même les yeux bleus, et un autre pour des yeux de couleur inconnue. On sait cependant que ce n'est pas le brun, puisque ce gène est dominant.

Parmi les quatre gènes disponibles, quels sont les deux gènes qui seront légués à l'enfant ? C'est le hasard qui en décidera. Selon la combinaison obtenue, l'enfant pourra avoir les yeux bruns, bleus, ou d'une autre couleur...

Au total, l'être humain posséderait environ 30 000 gènes. Le fonctionnement de nos organes, mais aussi chacune de nos caractéristiques physiques, sont reliés à nos gènes. Les combinaisons possibles sont presque infinies. C'est ce qui fait que nous sommes uniques.

L'inné et l'acquis

Parfois, on se pose des questions comme « Pourquoi suis-je incapable d'exécuter un saut en hauteur alors que ma sœur a tant de facilité en athlétisme ? » ou « Pour quelle raison ai-je de la difficulté en français, alors que mon père et ma mère sont champions en orthographe ? » ou encore « Est-ce que mes qualités et mes défauts m'ont été transmis par les gènes de mes parents ? »

À notre naissance, nous portons un bagage héréditaire qu'on appelle « l'inné ». L'inné, c'est l'ensemble des caractères transmis par les gènes de nos parents, tel qu'on l'a décrit précédemment.

Les sœurs Williams avaient sans doute une très bonne musculature au départ. Mais sans un entraînement intensif, elles ne seraient pas les championnes que l'on connaît.

Par contre, tout au long de notre vie, nous accumulons un autre type de bagage. Celui-là n'est pas héréditaire ; on le nomme « l'acquis ». L'acquis est tout ce qui vient de l'extérieur, c'est-à-dire de l'environnement dans lequel nous vivons. Il comprend, entre autres, tous les apprentissages que nous faisons au cours de notre vie.

Si une personne excelle en athlétisme, c'est peut-être parce que ses parents lui ont transmis les gènes d'une bonne musculature (inné), mais c'est peut-être aussi parce qu'elle passe beaucoup de temps à s'entraîner (acquis). Un autre membre de sa famille n'aura pas nécessairement le même bagage génétique ni les mêmes intérêts. Il se pourrait aussi que cette personne ait moins confiance en ses capacités. En effet, on peut faire de grands progrès si on croit en soi et si on s'exerce.

En réalité, l'inné et l'acquis font tous deux partie de la nature humaine. Ils s'associent pour permettre à l'individu d'apprendre et d'évoluer.

Une personne unique

Tout le monde dit que tu es le portrait de ta mère. C'est bien possible, puisqu'elle t'a légué une partie de ses gènes. Pourtant, tu adores bricoler alors qu'elle est si maladroite lorsqu'elle se sert d'un outil… Il n'y a là rien d'étonnant, car tu es le résultat d'une recette « hypercompliquée » : Gènes de papa + Gènes de maman + Apprentissages + Confiance en soi = Personne unique. Et, bien sûr, il est impossible de répéter exactement cette recette !

Les parents de Yannick Nézet-Séguin n'étaient pas des musiciens. Les longues heures passées à s'exercer jumelées à son amour de la musique lui ont sans doute permis de devenir un chef d'orchestre de très grande renommée.

Monsieur Engels

Benjamin court à toutes jambes vers le centre sportif, au cas où la partie de volley-ball ne serait pas terminée. Elle ne l'est pas. Il arrive tout essoufflé, s'assoit entre Olivier, qui crie à s'en percer les tympans pour encourager l'équipe, et la bande à Bruno, qui chahute. Il aurait voulu s'asseoir ailleurs, mais il ne reste plus une seule place libre.

— Tiens! V'là le pianiste, raille Bruno.

La plaisanterie déclenche l'hilarité générale. Benjamin pense que les foules sont stupides, qu'il suffit d'un seul meneur de jeu, si imbécile soit-il, pour entraîner tous les autres. Pour un peu, il regretterait la maison du professeur, mais cette idée le dérange et il la chasse, tout à son bonheur d'être revenu parmi les enfants de son âge, parmi les siens. Et cela englobe la bande à Bruno.

De retour à la maison, il trouve sa mère en train de préparer le repas du soir.

— Tu as l'air essoufflé, mon bonhomme.

Benjamin aurait envie de lui répondre: «Bien sûr que je suis essoufflé. C'est dans ma nature. Comme je n'ai jamais le temps de faire ce que j'aime faire, je dois aller plus vite que tout le monde.» Mais il ne dit rien et s'assoit devant elle. Elle prépare des pâtes avec des lardons et de la crème. Un des repas qu'il préfère. La cuisine sent bon et il fait chaud. Benjamin soupire de bien-être. La maison est claire, sa mère a tout peint en blanc parce qu'elle adore le blanc. Rien à voir avec la maison du professeur, avec ses murs jaunis par la fumée, ses fenêtres sales à moitié dissimulées sous de lourdes tentures, ses vieux meubles.

Benjamin regarde sa mère. Elle est petite, mince. Une longue mèche de cheveux blonds cache son visage penché sur la cuisinière. Il regarde ses mains et les compare aux siennes. Semblables, à peu de chose près, et presque de la même taille, à présent. C'est fou comme les doigts de Benjamin allongent. «À cause des octaves, se dit-il. À force de m'étirer la main pour aller de do à do ou de sol à sol, je vais bien finir par la faire, cette fichue octave. Mais à quoi cela servira-t-il? À quoi sert la musique?»

— Vous jouiez tous du piano, là-bas? demande Benjamin.

Sa mère lève la tête. Là-bas. Cette question-là, c'est au moins la centième fois que son fils la lui pose. Elle croit chaque fois que Benjamin veut entendre parler de sa famille à elle, de son pays à elle, la Pologne. Alors elle lui parle de son enfance, de la guerre, de l'éducation qu'elle a reçue toute petite, du fait que le piano en faisait irrémédiablement partie.

— Je n'aimais pas le piano au début, tu sais, dit-elle en adressant à son fils un sourire complice. Mais je n'avais pas ta facilité.

Elle ne dit jamais «talent» parce que Benjamin n'aime pas le mot. Il baisse la tête et avale une bouchée de pâtes.

L'histoire de sa mère, il l'a entendue cent fois. Ce n'est pas celle-là qu'il veut entendre, c'est la sienne, celle qu'on ne lui raconte jamais. Pourquoi la nature l'a affublé d'un don pareil et d'où lui vient ce don. Qui est coupable? Benjamin cherche un coupable. Il a l'impression que la nature s'est fourvoyée. «On a pris un morceau de ma mère et un morceau de mon père, on les a réunis et ça a donné… moi.» Il ne sait presque rien de son père si ce n'est qu'il était champion d'athlétisme et qu'il est mort il y a très longtemps, quand Benjamin avait deux ans. «L'ennui, songe-t-il, c'est que les deux morceaux ne vont pas ensemble. J'ai les mains de ma mère et le corps de mon père. Je suis une sorte d'erreur», conclut-il en soupirant.

Sur le calendrier de Benjamin, le jeudi, jour du piano, est marqué d'une croix rouge. Tous les autres jours de la semaine trouvent grâce à ses yeux, sauf celui-là. Benjamin hait les jeudis et pense qu'il y en a beaucoup dans une année. En fait, il est persuadé qu'il y a plus de jeudis que de lundis ou de mercredis. Sans doute parce que les jeudis gâchent les autres jours. Le mercredi soir, par exemple. « C'est demain, pense chaque fois Benjamin. Demain, je vais perdre une heure à regarder Engels échapper ses lunettes, à l'entendre me dire de travailler davantage, de jouer plus léger... » Et c'est comme si on lui volait du temps.

Après le souper, Benjamin monte dans sa chambre pour s'entraîner. C'est un entraînement un peu particulier. Comme il ne peut pas aller au gymnase après l'école, il a décidé une fois pour toutes qu'il pouvait très bien développer ses muscles tout seul. Il a donc emprunté le gros sac de toile de sa mère et y a déposé les six premiers tomes de l'Encyclopédie médicale en 32 volumes. Six tomes, c'est tout ce qu'il arrive à soulever pour le moment. Mais il progresse vite. Semaine après semaine, il ajoute des tomes. Il en est à la lettre F et espère que, d'ici la fin de l'année scolaire, il se rendra à K.

Il prend une profonde inspiration et empoigne le sac. Rien ne se passe. Benjamin se redresse, frotte ses mains l'une contre l'autre, comme font les athlètes aux Jeux olympiques, et essaie de nouveau. Le sac a bougé. Encouragé, Benjamin le soulève lentement et, au prix d'un effort surhumain, réussit à le hisser jusqu'à ses épaules. Ses genoux fléchissent. Il n'en peut plus et laisse tout tomber. Le bruit fait vibrer la maison.

— Ça va ? lui crie sa mère d'en bas.

— Ça va, répond Benjamin.

Bon. Les olympiades, ce n'est pas pour demain, mais qu'importe. Il a eu le temps de voir. Dans le grand miroir devant lui, il a vu ses muscles saillir sous l'effort. Chaque jour ils gagnent du volume. Benjamin n'a que onze ans, mais ses épaules élargissent déjà. Le fameux triangle qu'il admire tant chez ses aînés, celui qui part des épaules et s'amenuise jusqu'à la taille, est déjà là. « Pas mal pour un pianiste, constate Benjamin avec un certain plaisir. Je ne connais pas beaucoup de pianistes qui tiennent la forme autant que moi. » En fait, il ne connaît aucun pianiste. Les musiciens ne l'intéressent pas. En revanche, il connaît tous les athlètes, ceux du cinéma comme ceux des Jeux olympiques. Il les admire et veut leur ressembler. Son rêve est à des années-lumière de l'avenir qu'ont imaginé pour lui sa mère et le professeur. Il le sait, mais il s'en moque. Il croit dur comme fer qu'en travaillant ses muscles chaque jour comme il le fait, la vérité éclatera au grand jour. « Je suis un athlète, pense Benjamin. Comme mon père. »

L'ennui, c'est qu'il est le seul à constater la métamorphose. Pour tout le monde, Benjamin n'est qu'un enfant de onze ans plutôt chétif, plutôt timide, plutôt silencieux. Un peu ennuyeux aussi. Le triangle, le fameux triangle, est invisible pour tout autre que Benjamin. Ses aptitudes au piano, en revanche, sont parfaitement connues. Tout le monde sait que Benjamin a déjà remporté des prix. La plupart des élèves préfèrent se tenir loin de lui. Un pianiste ! Que peut-on faire d'un pianiste ? Si au moins il jouait de la batterie ! Mais le piano… Benjamin aurait envie de leur dire qu'il est comme eux, qu'il n'aime pas le piano. Mais à quoi cela servirait-il ? Ils répondraient tous la même chose : « Laisse tomber. » Benjamin préfère se taire. Il ne parle pas, ou très peu. D'ailleurs on ne lui parle pas, on le taquine.

Tiré de Hélène VACHON,
Monsieur Engels,
Saint-Lambert,
Dominique et compagnie,
2000.

Une nouvelle élève fait son entrée dans une classe de 5ᵉ année, en octobre. Laurence raconte l'arrivée de la nouvelle.

Une fille pas comme les autres

La nouvelle regardait la classe en se taisant, et la maîtresse la regardait en se taisant, et nous la regardions aussi en nous taisant.

Elle n'était pas ordinaire, cette fille. Elle portait un grand manteau de cuirette jaune qui lui battait les mollets et dont les manches étaient retroussées aux poignets. Un manteau trop grand pour elle, un manteau acheté pour quelqu'un d'autre et qui avait fini sur son dos par hasard. Elle avait les cheveux coupés en bol, collés sur la tête et gras, gras, gras.

Mais les cheveux, ce n'était pas le pire. La pauvre fille, elle avait les yeux croches. Un œil, plus exactement, le gauche, croche, coincé près du nez comme si elle avait voulu surveiller ses narines sans arrêt.

— Eh bien! a fait notre professeur. Comment t'appelles-tu?

La nouvelle a regardé le mur du fond de la classe, le directeur regardait ses souliers, on aurait entendu une mouche voler.

— Je m'appelle Étamine Léger, a-t-elle répondu, très calme.

On aurait juré qu'elle savait à quoi s'attendre. Nous avons tous éclaté de rire. Le directeur a jeté un coup d'œil à Colette Bélisle, l'air de penser: « Je n'y peux rien. » Et il a chiffonné le nez. Colette a dit:

— S'il vous plaît! Du calme.

Mais on s'est mis à rire encore plus, parce que c'était trop drôle ce nom, pour cette drôle de fille. La nouvelle a croisé les bras, pas mal à l'aise, pas gênée, sérieuse. Elle attendait que ça passe, et Arnaud Levasseur a lancé, du fond de la classe:

— Et ta mine, Étamine?

Ce ne devait pas être la première fois qu'elle l'entendait, celle-là. Elle a répliqué tout de suite:

— J'aime mieux avoir la mine que j'ai que d'avoir de la mine de crayon entre les deux oreilles, comme toi!

Tout le monde s'est tu, parce que c'est vrai qu'Arnaud Levasseur n'a pas grand-chose entre les deux oreilles. Elle l'avait vu tout de suite, même avec ses yeux croches.

Le directeur en a profité pour nous souhaiter une bonne journée et nous demander de bien accueillir notre nouvelle camarade.

[…]

Étamine a enlevé son manteau. Elle a dû se rendre à la patère, à l'autre bout de la classe, et en revenir. Tout le monde la suivait des yeux. Nous n'avions même plus envie de rire.

— Citronnette! a soupiré notre reine des élégances, Rosalinde Dupuis-Morissette. Elle est habillée comme sur la photo des anciens dans l'auditorium!

Étamine Léger portait une jupe à bretelles bleu marine en tissu synthétique 100 % fil électrique, avec une blouse blanche à manches longues et des bas bleus qui boudinaient sur ses chevilles. Elle portait un vieil uniforme scolaire, comme du temps de nos parents.

D'où ils venaient, ses parents? De la lune? Habiller un enfant de cette façon-là, ce n'est pas humain. En tout cas, ce n'est pas pédagogique! Moi, ma mère m'habillerait comme ça, je tomberais malade!

[…]

— Ouste, les commères! Allez plus loin, leur ai-je crié. Parlez donc de vos propres guenilles, pour une fois, au lieu de vous en prendre à une nouvelle que vous ne connaissez même pas! Voulez-vous savoir? Vous êtes jalouses! Jalouses de son courage. Si vous aviez son allure, vous n'oseriez pas entrer à l'école ni vous promener pendant la récréation.

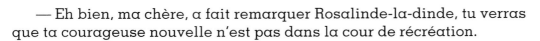

— Eh bien, ma chère, a fait remarquer Rosalinde-la-dinde, tu verras que ta courageuse nouvelle n'est pas dans la cour de récréation.

— Elle doit se cacher quelque part, a renchéri Thao.

J'ai jeté un regard circulaire dans toute la cour : Étamine n'était nulle part.

— Peut-être qu'elle est à la bibliothèque, a dit Jonathan. En tout cas, elle ne vient pas nous déranger quand on joue aux pogs. Vous êtes nuls, la bande des élégants !

Et il est parti. Je ne devais pas avoir l'air très aimable, car la reine et sa suite ont décollé en même temps. Je me suis retrouvée toute seule.

Lorsqu'on ne veut pas que les larmes coulent, il y a un truc : lever la tête et les yeux très haut, ça empêche l'eau de déborder. C'est à ce moment-là que j'ai vu dépasser du feuillage du grand chêne deux souliers noirs tout usés et des bas bleus boudinés. C'est là qu'elle était, Étamine-la-fouine ! À nous regarder depuis le début !

Il faut être habile pour grimper dans un arbre si haut, mais pourquoi se cachait-elle, hein ? Je ne lui ai rien dit. Je ne suis pas sûre qu'elle s'est rendu compte que je l'avais vue. Je suis partie. La cloche allait bientôt sonner.

Vraiment, quelle drôle de fille ! En plus de porter des vêtements affreux, d'avoir les cheveux sales et les yeux croches, elle avait des trous dans ses semelles. De gros trous par où on voyait la couleur de ses bas ! Ça, c'était trop. Même pour moi.

Et tout à coup, je me suis sentie aussi dinde que la reine des élégances. Sa Majesté Laurence, la reine des pogs !

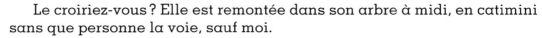

Le croiriez-vous ? Elle est remontée dans son arbre à midi, en catimini sans que personne la voie, sauf moi.

[...]

Le mardi après-midi, nous avons mathématiques. Pendant que nous sortions nos livres, Colette a appelé Étamine à son bureau.

— Le directeur m'a dit qu'il n'avait pas ton bulletin de quatrième année. Où est-il ?

— Je n'en ai pas, madame. L'année dernière, j'ai changé d'école six fois.

Colette a chiffonné le nez, vraiment beaucoup.

— Mais que font tes parents ?

— Je n'ai pas de parents.

Elle s'est aperçue à ce moment-là que tout le monde écoutait.

— J'espère qu'on t'a mis dans la bonne classe, alors. Si tu retardes les autres, tu retourneras en quatrième.

— Bien, madame.

Étamine n'a même pas bronché, comme si elle connaissait tout ça sur le bout des doigts. Forcément, une fille qui change six fois d'école en une année, elle en a vu passer des professeurs !

Et la leçon a commencé.

Nous en étions à additionner les nombres à virgule depuis deux semaines, et ça n'allait pas très fort. Colette reprenait ses explications :

— La virgule sépare les nombres entiers des fractions de nombres...

Mais je trouvais ça épouvantablement compliqué. Pourquoi se donner tout ce mal quand les calculatrices existent ? La maîtresse mettait des chiffres au tableau :

— 304,2 + 86,3 + 59,8 ?

— 450,3 ! a fait une voix à l'arrière de la classe.

La maîtresse a calculé très vite, au tableau. La réponse était bonne !

— 13,7 + 277,1 + 452,5 ?

— 743,3 ! a fait la voix.

La maîtresse a calculé. C'était toujours bon.

— 64,6 + 469 + 80,7 ? a-t-elle demandé à Étamine Léger.

Étamine a répondu tout de suite, sans papier, ni crayon, ni calculatrice, les deux mains sur le bureau :

— 614,3 !

Colette Bélisle a beaucoup, beaucoup chiffonné le nez.

— Finalement, est-ce que je reste en cinquième, madame ? a dit Étamine, avec un grand sourire.

Si elle n'avait pas eu son œil croche, elle aurait été presque belle !

[…]

— Laurence, tu es bonne en français, toi, a dit Étamine, d'une toute petite voix. Tu épelles bien les mots compliqués.

Je me débrouille bien en français, surtout en rédaction. Ce sont les chiffres qui passent moins bien. Pendant le cours de maths, j'entends un cadenas dans ma tête : tout est fermé.

— Tu veux bien regarder mon brouillon ?

Elle m'a tendu sa feuille : elle écrivait sur du papier vert fluo, en plus ! Pour des vêtements, ça va, mais sur papier, ça lève le cœur. Malgré tout, j'étais contente qu'elle veuille mon aide. J'ai pris ses deux feuilles froissées et j'ai lu :

Étamine Léger, sinquièm anée B

L'ôtonne

L'ôtonne, je chanje d'école. Si j'arrive en maime temps que tou le monde, sa va. Sinon, je doi joué du coudde pour enpaicher les baveux de m'écoeuré.

Si j'avai mes paran, je ne chanjerè pas d'école comme ça, mais mon père est en Jamaike, dans les merres du Sud, il a un bato. Ma mère est en Islande, au norre de l'Atlantike. Elle cherche des jésers, qui son des jets d'eau comme des fontènes et c'est très diffissile à trouver. Cé pour ça qu'elle ne revien pa.

L'ôtonne, pour moi, ce né jamès drolle. Il faut que je m'abitue à ma famille d'ackeuil, à ma socieuse, à mon école, à mon proféçeur, auz élèves qui rie de moi. À Noël, j'ai la pais. À Pâque, plus personne ne s'okupe de moi. Au grande vacansses, je déménage dans une autre famille et sa recomance.

D'abord, il y avait tant de fautes ! Je ne savais pas par où commencer… Je ne voulais pas la vexer.

— Je trouve qu'il y a pas mal de fautes.

— C'est plutôt réussi, non ? m'a répondu la grande Étamine, toute contente. La première rédaction, c'est le moment de lui en mettre plein la vue, au professeur ! Après ça, ce n'est pas à moi qu'elle fera épeler le mot « distraction ».

Est-ce que j'avais bien compris ?

— Tu veux dire que tu le fais exprès ? Pourquoi ?

— Les chiffres, je ne peux pas m'en empêcher, ça sort tout seul. Mais je veux être tranquille pour le reste, par exemple !

— Et tes parents ? Ils savent que tu fais semblant d'être mauvaise en français ?

Étamine s'est gratté le crâne, puis le nez.

— Mes parents, je ne sais pas où ils sont. J'invente ça parce que c'est plus joli à raconter que la vérité.

Tiré de Anne LEGAULT, *Une fille pas comme les autres*, Montréal, Les éditions de la courte échelle, 1997.

Edward doit faire une présentation en classe et il est mort de peur. Pour s'en sortir, il s'invente une laryngite, mais c'est peine perdue... Son enseignante reporte l'activité au lendemain.

Alexandre le dinosaure

Ses parents montèrent se coucher. Lorsque la lumière du palier s'éteignit, effaçant la ligne jaune sous la porte de sa chambre, Edward faillit appeler sa mère. Lui parler le calmerait-il ? Pourrait-elle lui expliquer pourquoi il avait l'impression que tout l'intérieur de son corps grouillait de chenilles ?

La porte de la chambre de ses parents se ferma. Il aurait bien aimé que sa mère vienne s'asseoir sur le bord de son lit et lui caresse la tête en repoussant les cheveux qui se collaient à son front, mais il n'aurait pas pu lui confier sa peur. Tout bien considéré, c'était déjà assez extraordinaire qu'elle l'aime tel qu'il était, pas costaud, pas beau, ni brillant ni sportif. Il n'allait pas abuser de sa patience en lui avouant que, par-dessus le marché, il était un lâche. Même l'amour d'une mère n'y aurait pas résisté.

Un souffle de vent fit frémir le chêne devant sa fenêtre entrebâillée. Il ferma les yeux et essaya de toutes ses forces d'imaginer que le bruissement des feuilles n'était autre que les applaudissements des habitants de Molebury, mais il avait si bien pris l'habitude de rêver devant le lac de bitume qu'il était devenu incapable de rêver ailleurs, tout comme beaucoup de gens ne peuvent prier qu'à l'église.

Et le temps passa, il fut de plus en plus tard. De quelque côté qu'il se tournât, les draps étaient toujours chauds et moites. Il commençait à avoir peur de ne plus jamais pouvoir dormir.

Il y avait deux bonnes heures que ses parents étaient couchés lorsque Edward se leva et sortit de sa chambre sur la pointe des pieds. Une faible lueur rose passait sous la porte de Priscilla. Si seulement il n'avait peur que du noir, si seulement une petite veilleuse rose comme celle de Priscilla pouvait résoudre son problème ! Il descendit discrètement à la cuisine. La liste des commissions de sa mère et son bloc de papier à lettres étaient posés à côté du téléphone. Il les emporta au premier, alluma la lampe de son bureau et examina la liste. Œufs, côtes de porc, levure, oignons, soda, glace au chocolat… Mais c'était moins les mots qui l'intéressaient que la graphie, la façon de former les lettres. Il prit une feuille du bloc et, en imitant l'écriture de sa mère, écrivit :

Edward relut le mot d'excuse et décida de consulter le petit dictionnaire qui se trouvait dans son cartable. Bien lui en prit : le mot s'écrivait laryngite. Il fit un deuxième faux. Après quoi il redescendit le bloc et la liste des commissions à la cuisine et remonta se coucher, tout cela sans bruit. Miracle ! les draps n'étaient plus ni chauds ni moites. Deux minutes plus tard, il dormait comme un loir.

[…]

— Nous commencerons la classe de cet après-midi en prêtant à Edward Small une oreille attentive, annonça-t-elle aux élèves. Edward va nous exposer en quelques minutes les principes traités dans le chapitre 33.

Les cinq minutes qui suivirent défilèrent un peu comme celles de son rêve de la nuit précédente. Se dirigea-t-il vers le tableau noir en marchant, en volant ou en rampant ? Il ne le saurait jamais. Pas plus qu'il ne saurait si c'était lui qui avait pris un bâton dans la boîte de craie ou si celui-ci avait sauté tout seul dans sa main. Ni s'il s'était raclé la gorge trois fois ou seulement deux fois avant de pouvoir en sortir un mot. Mais ce qui était absolument certain, c'est que sa main tremblait terriblement pendant qu'il inscrivait la première équation type sur le tableau noir, et que ce tremblement n'était rien comparé à celui de sa voix.

$$(-2) \times (-2) = 4$$

— Un nomb... Un nombre réel peut être po-positif, négatif ou égal à z-z-z-zéro, bredouilla-t-il en se sentant lui-même égal à zéro, mais le produit de deux nombres réels de même signe est toujours positif. Partant de ce principe...

En achevant d'écrire l'équation type, il toussa deux fois. L'étreinte de la peur se resserra autour de sa gorge. Ses auditeurs admettraient-ils une troisième quinte de toux ?

— Très bien, Edward, dit Mme Krumbcutter en volant à son secours après un silence embarrassant. Ce dernier signe est-il un y ou un 4 ?

Mme Krumbcutter se tenait sur le côté, devant la fenêtre, et, à contre-jour, sa chevelure frisottée prenait l'aspect d'une auréole.

— Un y, madame Krumbcutter, parvint-il à répondre en effaçant le signe trembloté et en le récrivant.

Cette courte interruption – à moins que ce ne soit le « très bien » – l'aida à se ressaisir un peu, et quand il commença à inscrire la deuxième équation type, sa main était légèrement plus ferme. À dire vrai, le bruit de la craie sur le tableau évoquait moins un pivert qu'un soprano enroué mais, malgré tout, la deuxième équation fut raisonnablement lisible, et si la voix d'Edward ne fit pas vibrer les carreaux, elle fut également un peu plus ferme.

Il aborda la deuxième page de son texte. Miraculeusement, son bégaiement était en train de se dissiper. Pour la première fois, il fit volontairement une pause et regarda vraiment son auditoire. Il ressentit un élan de sympathie inaccoutumé pour ses condisciples.

[…]

Quelques minutes plus tard, en écrivant sa dernière équation, Edward commença à ralentir. Une chose étrange était en train de se produire. À présent qu'il approchait de la fin, il se mettait à éprouver un réel plaisir à être le centre de l'attention générale. Il jeta sur la classe un nouveau regard circulaire. Bien entendu, il n'était pas vraiment le centre de l'attention générale. Il avait pu susciter un certain intérêt quand il bégayait, mais maintenant qu'il parlait du chapitre 33 d'une voix posée, les yeux de la plupart de ses camarades s'étaient détournés de lui. Ils étaient probablement en train de songer […] aux coups de téléphone du vendredi soir ou au dernier tube de Pott FM, mais ils étaient obligés de faire semblant de l'écouter, et cette sensation de pouvoir, d'emprise, était curieusement agréable comme devait l'être celle de se tenir sur une butte de lanceur.

Lorsqu'il regagna sa place, Edward était trempé de sueur mais cette humidité était plaisante, comme celle de la pluie après une longue période de sécheresse.

En retournant à son bureau, Mme Krumbcutter lui adressa un sourire chaleureux.

— Les nombres réels sont intéressants, n'est-ce pas, Edward?
Il acquiesça. Le plus drôle, c'est que c'était vrai.

— J'espère que vous avez tous écouté attentivement, continua Mme Krumbcutter en s'adressant à l'ensemble de la classe, parce que ceux qui auront bien assimilé ces principes ne devraient pas éprouver de difficultés avec l'examen de fin d'année. Tous nos remerciements, Edward, pour nous avoir fait partager vos connaissances.

Les papillons noirs qui tournoyaient dans sa tête s'étaient tous posés, mais il flottait encore dans une espèce de brouillard lorsque Mme Krumb-cutter se lança dans un exposé de son cru sur le chapitre 34. Bercé par le flux et le reflux de sa voix enthousiaste, il oublia un instant qu'il avait occupé sa place et qu'il en avait fait autant, et puis cela lui revint brusquement à l'esprit et il se sentit enveloppé par une bouffée de bien-être, comme la brise embaumée que l'on respirait le soir, dans le jardin, quand le chèvrefeuille de la famille Witherspoon était en pleine floraison.

Tor SEIDLER, *Alexandre le dinosaure*, Paris, Gallimard Jeunesse, 1992.

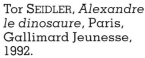

Dossier ③

Les personnages de romans nous ressemblent-ils?

Les otages de la terreur

— On s'est égarés, je vous dis ! Vérifiez vous-mêmes !

L'index appuyé sur la carte, Pouce roulait des yeux inquiets. Ses soixante-dix kilos de muscles allaient bientôt trembler si on ne le rassurait pas.

— Mais c'est vrai ! s'est moquée Jo en examinant le plan. On a dévié du trajet d'au moins cinq kilomètres ! C'est une catastrophe ! Il ne nous reste plus qu'à attendre la mort !

Comparée à Pouce, ma chérie était minuscule. Un écureuil à côté d'un ours.

— On n'aurait jamais dû laisser nos parents en arrière ! a repris mon meilleur ami.

— Ils avançaient à pas de tortue, a déclaré Jo. Après cette expédition, ma mère aura tellement de courbatures qu'elle ne pourra plus marcher pendant une semaine.

— Franchement, Maxime ! De quoi on aurait l'air si la nuit nous surprenait ici ? Le village le plus proche est à l'autre bout du monde !

— On est au mois d'août, lui ai-je rappelé. Le soleil se couche aux alentours de vingt heures trente. Ça nous donne six heures pour revenir à notre point de départ.

Partout où l'on posait le regard, dans cette vaste prairie, la beauté sauvage de l'été se déployait. Aucune brise n'agitait les herbes qui nous entouraient à perte de vue. Heureusement qu'on portait des casquettes, car le soleil était cuisant.

— Oh non! a lancé Pouce en tendant un bras vers le ciel. Il ne manquait plus que ça!

Un gros nuage gris fonçait dans notre direction à une vitesse époustouflante. Par contraste avec le ciel bleu, il ressemblait à une tumeur. Un vent glacial s'est jeté sur nous, et la casquette de Jo s'est envolée comme une montgolfière miniature.

— Trouvons-nous un abri! a beuglé mon copain.

Un abri? À une heure de marche environ, une ligne d'arbres marquait la naissance d'une forêt. À dix kilomètres dans l'autre sens se dressaient les premières montagnes. Mais, à proximité, il n'y avait pas plus d'abri que de baleine au Sahara.

N'empêche que Pouce avait raison. Avec nos tee-shirts et nos bermudas, nous étions mal équipés pour affronter cet orage.

— Courons! ai-je crié en prenant mes jambes à mon cou.

Le nuage était si bas qu'on se serait crus dans la fumée d'un incendie. On galopait à l'aveuglette, maltraités par le vent qui nous agressait de toutes parts. Les herbes nous fouettaient. Des fleurs et des arbustes virevoltaient autour de nous.

— Là-bas! a hurlé Jo. Une maison!

Tiré de Denis CÔTÉ, *Les otages de la terreur*, Montréal, Les éditions de la courte échelle, 1998.

Bon anniversaire, Ben!

C'était une idée de Papa. Il avait dit que c'était au tour de Ben d'aller quelque part sans eux. Qu'il s'amuserait beaucoup. Jimmy resterait chez un ami dont il avait fait la connaissance au camp de vacances, l'été dernier. Papa et Maman, eux, participeraient toute la fin de semaine à un stupide congrès.

Ben resterait donc tout seul chez Tante Rose. Il avait bien protesté, mais on se fichait de son avis. Papa avait seulement répondu que cela lui ferait du bien. Ben n'aurait jamais cru que son père pouvait être aussi méchant. Comment pouvaient-ils le forcer à demeurer chez cette étrangère pendant toute une fin de semaine? On n'était que vendredi. Comment survivrait-il des heures et des heures, jusqu'à l'arrivée des autres? Il ne verrait aucun visage familier pendant deux longs jours et deux longues nuits!

— Hé! fit à nouveau Papa. Je t'ai posé une question! Tu ne veux pas me parler?

Ben continua à faire semblant de n'avoir rien entendu. Il serra les paupières un peu plus fort. Deux grosses larmes s'en échappèrent et glissèrent le long de ses joues. Il émit aussi un petit reniflement triste. Voilà qui devrait faire comprendre à Papa ce qu'il ressentait.

— Oh, Ben, ne recommence pas, dit Monsieur Tucker.

Sa voix semblait fatiguée.

— Tu es bien trop grand pour pleurnicher. Tu vas adorer ça. Ta tante Rose sait ce qu'aiment les garçons de ton âge.

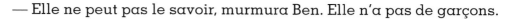

— Elle ne peut pas le savoir, murmura Ben. Elle n'a pas de garçons.

— Et alors ? Elle le sait quand même ! Tu oublies qu'elle écrit des livres pour les garçons. Il n'y en a pas beaucoup qui ont la chance d'avoir une tante écrivaine. Ce sera une occasion formidable pour toi de la connaître. Tu devrais en être fier. Tu vas rendre visite à une auteure vraiment *vivante*. Penses-y !

Une chance, mon œil ! songea Ben. Et d'abord, est-ce que ça existait, une auteure pas vraiment vivante ? Le forcerait-on encore à y aller si elle était vraiment morte ?

Il esquissa un sourire narquois mais se retint à temps. Il ne fallait pas que Papa le surprenne à sourire.

— Dis la vérité, l'encouragea Papa. Tu n'as vraiment pas envie de la rencontrer ? Tu dois au moins être curieux ?

Curieux, ça, Ben l'était. Il ne pouvait s'en empêcher. Et fier aussi. Il avait vu les livres de Tante Rose à la librairie et à la bibliothèque de son école. Maman lui en avait aussi lu quelques-uns. Ils étaient captivants, pleins d'aventures magiques. À l'école, quand leur enseignante, Mademoiselle Morris, avait appris qu'il allait rendre visite à sa célèbre tante dès la fin des classes, elle lui avait demandé de lui rapporter un autographe. Cela avait rendu jaloux plusieurs de ses camarades.

Tiré de Jean LITTLE, *Bon anniversaire, Ben !*, Montréal, Éditions Hurtubise HMH, 1996.

Piège à conviction

Il vient de se produire quelque chose d'affreux. Quelque chose qui me dépasse, quelque chose que j'ai peut-être longtemps souhaité, de façon obscure ou inconsciente, mais qui, aujourd'hui, me remplit de terreur.

Un de mes camarades de classe est mort, dans des circonstances inexplicables et particulièrement répugnantes. On l'a retrouvé ce matin, à quelques centaines de mètres du terrain où nous campons depuis hier, gisant sur la terre rouge, le crâne fracassé.

Nous n'en savons pas plus, aucune explication ne nous a été donnée. Le cadavre a été découvert par un garde du Parc provincial de Drumheller, qui a immédiatement averti nos accompagnateurs.

Résultat, on nous a interdit de sortir du terrain de camping, et même, dans l'immédiat, de téléphoner à nos familles.

Pourtant, malgré les précautions prises, des rumeurs commencent à circuler parmi nous. Nous avons fini par apprendre que la victime n'est autre que Mike, un des garçons de ma classe.

Mais on dit aussi que le garde, au moment où il l'a trouvé, aurait eu bien du mal à l'identifier : la tête de notre ami était complètement invisible, écrasée par un énorme rocher plat pesant au bas mot plusieurs centaines de kilos et qu'il a fallu plusieurs personnes vigoureuses pour le déplacer !

C'est ahurissant. Comment un tel événement a-t-il pu se produire ? J'ai déjà entendu parler de pluies de grenouilles, de serpents ou de rats. Les journaux spécialisés sont pleins de ce genre d'histoires. Mais des rochers d'un tel poids, comment pourraient-ils tomber du ciel ?

Et il a fallu que ça arrive à l'occasion de cette sortie ! Pour une fois que j'en étais… Cette histoire n'est pas faite pour me mettre à l'aise. J'aurais mieux fait de ne jamais quitter Calgary…

Tiré de Laurent CHABIN,
Piège à conviction, Montréal,
Éditions Hurtubise HMH, 1998.

Quelque temps dans la vie de Jessica

Le lendemain matin, Jessica s'éveilla au bruit de la douche qui s'ouvrait. Sept heures moins le quart. Sa mère venait de terminer son jogging. Jessica se glissa jusqu'au pied du lit, laissa pendre ses jambes dans le vide et songea à se lever. Mais ça ne donnait jamais grand-chose de parler à sa mère le matin. Jessica aimait bien traîner un peu en pyjama, encore à moitié endormie, et siroter lentement sa tasse de cacao en regardant le jour se lever. Sa mère, par contre, était rapide et efficace le matin. Et impatiente. Lever, jogging, douche, habillage, déjeuner hâtif et départ. En général, il valait mieux attendre qu'elle soit partie, même si, après, il fallait se battre pour la douche.

En bas, l'atmosphère était tendue. M. Robertson était en train de dire, sur un ton qui n'admettait aucune réplique :

« Simon, ce soir, tu soupes ici. Dix-huit heures tapant. Et ne prends pas d'autres engagements. On va tenir un conseil de famille.

— Je pensais qu'on avait laissé tomber ça, les conseils de famille », dit Simon en ingurgitant comme tous les matins un énorme bol de céréales.

Jessica étendit son beurre d'arachide sur sa rôtie. Elle n'aimait pas cette idée de conseil de famille. En général, ça voulait dire que sa mère parlait en mettant des majuscules partout et que toute la famille se retrouvait embrigadée dans des projets qui mettaient tout à l'envers avant d'être oubliés peu à peu. Comme l'année où, pour Noël, ils avaient tiré au sort pour savoir qui donnerait un cadeau à qui. Simon, on ne sait trop comment, avait été oublié, et son père avait dû courir au centre-ville à la dernière minute pour essayer de lui trouver un cerf-volant de la Planète des Singes…

La voix de son père se fit entendre. «La Terre à Jessica, la Terre à Jessica… Jessica, s'il te plaît, pourrais-tu finir ta rôtie? Et tu as entendu ce que j'ai dit à Simon? Ici pour le souper, à dix-huit heures tapant.

— De quoi on va parler, au fait?» demanda Simon.

Son père, à l'évier, se tourna vers lui.

«Vous saurez tout en temps et lieu», dit-il avec un petit sourire.

Tiré de Sarah ELLIS, *Quelque temps dans la vie de Jessica*, Montréal, Les Éditions Québec/Amérique, 1990. Copyright © 1986 de Sarah Ellis, *The Baby Project*, Groundwood Books/Douglas & McIntyre.

Ce n'est pas de ma faute!

Luc, c'est mon grand frère. Enfin, c'était mon grand frère.

Depuis cinq jours, il se produit dans son corps un phénomène étrange. Très très étrange, même : il rapetisse à vue d'œil. Je le jure ! À un point tel qu'il m'arrive maintenant au toupet, lui qui me dépassait d'une tête et demie !

Je sais, ça paraît insensé ce que je raconte là, mais je ne suis pas menteuse ! Encore moins aveugle !

Chaque matin, quand Luc sort de sa chambre, il a raccourci de cinq centimètres. S'il continue à cette vitesse-là, d'ici un mois, maximum, je ne le verrai plus du tout. C'est drôlement inquiétant. Voire effrayant.

Et il a bien choisi son moment, le frérot, pour rapetisser : nos parents sont partis dix jours au Venezuela. Pire : ils me font garder par lui.

Juste avant de prendre l'avion, Marie-Sophie, ma rouquine de belle-mère, l'a prévenu :

— Prends bien soin de ta petite sœur ! Prépare-lui de bons et copieux repas. Je ne veux surtout pas qu'elle soit maigrichonne à mon retour.

Tiré de Linda BROUSSEAU, *Ce n'est pas de ma faute !*, Saint-Laurent, Éditions Pierre Tisseyre, 1994.

Noémie
Les sept vérités

Incroyable ! Je viens d'apprendre la plus importante nouvelle de toute ma vie : Madame Lumbago est ma vraie grand-mère. Ma vraie grand-mère pour vrai. Je me le répète mille fois… ma vraie grand-mère pour vrai… ma vraie grand-mère. Je n'arrive pas à le croire.

Elle et moi, nous sommes assises, immobiles au pied d'un grand escalier, quelque part entre la caisse populaire et la maison. Madame Lumbago, les larmes aux yeux, me prend dans ses bras. D'une main, je serre sur mon cœur le testament de Monsieur Lumbago que nous venons de trouver dans le coffret de sûreté. De l'autre main, je tiens le parapluie.

Nous regardons passer les nuages sans dire un mot. Il y a trop d'émotions pour dire des choses.

Comme dans les films, je récapitule… J'ai découvert le trésor de Monsieur et Madame Lumbago : des milliers et des milliers de pièces de monnaie cachées dans tous les murs de leur appartement. Ensuite, j'ai trouvé un miroir déformant avec, au dos, un code secret. J'ai convaincu Madame Lumbago de déposer tout l'argent à la banque. Après plusieurs attaques de voleurs, gangsters et hors-la-loi, nous avons résolu l'énigme du miroir qui nous a mises sur la piste d'un coffret de sûreté. J'y ai découvert le testament de Monsieur Lumbago et j'ai appris qu'il était mon vrai grand-père, donc que Madame Lumbago… YAHOU !… est ma vraie grand-mère pour vrai ! J'en suis tout étourdie, bouleversée, chamboulée, ravie, émue et… super choquée. Toute la planète connaissait la vérité sauf moi !

Alors, comme dans les montagnes russes, je descends dans la colère, puis je monte dans la joie. Je tremble. J'ai chaud et froid partout dans le corps. Je déteste mon père, ma mère, Monsieur et Madame Lumbago. Et en même temps, je les adore. Tous ces gens m'aiment, je le sais. J'espère qu'ils avaient une bonne raison de me faire des cachotteries !

Madame Lumbago a juré de me dire la vérité, toute la vérité, rien que la vérité. Elle murmure en regardant passer les nuages :

— Je savais qu'un jour je me retrouverais face à mon passé. La vie tourne en rond… Et tout devient clair comme de l'eau de roche…

C'est peut-être clair pour elle… moi, je n'ai rien saisi à ce qu'elle vient de marmonner. Si elle m'explique les choses de cette façon-là, je ne comprendrai jamais rien. Je lui suggère, mine de rien :

— Madame Lum… Heu… grand-maman Lumbago, ne restons pas dans cet escalier. Si vous le permettez, je nous invite toutes les deux à manger au restaurant. Il est presque midi.

— Bonne idée, ma belle petite Noémie d'amour que j'aime plus que tout au monde…

Je prends la main de ma vraie grand-mère. Nous marchons sur le trottoir comme si nous partions à la conquête du monde. Je lui demande :

— Vous allez me dire toute la vérité ?

— Oui ! Je le jure…

— Allez-y, je vous écoute.

— Mon Dieu Seigneur ! Noémie, une vie ne se raconte pas en deux secondes. C'est très très compliqué… et je n'ai pas l'habitude de parler de ces choses-là.

— Bon, je comprends. Voici une question plus facile : comment se fait-il que vous soyez ma vraie grand-mère pour vrai ?

Madame… grand-maman Lumbago devient rouge comme une tomate. Je sens qu'elle cherche ses mots. Elle ouvre la bouche et demande :

— Où aimerais-tu manger ?

Gilles TIBO, *Noémie, Les sept vérités*, Montréal, Les Éditions Québec Amérique, 1997.

Le fil de l'histoire

Tommy retourne dans sa chambre, ferme la porte et s'assoit sur le bord de son lit. Si, comme d'habitude, Charles et les jumeaux prennent deux portions de dessert, il a devant lui vingt bonnes minutes de tranquillité. Il pense à son ami Hiram qui, lui, a la chance d'être enfant unique. Il a une grande chambre juste pour lui, un père qui a le temps de l'écouter, une mère qui a l'air d'être sa sœur, un chien qui dort tout le temps, un Super Nintendo et, surtout, personne pour lui casser les pieds… et les oreilles! Le plus fou dans tout ça, c'est qu'Hiram ne cesse de lui répéter qu'il aimerait être à sa place! Il dit que c'est parfois très ennuyant d'être seul et qu'il adorerait dormir dans une chambre comme celle de Tommy, avec quatre lits superposés et de fréquentes batailles d'oreillers.

— Il ne sait pas ce que c'est! marmonne Tommy en se relevant et en ramassant le veston qu'il a laissé tomber près de son lit en arrivant de l'école.

Il y cherche le fil de métal trouvé aujourd'hui car il doit en faire la description détaillée dans son grand cahier. Par la suite, il le déposera dans sa « boîte à souvenirs » parmi tous les autres objets qu'il a accumulés depuis deux ans.

— C'est pour l'histoire de ma vie, a-t-il expliqué un jour à Hiram qui lui demandait à quoi pouvaient bien lui servir toutes ces choses sans valeur.

— Tu comprends, a-t-il poursuivi, quand on est l'aîné d'une famille de six enfants, c'est vraiment comme si on n'avait pas de vie! Il y en a toujours un sur tes talons, un qui parle avant toi, qui raconte à ta place, qui copie tes dessins, qui te pique tes idées.

Cette boîte-là, elle n'est qu'à moi. Elle contient des choses que j'ai trouvées tout seul. Plus tard, quand je fouillerai dans ma boîte et que je relirai mon cahier, je pourrai me rappeler les moments où les autres n'y étaient pas, les moments juste pour moi.

Hiram n'a pas eu l'air de comprendre. C'est normal! Il n'a pas besoin de se faire une « boîte à souvenirs », lui! Tout tourne autour de sa petite personne dans sa famille!

Tiré de Hélène GAGNIER, *Le fil de l'histoire*, Saint-Laurent, Éditions Pierre Tisseyre, 1995.

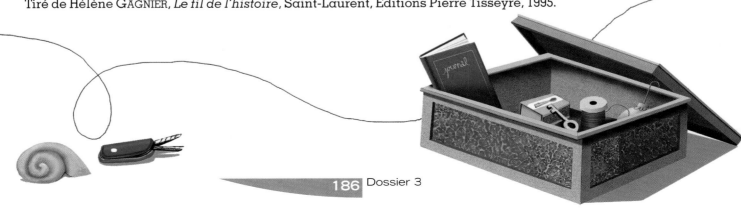

Dossier ④

Sous nos pieds, un monde mystérieux

LES VOLCANS,
des puits de feu au cœur de la Terre

De temps en temps, quand ils se réveillent de leur long sommeil tranquille, les volcans rejettent toutes sortes de matières : cendres, roches, poussières, métaux, gaz, vapeur... L'effet est spectaculaire, mais il est parfois aussi meurtrier. On a vu des villes entières disparaître à cause de l'éruption d'un volcan. En 1902, en Martinique, la ville de Saint-Pierre a été détruite en quelques minutes lors de l'explosion du mont Pelée : près de 30 000 personnes ont été tuées. En Italie, le Vésuve dormait depuis près de 1000 ans quand il est entré en activité, en l'an 79 de notre ère, supprimant deux villes : Pompéi et Herculanum.

Moulages de deux corps pétrifiés lors de l'éruption du Vésuve, à Pompéi, il y a plus de 1000 ans.

De tels événements laissent des souvenirs d'horreur. Pourtant, les volcans ne cessent de nous fasciner. Leur beauté nous émerveille. Leur violence nous révèle les secrets de la Terre. Et, depuis plus d'une centaine d'années, ils sont devenus la spécialité des volcanologues, des scientifiques qui tentent de mieux comprendre les phénomènes volcaniques, leurs causes et leur mécanisme.

De quoi la Terre est-elle constituée?

La Terre ressemble à une pêche. À l'extérieur, il y a la croûte terrestre que l'on pourrait comparer à la peau du fruit. Il s'agit d'une couche de matériaux solides d'une épaisseur de 30 à 50 kilomètres qui recouvre les continents, mais d'environ 5 kilomètres seulement au fond des océans. Sous cette mince croûte se trouve le manteau terrestre, constitué de matières souples, tout comme la chair de la pêche. Dans le cas de la Terre, ces matières sont des gaz brûlants et des roches ramollies sous l'effet de la pression et de la chaleur. Enfin, tel le noyau au milieu du fruit, notre planète a aussi en son centre un noyau. Il est constitué de métal fondu et sa température dépasse les 5000 °C.

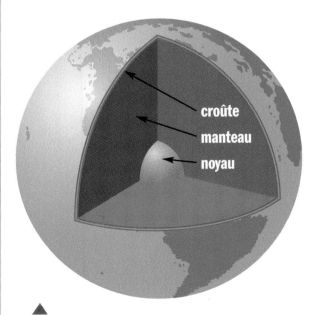

croûte
manteau
noyau

Le magma, cette roche devenue liquide à cause des températures très élevées, se trouve dans le manteau de la Terre.

Qu'est-ce qu'un volcan?

Certains volcans prennent la forme de hautes montagnes, d'autres ressemblent à de petits monticules, et d'autres encore ne sont que de simples fissures dans le sol. Mais, dans tous les cas, un volcan est une déchirure de la croûte terrestre. Cette ouverture laisse échapper les gaz bouillonnants et les roches liquéfiées qui proviennent du manteau terrestre, couramment nommés le « magma ». Le tunnel par lequel sort le magma s'appelle une « cheminée ». Lorsque le magma s'échappe et coule à la surface de la Terre, on lui donne le nom de « lave ».

Cette lave se répand comme des flots qui brûlent tout sur leur passage, avant de se refroidir et de durcir. Tout ce qui jaillit de la cheminée du volcan – lave, poussières, cendres, roches – s'entasse et forme un cône. Au sommet du cône, la lave creuse un grand trou : c'est le cratère. Il arrive aussi que la lave soit très liquide et qu'elle coule comme de l'eau. Les pentes restent alors douces et aucun cône ne s'élève. C'est le cas des volcans d'Hawaii.

Des trouées dans la croûte

La croûte terrestre est dure, mais craquelée. À la manière d'un casse-tête, elle est divisée en grands blocs qu'on appelle des « plaques ». À l'intérieur de la Terre, le magma remue et déplace ces plaques qui reposent à la surface. Ainsi, deux plaques peuvent s'éloigner l'une de l'autre, ce qui crée alors une fissure qui permet au magma de remonter à la surface. Les gaz ne rencontrent alors pas trop d'obstacles et un magma plutôt liquide s'échappe librement.

Parfois, au contraire, deux plaques se rapprochent l'une de l'autre. Elles entrent alors en collision, et l'une des deux est forcée de glisser sous l'autre. Ses rebords se mettent à fondre, produisant ainsi du nouveau magma, épais et visqueux, qui se fraie un chemin dans la croûte pour ressortir à la surface de la Terre. Voilà comment sont faits les volcans.

La plupart des volcans sont situés au fond des océans; ils longent le pourtour des immenses plaques qui forment la croûte terrestre. Comme cette croûte est très mince sous la mer, elle est facilement traversée par

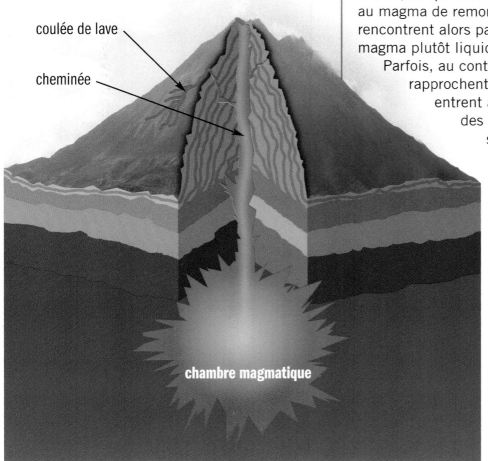

coulée de lave

cheminée

chambre magmatique

le magma. Ainsi, plus de la moitié des volcans du globe se trouvent dans la région de l'océan Pacifique. Ils forment une longue chaîne de montagnes qu'on appelle la « ceinture de feu du Pacifique ».

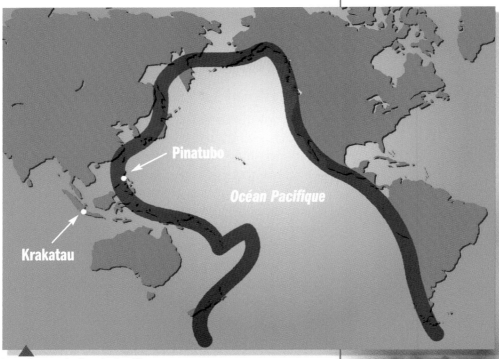

La ceinture de feu du Pacifique.

Quand les dormeurs s'éveillent...

Les volcans n'entrent en éruption que de temps en temps. Le plus souvent, ils « dorment ». Et ils peuvent dormir longtemps ! Le mont Pinatubo, aux Philippines, sommeillait depuis près de 600 ans lorsqu'il s'est réveillé, en avril 1991, dans une violence extrême. La plupart des gens qui vivaient au pied de cette montagne couverte d'une végétation luxuriante ne savaient même pas qu'il s'agissait d'un volcan. Pourtant, son éruption est considérée comme l'une des plus puissantes du 20e siècle.

Vivre près d'un volcan

Les régions volcaniques ont toujours été habitées, même quand les risques d'éruption étaient très élevés. Par exemple, la merveilleuse île de Krakatau, en Indonésie, s'est révélée être un volcan. En 1883, ce volcan a explosé. La détonation a été si forte qu'elle a été entendue à 4800 kilomètres à la ronde ! Cette éruption phénoménale et le raz de marée qu'elle a entraîné ont tué 36 000 personnes...

Deux volcanologues sur le mont Pinatubo, aux Philippines, après son éruption. On peut voir les émanations de gaz s'échappant du volcan.

Illustration de l'explosion du Krakatau, qui se fit sentir partout dans le monde. Des vagues de 40 mètres de hauteur détruisirent 163 villages, tuant des dizaines de milliers de personnes.

Même quand l'éruption n'est pas aussi violente, les volcans sont inquiétants puisqu'ils rejettent dans l'atmosphère des gaz venus des profondeurs. Parmi ces gaz, on trouve de l'anhydride sulfureux, un gaz incolore dont l'odeur âcre s'apparente à celle d'une allumette qui brûle. Quand l'air est trop chargé de ce gaz toxique irritant, les plantes perdent leurs couleurs, les poissons meurent, les humains tombent malades.

Malgré ces dangers, on trouve autour des volcans non seulement des villages isolés, mais aussi des cités immenses. Mexico, une ville de 17 millions d'habitants, ne se trouve en effet qu'à 60 kilomètres du menaçant Popocatépetl, mot qui signifie, en aztèque, « la montagne qui fume ». Pourquoi donc les humains persistent-ils à s'installer aussi près de ces « bombes à retardement » ?

C'est qu'il y a de grands avantages à vivre à leur côté. Le sol à base de lave est très fertile ; il est idéal pour faire pousser des orangers, du riz et du coton. À partir des roches volcaniques, on extrait de précieux minéraux comme le nickel et le cuivre. Plusieurs médicaments sont fabriqués avec le soufre, qu'on trouve en abondance dans les terres volcaniques. Et pour finir, l'eau chauffée par le magma sert à fabriquer de l'électricité et à chauffer les habitations.

Cette plaine de la région de Nayarit, au Mexique, est très fertile. On y voit, à l'arrière-plan, un des nombreux volcans du pays.

Peut-on prévoir les éruptions ?

Pour contrer la menace que représentent les volcans, il faut étudier leur activité et tenter de prévoir l'intensité et la gravité de l'éruption à venir. Quand le magma commence à remonter vers la surface, il s'accompagne en général de légers tremblements de terre. Ceux-ci peuvent servir d'avertissement. De plus, le volcan gonfle faiblement, signalant qu'il est sur le point de s'éveiller. Les volcanologues disposent de plusieurs instruments de mesure pour savoir ce qui se passe au centre de la Terre et de satellites pour observer les volcans. Ils peuvent ainsi avertir les populations en cas d'éruptions volcaniques.

Les volcans demeurent néanmoins fort complexes. Les signes avant-coureurs de leur éruption diffèrent d'une fois à l'autre, et sur les 1300 volcans considérés comme actifs sur la Terre, seulement 10 % sont observés à l'aide d'appareils spécialisés. Il est donc fort difficile, dans ces conditions, de jouer aux devins !

Quand la terre tremble...

Virginie dormait paisiblement dans sa chambre quand soudain un grand bruit sourd la réveilla. Elle venait de sentir son lit bouger, comme si quelqu'un tentait de le soulever par les pattes! Elle se redressa immédiatement et bondit hors de la pièce.

En arrivant au salon, elle vit par les fenêtres que la ville était plongée dans le noir: panne d'électricité générale. De petites vagues agitaient l'eau de l'aquarium... Et la clochette suspendue près de la porte d'entrée carillonnait toute seule... Il se passait décidément quelque chose d'anormal. Le père de Virginie arriva à son tour en courant. Ils se serrèrent l'un contre l'autre sans parler: ils savaient tous deux que le moment était grave. On aurait dit que la terre allait s'ouvrir sous leurs pieds et les engouffrer!

Cela se passait en novembre 1988. Virginie et son père venaient de ressentir l'un des plus gros tremblements de terre – ou séismes – que le Québec ait connu. Le séisme, qui prenait son origine au Saguenay, s'était répercuté dans toute la province.

Pourquoi la terre tremble-t-elle?

Pour répondre à cette question, il faut d'abord connaître la composition de la Terre. Notre planète se compose de trois parties: 1) le noyau, 2) le manteau et 3) la croûte. Le noyau de la Terre est constitué de métal brûlant et liquide. Ce noyau est entouré du manteau dans lequel se trouvent des poches de roche chaude et molle qui se déplacent lentement. Au-dessus du noyau et du manteau, il y a la croûte terrestre, une partie solide mais non uniforme.

La croûte terrestre est constituée de plaques tectoniques. On en compte six grandes et plusieurs petites. Ces plaques se déplacent parce qu'elles flottent sur le manteau, qui bouge lui-même très lentement. Parfois, elles s'écartent les unes des autres, ce qui crée un espace. C'est d'ailleurs par cet espace que remontent les roches en fusion contenues dans le manteau. Il arrive aussi que les plaques glissent légèrement les unes sur les autres ou encore qu'elles entrent en collision.

Les plaques ont une certaine élasticité, ce qui fait qu'elles se déforment sous la pression et qu'elles accumulent de

À l'occasion, la terre tremble aussi au Québec. À preuve, ces étalages renversés dans un commerce de Charlevoix lors du séisme de 1988.

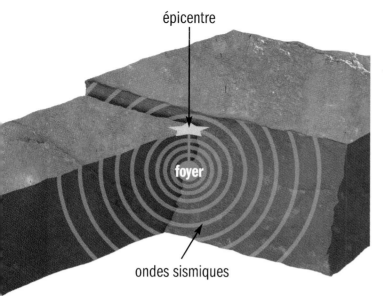

épicentre

foyer

ondes sismiques

l'énergie, comme un ressort que l'on tend. Après un certain temps, souvent des centaines d'années, les plaques atteignent la limite de leur résistance. Elles relâchent alors brusquement toute l'énergie accumulée, comme si le ressort venait de claquer. Ce relâchement fait que la croûte terrestre se brise et qu'il y a des vibrations, que l'on appelle « ondes sismiques ». Celles-ci se propagent dans toutes les directions, un peu comme les ondes à la surface de l'eau quand on y jette une roche.

Une telle brisure dans la croûte terrestre se nomme une « faille ». C'est le long des failles que se produisent la plupart des séismes. Le lieu précis où survient un séisme à l'intérieur de la croûte terrestre s'appelle le « foyer ». Et si l'on imagine une ligne verticale qui part de ce foyer et remonte en ligne directe à la surface de la Terre, on aboutit à un point nommé « l'épicentre ».

Des zones à risque

Lorsqu'on saisit comment les plaques tectoniques se déplacent, on comprend mieux pourquoi certaines régions du monde sont plus sujettes aux séismes que d'autres. Toutes les régions situées en bordure de plaques tectoniques qui entrent en collision risquent, un jour ou l'autre, de sentir leur sol trembler. C'est le cas du Japon (en rouge sur l'illustration), situé à la jonction de trois plaques tectoniques : la plaque eurasiatique, la plaque des Philippines et la plaque pacifique. Les forces déchaînées par cette situation particulière causent des tremblements de terre désastreux. Ainsi, en 1923, un gigantesque séisme secouait le pays, détruisant plus de 500 000 habitations et faisant 142 000 victimes !

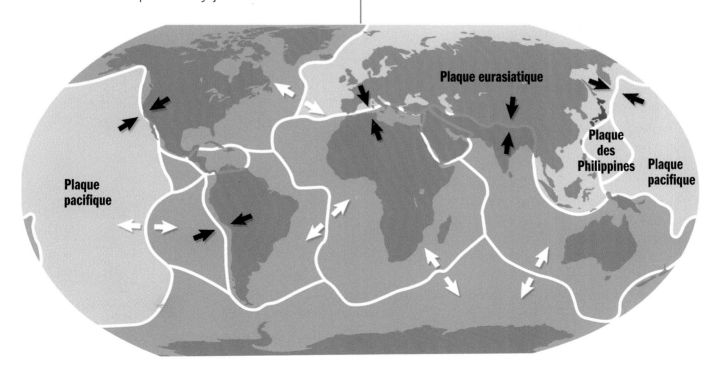

Plaque eurasiatique

Plaque des Philippines

Plaque pacifique

Plaque pacifique

Tremblement de terre à Tokyo, en 1923.

Le frottement continu entre ces deux immenses plaques a déjà provoqué plusieurs catastrophes. À San Francisco, en 1906, un séisme qui n'a duré que 40 secondes a ébranlé le sol et élargi la faille, provoquant un incendie majeur et tuant 700 personnes. À cette occasion, environ 28 000 habitations ont été détruites et plus de 250 000 personnes se sont retrouvées sans abri ! En 1989, au même endroit, un autre grand séisme a eu lieu. Une autoroute en béton s'est effondrée, entraînant 42 personnes sous les débris. Bilan final de ce tragique événement : 63 morts et environ 4000 blessés !

La faille de San Andreas

La situation est semblable en Californie. Cette région du monde est située au point de rencontre de la plaque pacifique et de la plaque nord-américaine. La plaque pacifique est immense : elle comprend la côte californienne et presque tout l'océan Pacifique. La plaque nord-américaine est aussi de grande dimension puisqu'elle comprend tout le reste du continent nord-américain. Entre ces deux plaques se trouve l'une des plus grandes failles de l'écorce terrestre : la faille de San Andreas. Du haut des airs, on peut même la voir à l'œil nu. La Californie tend à se détacher du continent. C'est ce qui explique que l'histoire de cet État américain est marquée par de si nombreux tremblements de terre.

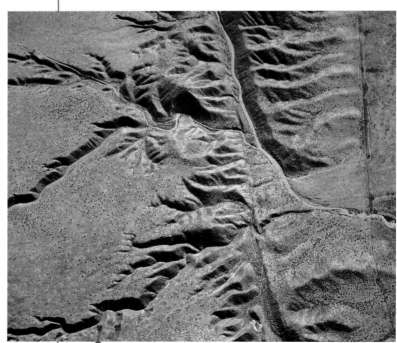
La faille de San Andreas vue des airs. Cette longue déchirure fait presque toute la Californie.

San Francisco, 1989. Les dommages causés par le séisme ont été évalués à 6 milliards de dollars.

Le Québec tremble aussi

Le Québec n'est pas situé sur une frontière entre deux plaques tectoniques. Pourtant, au cours des siècles derniers, l'est du Canada a été secoué à plusieurs reprises. Pourquoi? Les spécialistes des séismes, les sismologues, attribuent ces secousses à de très anciennes failles situées en bordure du fleuve Saint-Laurent qui indiqueraient une zone de faiblesse dans la croûte terrestre.

De plus, il y a 350 millions d'années, un énorme météorite est entré en collision avec la Terre dans la région de Charlevoix, précisément là où est situé le village des Éboulements, affaiblissant davantage la croûte terrestre à cet endroit. C'est d'ailleurs dans les régions de Charlevoix et de Kamouraska (en vis-à-vis, sur la rive sud du fleuve) que le Québec a connu ses plus grands tremblements de terre. Ainsi, celui de 1925 aurait atteint une magnitude de 7 sur l'échelle de Richter, selon des experts. Celui de 1988 était plutôt de magnitude 5,9.

Les quelques secondes d'angoisse que Virginie et son père ont vécues étaient bien compréhensibles, car sentir le sol trembler sous ses pieds est toujours affolant. La Terre, pourtant, ne faisait à ce moment que libérer une tension accumulée depuis très longtemps!

Qu'est-ce que l'échelle de Richter?

Cette échelle a été mise au point par un scientifique du nom de Richter, en 1935. Elle permet de mesurer la magnitude d'un séisme, c'est-à-dire l'énergie qui est libérée au foyer d'un tremblement de terre, donc en profondeur. Par cette échelle, on peut comparer les séismes entre eux.

Le monde fabuleux des grottes

Quand Ali Baba pénétrait dans sa caverne aux mille trésors, il n'y trouvait certainement pas que les pierres précieuses et les perles d'Orient qu'il avait volées ici et là. Il admirait probablement aussi les sculptures extraordinaires de la plus grande des artistes : la nature.

Qu'est-ce qui a bien pu créer de tels chefs-d'œuvre ? C'est bien sûr l'eau, cette infatigable ouvrière. Pendant des milliers d'années, elle a façonné un monde parallèle et souterrain, rempli de vestibules et de galeries, de dentelles de pierres scintillantes, de lacs et de rivières...

De magnifiques formations calcaires se reflètent dans les eaux souterraines de cette grotte d'Australie.

Comment se forment les grottes

Les grottes très profondes viennent de la lente action de l'eau qui s'est infiltrée dans la roche et qui l'a creusée au fil des années, des siècles... et même des millénaires. Pour permettre cette action, il a fallu deux conditions : d'abord une fissure dans la roche, puis que cette roche soit soluble dans l'eau. Or, la plus courante des roches solubles est le calcaire.

Qu'est-ce que le calcaire ?

Le fond des mers est tapissé de restes d'animaux qui se sont accumulés depuis des millions d'années et qui, peu à peu, ont été comprimés par des forces énormes. Ces débris compacts se sont mélangés avec de l'argile et du sable, formant ainsi un type de roche extrêmement rigide, le calcaire. À cause des mouvements de la Terre, entre autres, ce calcaire s'est retrouvé à la surface des continents, où il a été courbé, plissé, puis fendillé et fissuré. C'est par ces fissures que l'eau s'est infiltrée...

L'eau qui ronge

Lorsque le calcaire se trouvait à la surface du continent, il a été tranquillement recouvert d'une couche de terre, de mousse et de plantes. La vie s'y est installée. Or, quand les plantes et les animaux meurent, ils se décomposent. Leurs débris forment alors du gaz carbonique et une matière qu'on appelle « l'humus ». L'eau de pluie pénètre cet humus, elle se mélange au gaz carbonique, et elle devient acide. Elle peut alors dissoudre le calcaire. Si elle était pure, l'eau ne pourrait pas creuser de telles cavités.

Lentement, l'eau acide ronge le calcaire, ce qui forme un immense réseau de tunnels et de salles, autant de labyrinthes et d'espaces où s'écoulent des rivières, où dorment des lacs, où tombent des chutes en cascade sur des falaises drapées de pierre. C'est ainsi que se créent les grottes et les cavernes...

Stalactites ou stalagmites?

Nous avons vu comment se creuse une cavité. L'eau dissout le calcaire et l'emporte avec elle, sous la forme de minuscules cristaux. Mais l'eau n'arrête pas là son travail! Une fois dans le monde souterrain, elle restitue le calcaire qu'elle a emprunté au cours de son passage dans la roche. Le calcaire redevient solide et change de forme: il se transforme en « calcite », un minéral blanc ou transparent.

Les sculptures de pierre ainsi formées s'appellent des « concrétions ». Dans certaines grottes, ces concrétions prennent l'apparence d'une forêt dont les arbres, blancs ou transparents, ont la couleur de la calcite.

que naissent les « stalactites », qui se forment de haut en bas, comme les glaçons sur le rebord des toits, en hiver...

Une fois tombée, la même goutte d'eau contient encore un peu de calcite qu'elle libère au sol. En se solidifiant, les cristaux de calcite forment les « stalagmites ».

Les plus belles grottes

La France est un territoire particulièrement riche en cavernes. On en trouve plusieurs dizaines de milliers, notamment la fameuse et célèbre grotte de Lascaux, découverte en 1940. Cette grotte préhistorique parée de dessins somptueux réalisés il y a environ 17 000 ans représente sans doute le plus précieux des sanctuaires!

Voici un aperçu de l'histoire de sa découverte. Par un beau jeudi de septembre, quatre adolescents se promenaient dans la forêt près du village de Montignac. Depuis quelques

Véritable forêt de stalactites dans une grotte du Japon.

Observons le cheminement d'une goutte d'eau chargée de gaz et de cristaux de calcite. Quand la goutte d'eau arrive du plafond de la grotte, elle y reste suspendue quelque temps, immobile. Puis, le gaz s'évapore peu à peu et la goutte s'épaissit. À un certain moment, alourdie par son propre poids, la goutte finit donc par tomber, abandonnant les cristaux de calcite qu'elle traînait avec elle. Et les cristaux restent là, soudés au plafond de la grotte. C'est ainsi

> Voici un truc pour ne pas confondre les mots « stalactite » et « stalagmite ». Dans « stalactite », on entend le son « t » comme dans « tomber », et dans « stalagmite », on entend le son « m » comme dans « monter ».

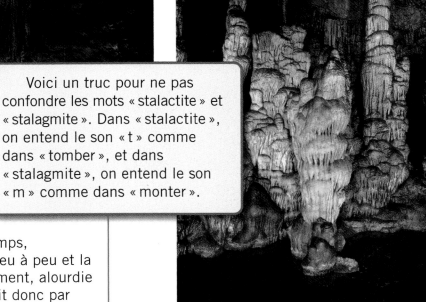

Stalagmites dans une grotte des îles grecques. La lumière orangée y est remarquable.

années, se trouvait là un trou profond laissé par un grand pin qui s'était déraciné au cours d'un orage. Les quatre jeunes décident de s'y aventurer… Ils sont d'abord très étonnés de découvrir à cet endroit une profonde galerie. Puis ils sont saisis d'admiration de voir, illustrés sur ces parois rocheuses, de grandes vaches rouges, des chevaux jaunes, des taureaux et des cerfs noirs… Bien sûr, l'annonce de cette découverte se répand comme une traînée de poudre.

Depuis ce temps, la grotte de Lascaux est considérée comme l'un des trésors de l'humanité. Au début des années 1960, plus de 1200 visiteurs s'y rendent chaque jour, mais on a vite constaté que le monoxyde de carbone dégagé par la respiration de tous ces visiteurs endommageait la calcite. Les autorités françaises ont alors décidé d'interdire la grotte au public afin de la préserver. On peut toutefois visiter une réplique de ce sanctuaire de nos très lointains ancêtres.

Les peintures préhistoriques de la grotte de Lascaux datent de 13 000 ans!

Il existe aussi de très belles grottes au Québec. Celle de Saint-Elzéar, en Gaspésie, se démarque par son âge, par la grandeur de ses salles, par la quantité et la variété de ses concrétions. Datant de plus de 230 000 ans, il s'agit sans doute de la plus vieille grotte du Québec.

L'entrée de la grotte de Saint-Elzéar, en Gaspésie.

Sésame, ouvre-toi!

«Sésame, ouvre-toi!» devait prononcer Ali Baba pour entrer dans sa célèbre caverne. Les cavernes du Québec n'ont cependant nul besoin de cette formule magique pour s'ouvrir et offrir leurs trésors à l'admiration du public, l'été venu.

À Montréal, les visiteurs peuvent découvrir les multiples paysages souterrains de la caverne de Saint-Léonard. Dans le comté de Portneuf, plus précisément à Saint-Casimir, le Trou du Diable est une des plus longues grottes de la province. Dans la région de Québec, la grotte de Boischatel, le plus long réseau souterrain québécois connu, offre un spectacle étonnant aux visiteurs, et cela depuis 1979. Dans Lanaudière, tout près de la ville de Crabtree, une visite au Trou de la Fée vaut le détour. Les formes uniques de ses 133 mètres de galeries en font un lieu d'initiation par excellence à la découverte et à la pratique de la spéléologie.

Les grottes et les cavernes nous révèlent la puissance de la nature. Les formidables paysages souterrains qu'ils nous livrent ne peuvent que nous arracher des soupirs d'admiration.

> La spéléologie est l'étude des grottes et des cavernes.

L'archéologie, une science à remonter dans le temps...

En faisant le ménage dans sa chambre, Valérie revoit passer les trois derniers mois... Elle commence par ranger les vêtements qu'elle a mis la veille pour une compétition de natation. Elle poursuit avec ceux qu'elle portait la semaine précédente quand elle s'est disputée avec sa mère. Peu à peu l'ordre se fait, les piles descendent et les souvenirs remontent. Tiens, voici la camisole de dentelle que la jeune fille a mise le mois dernier, un jour de canicule! Elle s'en souvient parce que, ce jour-là, son voisin l'a poussée dans la piscine... et s'était trouvé très drôle! Encore un peu de ménage et, de surprise en surprise, elle retrouve la fameuse chemise de nuit qu'elle cherche depuis... trois mois! Il faut dire que Valérie n'est pas très ordonnée.

Aujourd'hui, en ramassant son désordre, Valérie fait comme les archéologues : elle fait des fouilles. Sous les piles de vêtements se cache son histoire, qu'elle retrace minutieusement. Plus elle creuse, plus elle se rapproche de son passé.

C'est aussi ce que font les archéologues. Ils fouillent dans la terre avec de petites truelles à la recherche d'un tesson de bouteille, d'un bouton, d'un éclat de porcelaine... Tous ces objets du passé (appelés « artefacts ») témoignent qu'un jour, à cet endroit précis, des personnes ont mangé et dormi, chassé et mis au monde des petits. Ici, elles ont prié ; là, elles ont fêté, etc. Qui étaient ces personnes ? Comment vivaient-elles ? Rien ne peut nous le dire, sauf ces objets précieux qui, comme autant d'indices d'une énigme à déchiffrer, nous racontent leur histoire.

On époussette, on balaie, on note, on mesure...

Histoire et préhistoire

Ce qu'on appelle « l'histoire » des êtres humains commence avec l'écriture. Avant la découverte de l'écriture, on parle de « préhistoire », soit l'époque où l'on se racontait plutôt en paroles et en dessins. Ce qui se passait, on le disait, on le chantait, on le dansait, on le cousait sur les vêtements, on l'illustrait dans la trame d'un tapis, on le peignait sur les murs des grottes.

C'est pour retrouver cette histoire d'avant l'« histoire » que les archéologues, munis de leur outillage spécialisé, creusent le sol ou explorent le fond des mers.

C'est en effectuant des fouilles que des archéologues ont trouvé, par exemple, plusieurs modèles d'un même objet préhistorique à des endroits différents. Il s'agissait d'une sorte de bâton formé d'un os creux percé de petits trous. Sur l'os, des dessins étaient souvent gravés. On appelait « bâtons ornés » ces objets qui datent de l'âge de pierre, soit il y a 15 000 ans environ. On a longtemps ignoré à quoi ils servaient, jusqu'à ce qu'un archéologue élucide le mystère : c'était des flûtes ! Grâce à cette découverte, on sait maintenant que les êtres humains ont toujours eu le goût de la musique.

Les premiers vieux instruments de musique de l'Occident sont apparus il y a des milliers d'années. Ces deux flûtes ont été découvertes en France.

Une autre découverte nous a permis de savoir que nos lointains ancêtres pratiquaient aussi la danse. Dans une grotte, au fond d'une galerie, des empreintes de pas très particulières ont été découvertes dans l'argile durcie du sol. En observant de plus près ces empreintes disposées en cercle, on a compris qu'elles représentaient des pas de danse, où l'on appuyait, en alternance, le talon et la pointe du pied.

Ces découvertes sont émouvantes. Elles nous indiquent – par-delà le temps – à quel point le chant, la musique et la danse font partie de la nature humaine.

Les découvertes des archéologues nous révèlent encore beaucoup d'autres choses. Par exemple, on sait maintenant qu'au temps de la préhistoire, les femmes jouaient un rôle crucial dans le groupe, entre autres parce qu'elles faisaient la cueillette, mais aussi parce qu'elles tissaient les vêtements. Les hommes pêchaient et chassaient alors que les femmes cueillaient, filaient et tissaient. Pour affirmer cela, les archéologues ont examiné 80 empreintes laissées dans l'argile en République tchèque. Ils ont aussi trouvé de nombreuses statuettes de femmes dénudées datant de la même époque. Sur ces statuettes, que les archéologues nomment les « Vénus », étaient gravés des motifs semblables aux tissages découverts dans l'argile. Ces femmes n'étaient donc pas nues ? Que portaient-elles ? Des vêtements faits de fibres végétales tissées, pas tellement différents, en réalité, de ceux que nous fabriquons de nos jours.

Figurine en terre cuite de 45 000 avant notre ère découverte sur le site archéologique de Vinca en Serbie. Les incisions gravées représentent des vêtements et des parures. On peut penser qu'il y avait aussi des parures là où sont trouées les oreilles, les épaules et les genoux.

La garde-robe féminine de l'âge de pierre se composait de jupes, de bandeaux couvrant la poitrine, de coiffes, et de divers bracelets et colliers. Le goût de la mode prend donc ses origines d'aussi loin !

Profession : archéologue

Dégageant les objets du passé, couche par couche, les archéologues découvrent les traces de civilisations disparues. Le métier d'archéologue exige une grande diversité de talents, car libérer ces objets de la terre ou du fond des mers ne suffit pas, il faut aussi les analyser, les classer, etc.

Comme les travailleurs de la construction, les archéologues doivent pouvoir fournir des efforts physiques soutenus. Les fouilles se font souvent à quatre pattes, les mains dans la poussière... mais surtout, elles exigent de l'archéologue de soulever des seaux de terre, de

Archéologues à l'œuvre. Chaque parcelle de terre est quadrillée et fouillée avec soin.

manier la truelle, la pelle ou la pioche et, à l'occasion, de diriger des opérateurs de pelles mécaniques qui doivent faire preuve d'une délicatesse exceptionnelle. Cependant, aussitôt qu'un objet précieux apparaît, les archéologues s'apparentent plutôt aux bijoutiers : ils dégagent l'objet en le nettoyant au pinceau... le manipulant du bout des doigts. Comme les géographes, ils dessinent des plans et des cartes pour représenter le terrain de fouilles avec exactitude. Et comme les historiens, ils s'occupent à reconstruire le fil des événements passés.

Ce sont également des scientifiques, car ils analysent les objets trouvés pour en connaître les usages, ils les datent en notant avec précision leurs couleurs et leur composition, ainsi que les éléments de la nature qui les entourent (feuilles d'arbres ou traces de pollen, par exemple). L'archéologue a aussi pour tâche de consigner toutes ces données dans des catalogues, de dessiner des coupes de terrain, de mesurer les altitudes et, enfin, de travailler dans des laboratoires et d'utiliser des ordinateurs. Chimie, physique, biologie, botanique, zoologie, géographie, géologie, histoire, informatique : toutes ces disciplines se combinent en archéologie.

Inutile de préciser que l'archéologue doit avoir une solide formation universitaire et aimer travailler en équipe. L'archéologie est une science de l'avenir, même si l'on y scrute le passé, car les outils des archéologues reposent sur des technologies scientifiques et informatiques extrêmement poussées.

Heureusement que Valérie s'est décidée à faire son ménage. Sinon, elle aurait dû faire appel à « l'escouade de la haute technologie archéologique » pour dater ses trouvailles et retrouver son passé !

Les fouilles ici : témoins de notre passé

L'archéologie est une discipline scientifique. Celui qui pratique cette discipline fouille le sol à la recherche d'objets cachés ou abandonnés. Tel un détective, l'archéologue suit les gens à la trace. Pourtant, les personnes qu'il cherche sont à jamais disparues. Et cela parfois depuis fort longtemps.

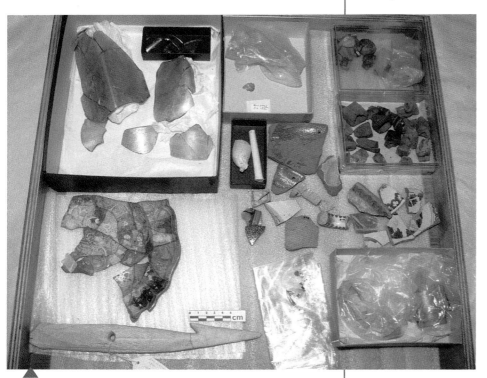

Ces artefacts ont été découverts lors de fouilles archéologiques. On y trouve des objets qui datent de la période historique (depuis que l'on connaît l'écriture) ainsi que des objets amérindiens.

Les autochtones

Il y a environ 500 ans, les Européens arrivent en Amérique et rencontrent des populations d'autochtones, c'est-à-dire des gens qui sont nés ici et dont les ancêtres sont morts ici. Ces gens parlent plusieurs langues différentes, regroupées en deux grandes familles : les langues iroquoiennes et les langues algonquiennes.

Les Iroquoiens

Parmi les nations de langues iroquoiennes, il y a les Hurons et les Iroquois. Ces nations étaient sédentaires, c'est-à-dire qu'elles s'établissaient dans un lieu et y restaient longtemps. On a retrouvé des traces de leurs villages. Grâce à elles, on peut affirmer qu'autour de leurs villages se dressait une palissade qui servait de protection. On trouve parfois des morceaux de pieux enfoncés dans le sol, disposés en cercle, et des vestiges de leurs maisons, qui étaient très grandes mais surtout très longues. Les archéologues ont retrouvé des foyers en pierre dans les restes de ces maisons longues. Ils en ont déduit qu'une maison devait abriter plusieurs familles, chacune ayant son foyer.

En continuant de fouiller le sol, nos détectives du passé ont trouvé des épis de maïs presque intacts, ce qui prouve que ces Amérindiens pratiquaient l'agriculture. Les premiers Européens arrivés sur le territoire ne connaissaient pas le maïs. Ils ont découvert plusieurs produits de la terre qui, aujourd'hui, sont connus dans le monde entier, comme les courges, les pommes de terre, les haricots et, bien sûr, le tabac.

En 1932, un chercheur a fait la découverte des restes d'un village iroquoien sur la rive nord du fleuve Saint-Laurent, plus précisément à Lanoraie, dans la région de Lanaudière. Et tout récemment, en Montérégie, près de

Fourneau de pipe en terre cuite, 1000 à 1600 de notre ère.

Huntingdon, un autre chercheur a déterré des objets dans un site occupé au cours de la préhistoire : le site Droulers. Parmi les objets que ces chercheurs ont retirés du sol, il y avait des morceaux de plats en argile garnis de motifs décoratifs. Il nous est dès lors possible d'imaginer une mère iroquoise préparant un met à base de maïs...

Vase découvert lors des fouilles au site archéologique de Pointe-du-Buisson, au Québec.

Les Algonquiens

Parmi les nations de langues algonquiennes, il y a les Micmacs, les Abénaquis, les Algonquins, les Attikameks, les Innus (ou Montagnais), et plusieurs autres nations. Ces peuples étaient nomades, c'est-à-dire qu'ils se déplaçaient selon les saisons et le gibier. Ils habitaient donc de petits campements légers. Pour se nourrir, ils devaient pêcher, chasser et cueillir des fruits. Plusieurs nations algonquiennes parcouraient les vastes territoires situés au nord du fleuve Saint-Laurent et de la rivière Outaouais. Les Micmacs et les Abénaquis occupaient plutôt ce qu'on appelle aujourd'hui la Gaspésie et les provinces de l'Atlantique.

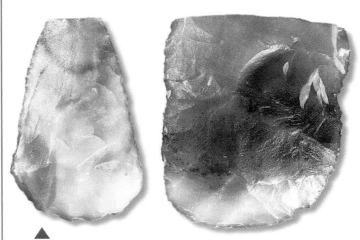

Grattoirs trouvés au lac Mékinac.

Au Nouveau-Brunswick, près de la rivière Miramichi, on a relevé les traces d'un très ancien village de pêcheurs qui fut le lieu de résidence d'ancêtres micmacs il y a 3000 ans ! En 1972, un Micmac s'est rappelé les randonnées en forêt qu'il faisait avec son père quand il était enfant. Souvent, son père lui montrait un petit monticule de terre en lui disant : « Voilà un endroit sacré ». Devenu grand, ce garçon a montré le monticule à des archéologues. En creusant la terre à cet endroit, ils ont découvert un ancien cimetière. Des gens avaient certainement habité ce site puisqu'ils y avaient enterré leurs morts. Les chercheurs ont poursuivi leurs fouilles et ils ont déniché des pointes de flèches, des racloirs, des couteaux et des haches, tous en pierre taillée à la main. Des milliers de débris de pots de cuisson en argile et de pierres brûlées au feu y étaient aussi ensevelis. Parfois, au fond de l'un de ces récipients préhistoriques, des aliments étaient restés collés... Ce qui prouve, sans doute, que même les « cuisiniers de la préhistoire » pouvaient être distraits !

Ces petits miroirs étaient offerts aux autochtones en échange de fourrures.

1000 ans... Dans le sous-sol du musée, on peut voir le lit de la rivière Saint-Pierre qui se jetait jadis dans le fleuve et observer les vestiges du premier cimetière de Montréal, dont l'origine remonte à 1642. Français et Amérindiens y étaient alors enterrés ensemble.

Pointes de projectiles en pierre.

Le « très Vieux-Montréal »

Dans le Vieux-Montréal, se trouve l'endroit exact où la ville est née. Il s'agit d'une petite pointe de terre, entre le fleuve Saint-Laurent et une rivière maintenant asséchée, la rivière Saint-Pierre. C'est là que le premier bateau a accosté, que la première messe a été célébrée, que les premiers échanges avec les Amérindiens ont eu lieu. C'est également sur ce terrain que le troisième gouverneur français de Montréal, le chevalier de Callière, a fait construire sa demeure.

Au printemps 1992, toujours sur le même terrain, un musée d'archéologie a été inauguré, que l'on a baptisé « Pointe-à-Callière ». Le musée a été construit à l'emplacement même où la terre recèle des objets datant de plus de

Vestiges du premier cimetière catholique.

Des fouilles pleines de surprises

Transportons-nous maintenant dans la ville de Québec, en 1991. Une équipe d'archéologues fouille la cour du Petit Séminaire. Ils feront certainement des trouvailles, car ce terrain a d'abord servi à Louis Hébert, le premier colon arrivé en Nouvelle-France en 1617. Louis Hébert y avait construit sa ferme, sur le promontoire de la falaise, tandis que les marchands s'étaient installés en bas du cap, près du port, autour de la place Royale.

Près de 400 ans plus tard, nos archéologues creusent la terre avec leur truelle et, bientôt, leurs efforts sont récompensés : Louis Hébert, sa fille Guillemette et le mari de celle-ci, Guillaume Couillard, ont laissé sur ce site plusieurs objets (des « artefacts », comme on dit dans le métier). Parmi ces artefacts, il y a des morceaux de vaisselle. On découvre aussi des ossements d'animaux, sans doute cuisinés pour les repas de cette famille depuis longtemps disparue.

Ensuite, un archéologue y trouve des graines de jusquiame noire, une plante reconnue pour ses propriétés médicinales. Cela n'est pas surprenant puisque Louis Hébert était aussi apothicaire, une sorte de pharmacien utilisant des plantes et des graines pour fabriquer des pommades, des crèmes, des sirops et des tisanes. Ces graines de jusquiame ont sans doute été manipulées par l'apothicaire Louis Hébert, qui en aura laissé quelques-unes s'échapper de ses précieux pots !

Les fouilles continuent, et les chercheurs ont bientôt la preuve qu'avant Louis Hébert, des Amérindiens ont vécu dans ce lieu, car ils découvrent des pointes de projectiles, des perles de verre, des pièces de monnaie et différents objets qui servaient au commerce entre les Blancs et les Amérindiens.

En 1666, soit 50 ans après l'arrivée de Louis Hébert en Nouvelle-France, sa famille vend la propriété du haut du cap à monseigneur de Laval. Ce dernier démolit les bâtiments de la ferme pour construire le Petit Séminaire. Parmi les artefacts trouvés par les archéologues, il y a des tuiles d'ardoise qui ont servi à construire le toit de l'école et des billes que des jeunes séminaristes ont sans doute perdues en jouant dans la cour... il y a de cela plus de 300 ans !

Jeune science et vieux territoire

L'archéologie est une jeune science au Québec. Le territoire à fouiller est pourtant immense : presque aussi grand que l'Europe. On connaît des milliers de sites archéologiques québécois. Et grâce aux fouilles, on sait maintenant que ce territoire est occupé depuis environ 10 000 ans ! Ce ne sont donc pas les projets qui manquent pour l'archéologie québécoise.

Fragments de poterie.

Les fossiles, des secrets cachés dans la pierre...

Il suffit parfois de casser de simples roches pour découvrir l'empreinte d'un animal ou d'une plante. Comme un coffre au trésor, la pierre a soigneusement préservé le souvenir d'un moustique, d'un lézard, d'une tortue ou d'une fougère dont l'origine remonte souvent à... des millions d'années! Comment ces êtres vivants se sont-ils ainsi retrouvés emprisonnés dans la pierre?

Une histoire de fossiles

Secoué par une violente tempête, un poisson trouve refuge au fond de l'eau. Brusquement, il se trouve enseveli sous un amoncellement de sable, de terre et d'argile. Ces matières, de plus en plus lourdes à mesure qu'elles s'empilent, écrasent le corps du poisson. D'autres particules s'ajoutent aux premières et finissent par exercer une pression si forte que, peu à peu, les couches de débris accumulés durcissent et se transforment en roches, emprisonnant le corps du poisson mort. Les parties molles de l'animal emprisonné, comme la peau, les muscles et les organes internes, disparaissent les premières, ne laissant aucune trace. Quant aux parties dures, comme les écailles et les os, elles demeurent beaucoup plus longtemps en place. Si longtemps... qu'elles s'impriment dans la roche, et cela de façon extrêmement précise. Nous avons alors un fossile.

Voilà une description bien simple d'un phénomène complexe qui peut prendre des millions d'années et qui se produit seulement dans des conditions très particulières. En fait, très peu d'animaux ou de végétaux sont appelés à devenir des fossiles.

Qu'est-ce qu'un fossile?

Les fossiles sont des empreintes ou des restes très anciens d'animaux ou de plantes, conservés le plus souvent dans des roches

Ce fossile est un vestige du premier arbre à avoir fait son apparition sur notre planète, l'*Archæoptoris*.

sédimentaires. C'est habituellement au fond des mers et des lacs que les sédiments sont transportés, puis déposés par couches pour finalement former les roches sédimentaires. Voilà qui explique pourquoi plusieurs fossiles proviennent d'espèces aquatiques.

Lorsqu'un organisme vivant meurt, sa décomposition débute aussitôt. Il y a peu de chances alors qu'il se conserve bien longtemps! Par contre, si cet organisme se fait rapidement enterrer sous une couche de sédiments, comme de la vase, sa décomposition se trouve ralentie, car il n'est plus en contact avec l'air. C'est à ce moment que commence le lent processus de

Ces magnifiques fossiles marins datent de 500 millions d'années !

fossilisation. Parfois, les restes de l'organisme ne laisseront leur empreinte que dans la roche qui se forme autour d'eux. D'autres fois, ces restes deviennent eux-mêmes des roches, une substance minérale ayant peu à peu remplacé chacune des molécules qui les constituaient.

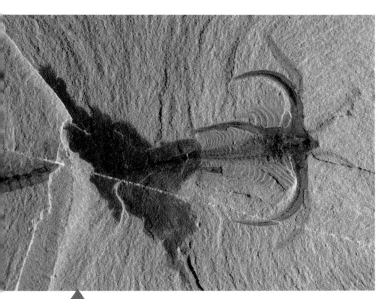

C'est tout ce qui nous reste du passage sur la Terre du «crabe aux dentelles» ou, de son nom scientifique, *Marrella splendens*.

Les paléontologues sont des spécialistes des fossiles. Ils trouvent dans la pierre non seulement des empreintes de poissons, de scorpions marins, de termites, de coraux,

d'algues et de fougères, mais aussi des empreintes d'œufs et d'excréments ! Quelquefois, ils parviennent même à déterminer de quoi se composait le dernier repas de certains animaux… Des experts ont même découvert des ossements complets de dinosaures fossilisés.

Reconstruction de l'œuf et de l'embryon d'un hypacrosaure découvert dans le sud de l'Alberta.

Les traces de certaines formes de vie ont donc miraculeusement résisté à la destruction. Aujourd'hui, elles semblent parfaitement intactes. C'est ce qui permet de savoir exactement comment la vie se déroulait dans ces époques lointaines.

Dents de tyrannosaure trouvées en Saskatchewan. La plus longue mesure 30 cm.

Des énigmes résolues

L'étude des fossiles, la paléontologie, nous fait découvrir l'histoire de la vie sur Terre. Elle nous apprend que celle-ci a commencé il y a environ 3500 millions d'années... La paléontologie nous fournit des indices sur l'évolution de notre planète. Au Québec, par exemple, les scientifiques ont remarqué que certains fossiles trouvés à Miguasha, en Gaspésie, étaient identiques à d'autres fossiles découverts... en Europe. Comment ces animaux auraient-ils pu franchir une aussi grande distance, séparée par l'océan Atlantique ? Cette découverte et plusieurs autres ont permis de comprendre qu'un jour, il y a de cela très, très longtemps, le Québec côtoyait l'Europe. Il n'y avait alors qu'un seul continent, qu'on désigne aujourd'hui sous le nom de « Pangée »...

Le « prince de Miguasha »

La Gaspésie est un des lieux les plus riches de la Terre pour ce qui est des fossiles. On y trouve, par exemple, le fossile d'un poisson célèbre sur toute la planète, car même s'il a des écailles et une queue de poisson, ses quatre nageoires sont en train de devenir... quatre pieds ! Cet animal s'apprêtait donc à sortir de l'eau et à marcher sur la terre ferme ! Dans l'histoire du monde, ce sont ses très lointains descendants qui, les premiers, allaient accomplir cet exploit. Ce fossile, appelé le « prince de Miguasha », représente le chaînon entre les animaux marins et les animaux terrestres.

En 1925, un Gaspésien découvrait par hasard le premier de ces fossiles. Cette année-là, on a enfin sorti le prince de Miguasha de la pierre dans laquelle il avait séjourné, à la noirceur, pendant environ 370 millions d'années... Les chercheurs, les passants, les pêcheurs et les étudiants ont ensuite fouillé les falaises gaspésiennes, à tel point qu'ils ont fini par trouver plus de 2000 spécimens semblables enfouis au creux des roches. Il s'agit d'un phénomène unique au monde. Ce lieu est devenu précieux pour toute l'humanité, car il dévoile quelques-uns des mystérieux chemins que la vie a empruntés pour se développer...

Miguasha vient d'un mot d'origine amérindienne, *megoasag*, qui signifie « falaises rouges ». Ce fossile des falaises rouges ou prince de Miguasha a également un nom scientifique : *Eusthenopteron foordi*. Il a même eu l'honneur de figurer sur un timbre canadien.

D'autres révélations

Grâce aux fossiles, on sait par exemple que les lézards n'ont pas changé depuis plus de 200 millions d'années ! On sait aussi que les formes de la vie sont multiples, qu'elles ont évolué au fil du temps et que, sur la Terre, les continents n'ont pas toujours occupé la place qu'ils occupent aujourd'hui.

Les fossiles nous racontent l'histoire d'un monde en mouvement. Mais surtout, ils permettent d'élucider certaines des plus grandes énigmes de notre planète...

Le prince de Miguasha, découvert en Gaspésie, est un des fossiles les plus célèbres au monde.

La Terre, une planète rocheuse

Savais-tu que la croûte terrestre, c'est-à-dire la partie de la Terre sur laquelle nous vivons, est constituée de roches ? Si tu regardes une roche de très près, tu verras qu'elle se compose d'une multitude de petits fragments de différentes couleurs ; il s'agit de minéraux. On compte environ 3000 minéraux sur la Terre. Ce sont ces minéraux qui donnent aux roches leurs caractéristiques : leur forme, leur éclat, leur texture, leur dureté, etc.

Les types de roches

Il existe une très grande variété de roches sur la Terre. Les géologues, les spécialistes qui étudient les roches, les ont classifiées d'après la manière dont elles se sont formées. On compte donc trois catégories de roches : les roches ignées, les roches sédimentaires et les roches métamorphiques.

Les roches ignées

Il règne une chaleur tellement intense au centre de la Terre qu'elle fait fondre les roches, créant ainsi le magma. Il arrive que ce magma remonte vers la surface de la Terre, où il refroidit et durcit. C'est ce qui donne les roches que l'on appelle « ignées » (du latin *ignis*, qui veut dire « feu »). Ces roches sont les plus anciennes de notre planète.

On compte deux types de roches ignées selon l'endroit où elles se sont formées. On les nomme « intrusives » lorsqu'elles se refroidissent lentement à l'intérieur de la croûte terrestre. Le granite est une roche ignée intrusive. On les appelle « extrusives »

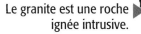
Le granite est une roche ignée intrusive.

Le basalte est une roche ignée extrusive.

lorsqu'elles se refroidissent rapidement au contact de l'air ou de l'eau. C'est ce qui se produit, par exemple, quand un volcan entre en éruption. Le basalte est une roche ignée extrusive.

Colonnes de basalte en Namibie.

Les roches ignées sont très dures et très résistantes. Voilà pourquoi on utilise du granite pour la construction d'édifices, ou encore, une fois concassé, pour le revêtement des routes. Quant au basalte, il est employé dans la construction des voies ferrées et dans la fabrication de l'asphalte.

Les roches sédimentaires

Les roches sédimentaires sont faites de débris de roches et de restes de végétaux et d'animaux. Ces débris, que l'on appelle « sédiments », se sont accumulés au fond des lacs, des mers ou à la surface de la Terre. Pendant des millions d'années, ces sédiments se sont empilés en couches successives ou « strates ». Ce sont ces strates qui forment les roches sédimentaires.

Il existe une grande variété de roches sédimentaires selon leur origine. Ainsi, le grès, le sable et l'argile sont faits de débris de roches. Quant au sel – eh oui ! le sel qu'on utilise dans nos aliments ! – et au gypse, ils proviennent de l'évaporation de l'eau de mer. D'autres roches sédimentaires sont formées de restes d'animaux ou de végétaux. Par exemple, le calcaire et la craie viennent de squelettes d'animaux marins.

Le grès sert à fabriquer des pierres, du plâtre et de la vaisselle. Avec l'argile, on confectionne des briques, des accessoires de cuisine et de salle de bains (éviers, baignoires, etc.). Les blocs de calcaire sont employés dans la construction des routes, et le calcaire concassé, dans la fabrication du ciment. Le sable sert à fabriquer du verre (vitre, vaisselle) et des produits abrasifs (papier d'émeri ou lime à ongles). Quant au sel, rappelons-le, il permet de relever le goût des aliments.

Le calcaire est une roche sédimentaire.

Le grès est une roche sédimentaire.

Vue du Grand Canyon aux États-Unis. Les couches de roches sédimentaires y sont évidentes.

Les roches métamorphiques

Les roches métamorphiques viennent de roches ignées et de roches sédimentaires qui se sont transformées. Le mot « métamorphique » signifie d'ailleurs « changement de forme ».

Il arrive que certaines roches ignées et sédimentaires s'enfoncent dans les profondeurs de la Terre. Là, soumises à de grandes pressions et à des chaleurs extrêmes, elles se transforment en roches métamorphiques : elles changent d'apparence. C'est ce qui peut arriver au calcaire qui devient alors du marbre, ou à l'argile, qui se métamorphose plutôt en ardoise.

Carrière de marbre de la Toscane, en Italie.

Le marbre est une roche métamorphique.

L'ardoise est une roche métamorphique.

Les roches métamorphiques ont de multiples usages. Jadis, les toits des maisons et les tableaux dans les classes étaient faits d'ardoise. Le marbre est utilisé encore aujourd'hui dans la construction d'édifices et de monuments. Le graphite entre dans la fabrication des mines de crayons, des piles et… des écrans d'ordinateurs. Pour ce qui est du talc, on s'en sert principalement pour protéger la peau des bébés !

Il y en a partout !

On trouve des roches partout sur la Terre, mais on en trouve aussi en son centre ainsi qu'au fond des mers. Par la variété de leurs formes, de leurs couleurs et de leurs textures, les roches nous fascinent et nous intriguent… Leur étude nous aide à comprendre la nature même de cette merveilleuse planète sur laquelle nous vivons.

Les combustibles fossiles : de l'énergie enfouie dans le sol

L'énergie sert à faire fonctionner à peu près tout ce qui existe autour de nous. Sans énergie, nous ne pourrions, en effet, ni chauffer nos maisons, ni regarder la télévision, ni cuire les aliments, ni même nous déplacer en automobile.

Une grande partie de l'énergie que nous utilisons provient du centre de la Terre, sous la forme de charbon, de pétrole ou de gaz naturel. Ce sont des combustibles fossiles. Nous les extrayons du sol et nous les brûlons pour en tirer l'énergie qu'ils contiennent. Voilà pourquoi on les appelle des « combustibles » (du mot latin *comburere*, qui signifie « brûler »). Pourquoi « fossiles » ? Parce qu'ils ont été formés à partir de végétaux terrestres et d'organismes marins qui, tels les fossiles, étaient présents sur la Terre il y a plusieurs millions d'années.

Mais comment se sont formés ces combustibles ? Comment s'y prend-on pour les extraire du sol ? À quoi servent-ils ?

Le charbon

Il y a 360 millions d'années, les végétaux terrestres étaient très abondants sur notre planète, alors en grande partie recouverte de grands marécages. Les plantes prospéraient en emmagasinant l'énergie fournie par le Soleil. Lorsque les plantes ou les arbres de ces marécages mouraient, leurs débris étaient enfouis dans la boue, par couches successives, avant même qu'ils aient eu le temps de se décomposer.

Sous le poids qu'ils subissaient, les végétaux morts ont formé une substance brune qui ressemble à des céréales de blé en filaments : la « tourbe ». Au fur et à mesure que la tourbe s'enfonçait dans le sol, elle se transformait en une sorte de charbon brun, très cassant, appelé « lignite ». Celui-ci s'est à son tour métamorphosé en une substance noire et brillante : la « houille ». Sous l'effet de la pression et de la chaleur de plus en plus grandes dans les profondeurs de la Terre, la houille s'est transformée en un charbon noir et très dur, nommé « anthracite ». Cette transformation s'est échelonnée sur… plusieurs millions d'années.

Le charbon enfoui sous terre forme des couches minces, qu'on appelle « veines ». À cause des mouvements de la croûte terrestre, quelques veines de charbon sont remontées à la surface du sol, où elles peuvent facilement être exploitées. Mais la plupart sont enfouies si profondément qu'on doit faire exploser les roches et creuser d'énormes puits et d'immenses galeries pour les atteindre. De nos jours, des ascenseurs conduisent les mineurs jusqu'aux galeries des mines, là où ils travaillent. Des foreuses sont utilisées pour extraire le charbon, qui est ensuite ramené à la surface à l'aide de convoyeurs.

Le charbon a été le premier combustible fossile à être exploité. Cela remonte au 19e siècle. On le brûlait alors pour créer de la vapeur d'eau

végétaux de marécage

tourbe

lignite

charbon (houille)

anthracite

Le pétrole

Il y a environ 300 millions d'années, des mers peu profondes couvraient une grande partie de la Terre. Dans ces eaux vivaient des algues, du plancton et des animaux. En mourant, les animaux et les végétaux marins se sont déposés au fond des mers. Peu à peu, ils ont ainsi formé un tapis de sédiments (ou de débris) de plus en plus épais. Au fur et à mesure que d'autres organismes continuaient de se déposer, les couches au-dessous s'enfonçaient davantage… jusqu'à plusieurs kilomètres sous le sable et la boue. Sous

qui faisait fonctionner les locomotives des trains, les hélices des bateaux, certaines machines dans les usines, etc. Aujourd'hui, le charbon sert principalement à fabriquer de l'électricité dans les centrales thermiques. De plus, de nombreux produits dont nous nous servons tous les jours sont faits à partir de ce combustible : médicaments, colorants, encre, cirage, détergents, savons, parfums, engrais, insecticides, nylon, plastique, etc.

Selon les experts, les réserves de charbon de notre planète devraient suffire pour encore 200 à 300 ans…

l'action de la chaleur et de la pression, très intenses à ces profondeurs, des réactions chimiques se sont produites qui ont transformé les sédiments en pétrole ou en gaz naturel. Ce processus a duré des millions d'années.

Pour que le pétrole puisse s'accumuler dans cette espèce de réservoir situé sous terre, d'autres phénomènes doivent se manifester. Ainsi, comme le pétrole est plus léger que l'eau, les gouttelettes ont tendance à remonter vers la surface de la Terre. Si rien ne les arrête, elles vont s'échapper et s'évaporer. Mais si, au cours de leur remontée, elles rencontrent une couche de roche imperméable, elles vont rester prisonnières sous cette roche et former une nappe ou un réservoir de pétrole. Quelques millions d'années plus tard, c'est à cet endroit précis que des êtres humains risquent de découvrir son existence.

Pour trouver du pétrole, on doit d'abord se demander quelles régions étaient autrefois recouvertes par des mers. Il peut s'agir d'une mer actuelle, mais aussi d'une vallée ou d'un

▲ Puits de forage en mer.

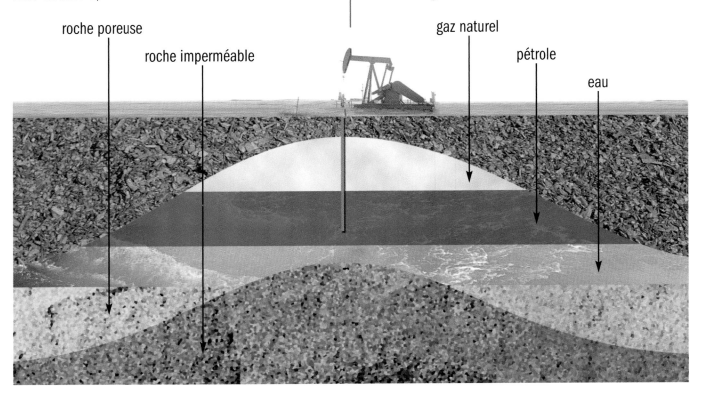

roche poreuse

roche imperméable

gaz naturel

pétrole

eau

désert autrefois inondés. Ensuite, il faut creuser et faire descendre des capteurs dans les trous pour détecter la présence de pétrole. Quand on a enfin trouvé le pétrole, il faut décider de la manière la plus simple de l'extraire. C'est alors que commence le forage des puits. Si la nappe de pétrole se situe sous la mer, on installe une plate-forme flottante à partir de laquelle le travail de pompage peut se réaliser. Le pétrole sera pompé, puis transporté par bateaux, des pétroliers, ou encore par oléoducs. Les oléoducs sont de longs tuyaux qui amènent le pétrole jusqu'aux raffineries ou encore jusqu'au port où il sera chargé sur un pétrolier. Ces oléoducs peuvent mesurer des centaines de kilomètres. Une fois rendu à la raffinerie, le pétrole sera traité et transformé.

L'industrie pétrolière moderne est née au 19e siècle, aux États-Unis. Aujourd'hui, pour faire fonctionner les automobiles, nous utilisons de l'essence, qui provient du pétrole. Ce combustible est aussi employé pour fabriquer de la cire et de la paraffine (bougies, cartons imperméables, vernis), du carburant pour les moteurs diesels et les réacteurs d'avions, des revêtements de routes, des pneus, des détergents, de la peinture, des plastiques, des tissus, etc.

Selon les calculs actuels des spécialistes, les réserves de pétrole de la Terre dureront entre 40 et 135 ans…

Le gaz naturel

Comme le pétrole, le gaz naturel s'est formé à partir de débris de plantes et d'animaux marins qui se sont accumulés au fond de mers il y a des millions d'années. Le gaz a tout simplement été obtenu à une température différente de celle qui a formé le pétrole au cours du long processus d'enfouissement. Souvent, les poches de gaz se trouvent au-dessus des nappes de pétrole, car elles sont moins denses. Par conséquent, on trouve du gaz naturel presque partout où on trouve du pétrole.

Des gazoducs faisant plusieurs milliers de kilomètres acheminent le gaz naturel.
▼

Le gaz naturel est puisé dans le sol et transporté ensuite dans des gazoducs, c'est-à-dire de longs tuyaux qui amènent le combustible jusqu'à des postes de livraison. C'est là qu'on lui ajoute un produit dont l'odeur rappelle celle des œufs pourris. Ainsi, s'il y a une fuite de gaz, on s'en rend vite compte. Une partie du gaz est alors stockée dans des réserves souterraines en prévision des mois d'hiver, où la demande est plus forte. L'autre partie est acheminée par des conduites souterraines jusqu'aux maisons, où il est utilisé.

Ce n'est pas d'hier qu'on connaît l'existence du gaz naturel. En effet, au 10e siècle de notre ère, les Chinois amenaient le gaz jusqu'à leurs maisons à l'aide de tuyaux en bambou afin de se chauffer et de cuire leurs aliments. De nos jours, le gaz naturel continue de fournir l'énergie nécessaire à la cuisson des aliments et au chauffage. Il entre aussi dans la fabrication d'engrais, de plastiques et de produits chimiques.

Nos réserves de gaz naturel devraient être disponibles pour une période variant de 65 à 230 ans…

Les énergies de l'avenir

Les combustibles fossiles nous rendent de nombreux services… mais à quel prix ! D'abord, en quelques siècles, nous aurons épuisé ce qui a mis des millions d'années à se former ! De plus, la combustion du charbon et du pétrole constitue une menace pour toutes les formes de vie sur notre planète. En effet, lorsqu'ils brûlent, ces combustibles libèrent des gaz dangereux pour la santé. Ces gaz irritent les poumons. Ils contribuent également à la formation des pluies acides et à ce que les spécialistes appellent « l'effet de serre », ce phénomène qui contribue au réchauffement de notre planète. Seul le gaz naturel ne produit pas autant de polluants.

Pour apporter des solutions à ces problèmes, des chercheurs travaillent au développement d'énergies renouvelables et non polluantes. Ils exploitent, par exemple, l'énergie du vent, de l'eau et du Soleil pour produire de l'électricité. Souhaitons que les résultats de leurs recherches ne se fassent pas trop attendre…

« Champ » d'éoliennes… L'énergie du futur ?

Dossier ⑤

Entre ciel et terre

LA LUNE ET LE SOLEIL

TEXTE 1

La lune se couchait

La lune se couchait, pâle,
Sur son édredon d'étoiles.
Le jour riait dans sa barbe
D'herbe longue et de rhubarbe.

Son balai d'or à la main,
Le soleil lavait le monde
À grande eau dans le matin.
La terre rêvait dans l'ombre.

Pas une personne encor
Ne se montrait au-dehors.
Des volets s'ouvraient sans bruit.

Et, seule, une tourterelle
Encore engourdie de nuit
Faisait roucouler le ciel.

Maurice CARÊME
Tiré de *Au clair de la lune*, Paris, Le livre de poche
Jeunesse, coll. « Fleurs d'encre », 1993,
© Fondation Maurice Carême.

TEXTE 2

Soir d'été

Soir d'été,
Rien ne bouge,
Le ciel rouge,
Est posé
Sur le toit
Des maisons.
Et je vois,
Une à une,
S'allumer
Les étoiles ;
Et la lune
Se lever
De la ligne
Que dessine
L'horizon.

George JEAN
Tiré de *Écrit sur la page*, Paris,
Éditions Gallimard, 1992.

TEXTE 3

telle était la lune
dans le coffre arrière
de l'univers
ficelée avec des rayons
de soleil

Guy MARCHAMPS
Tiré de *Sédiments de l'amnésie*,
Noroît, 1988.

TEXTE 4

La lune et le soleil

1.

La lune est une orange
Sur un bel oranger,
Une orange qu'un ange
Chaque nuit vient manger,

Une orange qui change,
Qui bientôt, c'est étrange,
N'est plus que la moitié

D'une orange qu'un ange
Sans pitié mange, mange

Jusqu'au dernier quartier.

2.

Le soleil, quant à lui,
Même quand il nous cuit,
Le soleil est un fruit :
C'est un gros pamplemousse
Qui tombe avec la nuit,
Qui tombe sur la mousse,
À ce que j'en déduis,
Puisqu'il tombe sans bruit.

Le soleil est un fruit
Qui pousse et qui repousse ;
Le soleil est un fruit,
Même quand il nous fuit ;
Le soleil est un fruit
Qui montre sa frimousse
De bon soleil qui luit
Dès le premier cui-cui.

Jean-Luc MOREAU
Tiré de *Poèmes de la souris verte*, Paris, Éditions
Hachette, coll. « Fleurs d'encre », 1992.

LA LUNE

TEXTE 5

```
L U N E
L U N E
L U N E
L U N E
L U N E
       U

  L U N E
      U

     U

  L   N E



  D


L     N E
```

Jacques CHARPENTREAU
Tiré de *Le livre des amusettes*, Paris,
© Petite enfance heureuse,
Les Éditions ouvrières, 1987.

TEXTE 6

La Lune du cosmonaute

Allô! Alunissage O.K.
J'ai le pied dans un cratère.
Tu m'entends, Cap Canaveral ?
Dites au Président
Que la Lune, c'est nul !
Tant de dollars gâchés
pour un tas de poussière…

Vivement mon jardin,
et regarder là-haut
par-dessus les toits gris
la vraie Lune à mystère,
la Lune de Miss Terre.

Yves HEURTÉ
Tiré de *Chocolats chauds et autres poèmes à savourer*,
Toulouse, Éditions Milan, 2001.

Berceuse

La lune qui se lève
A chanté tout là-haut,
A chanté comme en rêve
    Do l'enfant do

Sur terre est un berceau :
Une mère se lève
Qui chante à petits mots :
    Do l'enfant do

« La lune qui se lève
Entre dans la maison.
Mais peut-être est-ce un rêve
Et non pas un rayon ?

Ô lune, mon cœur tremble
Quand mes yeux entrevoient
Ton regard un peu froid
Qui tourne dans la chambre. »

Pierre MENANTEAU
Tiré de *Au rendez-vous de l'arc-en-ciel*,
Les Éditions ouvrières, coll. Enfance heureuse,
1981.

Catimini

En catimini
mes mille soleils
se lèvent la nuit.

Que viennent-ils faire
mes jolis soleils
en catimini ?

Taquiner mes mains
allumer mes lèvres
faire des poèmes
comme celui-ci.

En catimini
en catiminuit.

Yves HEURTÉ
Tiré de *Chocolats chauds et autres poèmes
à savourer*, Toulouse, Éditions Milan, 2001.

Pleine lune –
L'enfant aurait-il lancé
son ballon trop haut ?

Jocelyne VILLENEUVE
Tiré de *Haïku et francophonie canadienne*,
Les Éditions David, 2000.

LE SOLEIL

TEXTE 10
Étrange capture

Du côté du pôle arctique
On a remué le champ de neige
À perte de vue désirant prendre au piège le soleil

On a tendu des filets de givre
Roulé des blocs de glace indigo
Brassé des millénaires de neige vierge
Tout un appareillage de fin du monde

À l'heure du couchant
Avant qu'il ne bascule
Derrière l'horizon neigeux
Le soleil fut appréhendé
Au plus vif du cercle polaire
Mis en cage dans un glacier transparent

Longtemps on a pu voir son cœur jaune
Battre à travers le gel
Émettre d'étranges rayons froids
Comme une lune maléfique
Dans la nuit noire
Tandis que tout un peuple transi
Suppliait l'inhumaine boule safran
De quitter sur-le-champ la carte du monde.

Anne HÉBERT
Tiré de *Œuvre poétique 1950-1990*, Montréal, Boréal, 1992.

TEXTE 11
Magie

Merveille!
Le Soleil
Est tombé dans l'eau.

Mer veille
Le Soleil
Dans la nuit de l'eau.

Merveille!
Le Soleil
Est sorti de l'eau.

Mer veille.
Elle éveille
Des vagues d'oiseaux

Qui hèlent,
À fleur d'ailes,
L'aurore nouvelle.

Pierre CORAN
Tiré de *Inimaginaire*, Bruxelles, Éditions Labor, 2000.

TEXTE 12

J'ai touché
    l'eau,
        disait
          le
           soleil
          levant,
          je vais
          mieux.

Eugène GUILLEVIC
Tiré de *Échos*, Paris, Éditions Gallimard, 1991.

TEXTE 13

les ombres grandissent
avant de mourir
le soleil se couche

Gordan ŠKILJEVIĆ
Tiré de *Haïku et francophonie canadienne*, Les Éditions David, 2000.

TEXTE 14

JE SUIS AMOUREUX DE L'OMBRE. J'ADORE RÊVER,
ÉCOUTER, FREDONNER, GAMBADER, DORMIR,
LIRE, DESSINER, PARESSER DANS LE SOUS-BOIS.

Quel parasol choisis-tu?

JE SUIS AMOUREUX DU SOLEIL. J'ADORE NAGER,
COURIR, DÉCOUVRIR, VOYAGER, FOUINER,
SKIER, CHANTER, FAIRE DES RENCONTRES.

Evelyne WILWERTH
Tiré de Jacques Charpentreau, *Le livre des amusettes*, Paris, © Petite enfance heureuse, Les Éditions ouvrières, 1987.

L'IMMENSITÉ

TEXTE 15

Voyage

J'aimerais glisser dans les airs
Et traverser la stratosphère
Pour découvrir tout l'univers
À cent millions d'années-lumière

J'explorerais le bleu du ciel
En glissant sur un arc-en-ciel
Je dirais bonjour aux nuages
Suivant les oiseaux en voyage

Je contournerais les planètes
En chevauchant une comète
Je dirais bonsoir à la Lune
Comptant les étoiles une à une

Pierre ROY, Inédit.
Tiré de Henriette Major, *Avec des yeux d'enfant*,
Montréal, L'Hexagone / VLB éditeur et Henriette
Major, 2000. © Pierre Roy

TEXTE 16

Le menu du trou noir

1 soleil

1 lune

9 planètes

11 astéroïdes

14 comètes

18 étoiles

23 galaxies

35 nébuleuses

53 quasars

et j'ai encore faim

Jacques ROUBAUD
Tiré de *Menu, menu*, Paris, Gallimard Jeunesse,
2000.

TEXTE 17

« J'aime bien ma vie de nuage, dit le nuage.
Elle est variée. Je charrie le tonnerre, je me
fais abat-jour ou dentelle ou monstre ou
coussin ou écran ou brume.

Descendre sur Terre mouiller les barques et
les fleurs m'amuse beaucoup. Mais ce que
j'aime le plus, c'est me faire filet au-dessous
des étoiles pour les petits princes qui
tomberaient… »

Félix LECLERC
Tiré de *Chansons pour tes yeux*, Montréal,
Éditions Fides, 1976.

TEXTE 18

Dehors dedans

Quand je ferme les yeux je vois des points brillants
un pan de ciel en moi et ses milliers d'étoiles
Si je rouvre les yeux par une nuit très claire
je fais partie du ciel qui fait partie de moi

Claude ROY
Tiré de *À la lisière du temps*,
Paris, Éditions Gallimard, 1984.

TEXTE 19
Cosmos

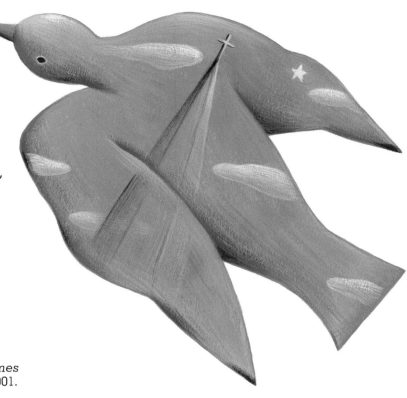

Au bout du clocher, l'oiseau.
Au bout de l'oiseau, le ciel.
Tout au bout du ciel,
l'étoile.

Et sur cette étoile, à ce qu'il paraît,
peut-être un oiseau ?

Ding !

Le clocher qui sonne !
L'oiseau qui s'envole
me laisse bien seul
assis sous l'étoile.

Yves HEURTÉ
Tiré de *Chocolats chauds et autres poèmes
à savourer*, Toulouse, Éditions Milan, 2001.

TEXTE 20

Chaque jour je saute
d'un astre à l'autre
je plie bagage
et bondis dans l'espace
cherchant en vain la porte
par où sortir de l'univers […]

Pierre CHATILLON
Tiré de Louise Blouin, *Des mots pour rêver.
Anthologie de poésie québécoise*, Montréal,
Éditions Pierre Tisseyre, 1990.

Le téléscope : un œil ultraperfectionné

Quand le ciel s'assombrit, lève les yeux et regarde les étoiles scintiller. Combien en vois-tu ? As-tu déjà tenté de les compter ? Depuis des milliers d'années, on examine le ciel avec curiosité. Déjà, il y a 4000 ans, les gens imaginaient des lignes reliant certaines étoiles, créant ainsi ce qu'on appelle les « constellations ». Certaines de celles-ci portent des noms d'animaux, comme le Chien, la Grande Ourse, alors que d'autres ont pour noms des personnages de la mythologie : Cassiopée, Orion, etc.

Cependant, l'étude des objets célestes est récente : quelques siècles seulement. En 1609, le physicien italien Galilée fut le premier à observer le ciel à l'aide d'un instrument. Sa lunette astronomique

Galilée faisant la démonstration de son télescope à Venise en 1609.

était composée de lentilles. (Une lentille est le verre utilisé pour les lunettes correctrices.) Quoique très rudimentaire, cet instrument lui permit, entre autres, d'observer la plus grosse planète du système solaire, Jupiter, et de découvrir quatre de ses lunes.

Puis, en 1671, un savant anglais, Isaac Newton, eut l'idée de remplacer une des lentilles de Galilée (l'objectif) par un jeu de miroirs. Aujourd'hui, Newton est considéré comme le père de la science moderne. Grâce à son télescope, l'astronomie, qui est l'étude des astres, a fait d'importantes découvertes.

Le physicien et astronome italien Galilée.

Gravure représentant Isaac Newton.

Qu'est-ce qu'un télescope ?

Le télescope est un appareil qui permet de voir des objets éloignés dans le ciel. Cet appareil capte la lumière des étoiles et des galaxies observées pour qu'elles deviennent visibles à nos yeux. On peut l'imaginer comme un entonnoir à lumière. Il s'agit en fait d'un tube dans lequel des éléments optiques (lentilles ou miroirs) concentrent la lumière de manière à présenter à notre œil une image plus claire et plus précise de l'astre qui est observé. Plus le télescope est large, plus il capte de lumière et mieux il permet de discerner les objets peu lumineux, comme des galaxies ou des étoiles lointaines.

Les deux familles de télescopes

Il existe deux types de télescopes : le télescope réfracteur, souvent appelé « lunette astronomique » ou « lunette de Galilée » et le télescope réflecteur. Le télescope réfracteur est constitué de deux lentilles : l'oculaire et l'objectif. Lorsqu'on pointe cette lunette vers une étoile, la lumière provenant de l'astre traverse la lentille située au bout de la lunette. La lumière change ensuite de direction (voir illustration A) et converge vers un point situé tout près de l'oculaire, là où se forme l'image de l'astre. Ensuite, l'image est grossie par l'oculaire et arrive finalement à l'œil. L'objet observé devient plus lumineux, donc plus facile à voir.

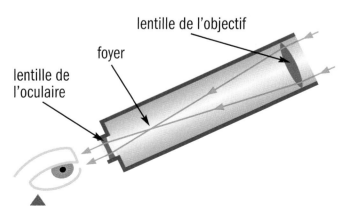

Illustration A. Télescope réfracteur.

Le télescope réflecteur est aussi appelé « télescope de Newton » ou « télescope à miroirs ». Si tu observes l'illustration B, tu verras qu'il est fait de miroirs : un miroir primaire, situé au fond du tube, qui concentre et réfléchit la lumière sur un miroir secondaire, au haut du tube. Ce dernier renvoie à son tour la lumière vers la lentille de l'oculaire, qui grossit l'image de l'objet pour en faciliter l'observation. Dans ce cas-ci, l'oculaire est placé sur le côté du télescope. C'est le télescope préféré des astronomes amateurs, car il est plus économique, de plus petite dimension et plus léger que le télescope réfracteur.

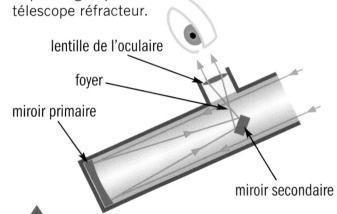

Illustration B. Télescope réflecteur.

On pourrait comparer la lentille du télescope réfracteur et le miroir principal du télescope réflecteur à la pupille de l'œil. Comme ces éléments sont plus grands que la pupille, ils captent beaucoup plus de lumière. C'est pourquoi, avec un télescope, on peut voir des objets très pâles qui seraient invisibles à l'œil nu. C'est comme si la lentille ou le miroir ouvrait plus grand la pupille de l'œil afin d'y laisser entrer davantage de lumière.

Avec le temps, les scientifiques ont raffiné ces appareils d'observation. Si les télescopes réfracteurs ont peu évolué, les télescopes à miroirs, eux, ont donné lieu à une variété de modèles, tous basés sur le télescope de Newton. On les différencie par la façon dont les miroirs et les oculaires sont placés. Un des plus connus est le télescope de type « Cassegrain ». Avec son tube moins long, il est plus facile à transporter.

Télescopes, petits ou grands

Les astronomes professionnels recherchent des télescopes de diamètre de plus en plus gros afin de capter le plus de lumière possible. De cette façon, ils peuvent observer des astres de plus en plus éloignés et en avoir de meilleures images, plus précises et plus lumineuses. Certains de ces télescopes géants peuvent atteindre 10 m de diamètre ! On peut observer plusieurs objets célestes très intéressants même avec un petit télescope de 10 ou 15 cm de diamètre, voire même avec une simple paire de jumelles...

Que peut-on voir dans le ciel ?

Amuse-toi à regarder le firmament. À l'œil nu, par une nuit sans lune, à la campagne, tu pourras admirer quelques milliers d'étoiles.

L'observatoire du Mont-Mégantic, au Québec.

Un astronome utilise un des deux télescopes réflecteurs disponibles à l'observatoire Leuschner près de San Francisco, en Californie.

À la ville, cependant, à cause des lumières des rues et des maisons, tu ne discerneras que les plus brillantes, soit 500 tout au plus. Si tu utilises des jumelles, tu n'en reviendras pas de la quantité d'étoiles qui brillent dans le ciel...

L'utilisation d'un petit télescope te permettra d'observer davantage de choses encore. Tu verras des nébuleuses, qui sont des nuages de gaz et de poussières, des amas globulaires, qui sont des groupes de centaines de milliers d'étoiles, et des étoiles... doubles.

Les grands télescopes, comme celui de l'observatoire du Mont-Mégantic, au Québec, permettent d'observer des milliards d'objets dans le ciel. De nos jours, il est très rare qu'un astronome professionnel regarde le ciel à l'œil nu. Il explore le ciel à l'aide de télescopes sur lesquels sont branchés des appareils photos, des caméras et d'autres instruments de mesure des plus perfectionnés...

Parions toutefois que lorsqu'il ne travaille pas, il adore lever les yeux au ciel pour en admirer la beauté, et ce, avec le plus simple des télescopes, l'œil !

Les Perséides et les Léonides... des pluies d'étoiles !

Que sont les étoiles filantes ? Tout d'abord, il faut savoir que ce ne sont pas des étoiles même si elles filent dans le ciel ! Ces traînées blanches et lumineuses qui apparaissent et disparaissent subitement dans le ciel la nuit sont de minuscules grains de poussière extraterrestres. Ceux-ci pénètrent dans l'atmosphère de la Terre à des vitesses tellement grandes (plus de 300 000 km/h) qu'ils s'échauffent et brûlent en une fraction de seconde, laissant des traits lumineux sur leur passage.

Il ne s'agit pas d'un phénomène rare. En fait, la Terre est continuellement bombardée de débris provenant de l'espace. On estime en effet à plusieurs centaines le nombre d'étoiles filantes plus ou moins brillantes qui traversent le ciel à chaque heure du jour et de la nuit ! Évidemment, le jour, il est impossible de les apercevoir, mais par une nuit sans nuages et sans lune, loin des lumières de la ville, on peut en observer près d'une dizaine à l'heure.

Une pluie d'étoiles

Mais d'où viennent les étoiles filantes ? La plupart du temps, elles sont le résultat du passage d'une comète. Une comète, c'est comme une grosse balle de neige sale dont le diamètre est, en moyenne, d'une dizaine de kilomètres. Elle est composée de gaz gelés mélangés à des millions de grains de poussière.

La comète arrive de l'espace très lointain, elle vient tourner autour du Soleil, puis elle retourne dans l'espace. Ce faisant, elle croise l'orbite de notre planète. En passant près du Soleil, la comète fond un peu. Une longue queue de gaz et de poussières se forme alors, qui s'étire sur plusieurs millions de kilomètres. C'est à ce moment que la comète prend cette apparence familière que l'on voit dans les livres... ou dans le firmament, si l'on est

La comète Kohoutek photographiée en janvier 1974.

chanceux ! Les grains de poussière que la comète laisse derrière elle au moment de la fonte ressemblent à une « rivière » de particules qui s'étend le long de sa trajectoire.

En général, ces poussières ont la grosseur d'un grain de sable. Les plus gros fragments ont environ la taille d'un pois. Il arrive que certains d'entre eux aient une taille plus imposante, soit plus d'un kilogramme, mais cela est très rare. Quand ils entrent dans l'atmosphère, ces fragments explosent en mille morceaux, ce qui crée une multitude d'étoiles filantes.

À l'occasion, un gros fragment enflammé arrive au sol, où il s'écrase bruyamment, créant parfois un cratère imposant. Dans ce cas, on apercevra une étoile filante très brillante, un « bolide », qui laissera une trace persistant plusieurs secondes dans le ciel...

Le cratère du Nouveau-Québec (3,5 km de diamètre et 430 m de profondeur) a été formé il y a plus de 1,3 million d'années par la chute d'un bolide de 150 m de diamètre. Ce bolide est entré dans l'atmosphère terrestre à une vitesse de 25 km/sec.

Le cratère du Nouveau-Québec a été formé par la chute d'un bolide.

Le cratère de l'Arizona, aux États-Unis (diamètre de 1,2 km et profondeur de 190 m), a été formé il y a environ 50 000 ans par la chute d'un bolide de 50 mètres de largeur. Quel choc cela a dû représenter !

Vue aérienne du cratère de l'Arizona, aux États-Unis.

Année après année, environ à la même date, la Terre passe par le même point de son orbite, traversant le même amas de poussières laissé par une comète. La quantité de débris qui entrent dans l'atmosphère augmente alors pendant quelques jours, ce qui produit une pluie annuelle d'étoiles filantes.

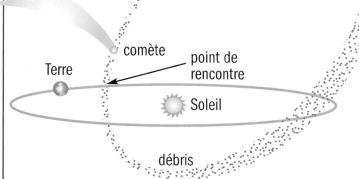

Quoi? Un «orage» d'étoiles filantes?

Les comètes passent près du Soleil tous les 30, 100 ou même 200 ans. Lorsque la Terre traverse le nuage de poussières laissé par la comète, il peut se produire une pluie particulièrement intense d'étoiles filantes. On appelle ce phénomène un «orage» ou une «tempête». Le nombre d'étoiles filantes à l'heure augmente alors de façon impressionnante, atteignant parfois des milliers! Les étoiles sont aussi plus brillantes que d'ordinaire.

Un tel spectacle dure de quelques minutes à quelques heures, selon le temps que prend la Terre pour traverser ce mince ruban de poussières.

Ce ruban est toujours situé près du noyau de la comète. Les orages d'étoiles filantes se produisent donc, en général, peu de temps après le passage d'une comète près du Soleil.

On pourrait penser que les pluies annuelles d'étoiles filantes se ressemblent d'année en année. Pourtant, il n'en est rien. Ce spectacle nocturne varie selon les conditions d'observation (pleine lune ou nuit noire) et le moment du passage de la comète.

Perséides et Léonides

Parmi les principales pluies annuelles d'étoiles filantes, on trouve les Perséides, qui ont lieu vers le 11 ou le 12 août. Elles font partie des plus anciennes pluies d'étoiles filantes. On les appelle « Perséides », car on dirait qu'elles arrivent de la constellation de Persée, une constellation en forme de « V » inversé.

La comète qui est à l'origine des Perséides se nomme « Swift-Tuttle », d'après le nom de ceux qui l'ont découverte le 23 août 1862 : Lewis Swift et Horace Tuttle. Cette comète revient près du Soleil environ tous les 130 ans et sa dernière visite remonte à 1992... Ce sont sans doute tes arrière-arrière-arrière-arrière-petits-enfants qui auront la chance de s'extasier devant l'orage d'étoiles laissé par son passage. Tu peux toutefois te consoler en observant le ciel à la mi-août. Tu devrais en fait y compter pas moins d'une cinquantaine d'étoiles filantes à l'heure.

Les passionnés d'étoiles filantes attendent aussi avec impatience les Léonides. Il s'agit d'une autre pluie annuelle d'étoiles, qui a lieu plutôt vers le 18 novembre. Elle tient son origine de la comète Temple-Tuttle qui vient nous visiter tous les 33 ans. Les Léonides semblent arriver de la constellation du Lion, d'où elles tirent d'ailleurs leur nom. Habituellement, la pluie de Léonides permet de voir une dizaine de très brillantes étoiles filantes à l'heure. Quelques orages ont aussi été rapportés au cours des années. En 1833, il y aurait eu plusieurs centaines d'étoiles filantes à la minute ! Le dernier passage de cette comète remonte à 1998.

▲ Pluie de Léonides. Photo prise en 1966.

Comment observe-t-on ces merveilles du ciel ?

Pour bien voir les étoiles filantes, il faut une nuit sans nuages et, idéalement, sans lune. Il est aussi préférable d'être à la campagne, car il y a moins de sources lumineuses qu'en ville (éclairage des rues, phares des voitures...). Il suffit ensuite d'habituer sa vue à l'obscurité, puis d'examiner le ciel en promenant son regard de gauche à droite, tout doucement, à la recherche d'un trait lumineux.

Certaines personnes croient que si on fait un vœu au passage d'une étoile filante, ce vœu se réalisera ! Cette croyance est bien sûr sans fondement, mais c'est toujours amusant à faire quand il pleut... des étoiles.

▲ Trace du passage du météorite (à droite) lors d'une pluie de Perséides.

À chacun son arc-en-ciel

Les arcs-en-ciel colorent le ciel depuis toujours. Plusieurs savants ont d'ailleurs tenté d'en expliquer la formation. Déjà, en l'an 350 avant notre ère, le philosophe grec Aristote constatait que les arcs-en-ciel se formaient lorsque les rayons du soleil traversaient les nuages.

Beaucoup plus tard, soit en 1665, le physicien anglais Isaac Newton élucidait le mystère des couleurs de l'arc-en-ciel en réalisant l'expérience suivante. Il dirigea un rayon de lumière blanche vers un prisme de verre. Il remarqua qu'en traversant ce prisme, le rayon lumineux se décomposait en sept couleurs. C'est ce qui lui fit dire que la lumière blanche est, en réalité, une combinaison des sept couleurs... qui sont les couleurs de l'arc-en-ciel !

gouttelette, la lumière du Soleil se décompose en de multiples couleurs : rouge, orangé, jaune, vert, bleu, indigo et violet. Comme chaque couleur est déviée selon un angle différent, les couleurs s'étalent en rubans qui se regroupent pour former un arc majestueux. Le rouge est toujours situé sur le bord extérieur de l'arc alors que le violet, à l'opposé, est la couleur qui se situe le plus près du sol.

Les couleurs de l'arc-en-ciel seront plus ou moins vives selon la grosseur des gouttes de pluie. Ainsi, plus les gouttes sont grosses, comme au cours d'un orage, mieux la lumière se décomposera et plus l'arc-en-ciel sera coloré. Par contre, quand les gouttes sont petites – comme lorsqu'il tombe de la bruine – les teintes de l'arc-en-ciel sont pâles. C'est pourquoi on peut admirer les plus beaux arcs-en-ciel juste après un orage ou une grosse averse.

Parfois, on ne peut voir qu'une partie de l'arc-en-ciel ; c'est ce qui se produit lorsque la pluie est irrégulière ou que les nuages sont troués.

Évidemment, il est impossible de toucher un arc-en-ciel, puisqu'il se déplace en même temps que nous.

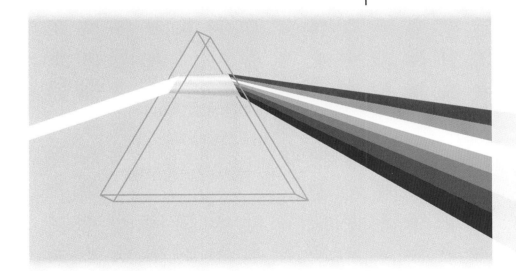

La formation des arcs-en-ciel

Parfois, quand il pleut, le soleil brille à travers les nuages. Si, à ce moment-là, une personne placée dos au soleil regarde la pluie tomber, elle pourrait voir un arc-en-ciel. Comment peut-on expliquer ce phénomène ? C'est que les gouttes d'eau agissent comme un prisme miniature. En passant à travers chaque

D'autres types d'arcs-en-ciel...

Il peut aussi se former un arc-en-ciel tôt, les matins brumeux, lorsque le soleil réchauffe le sol. Les rayons de soleil traversent alors les gouttelettes d'eau de la brume et du brouillard, formant un arc-en-ciel. Celui-ci sera cependant très pâle, pratiquement incolore, puisque les minuscules gouttelettes ont du mal à décomposer la lumière.

Dans la brume, l'arc-en-ciel sera très pâle.

On peut aussi voir des arcs-en-ciel la nuit. Certaines conditions sont cependant nécessaires : une lune pleine, basse dans le ciel, et une pluie fine. La lumière blanche réfléchie par la lune se décompose dans les gouttes de pluie. Ces arcs-en-ciel sont toutefois très peu colorés ; à l'occasion, ils présentent une bordure rouge pâle.

Comment observer un arc-en-ciel?

L'observation d'un arc-en-ciel exige quelques conditions. Par exemple, le ciel ne doit pas être complètement couvert : il doit laisser entrevoir le soleil. Le ciel ne doit pas être non plus complètement dégagé, car il faut, bien sûr, au moins quelques nuages pour avoir des gouttes de pluie. L'observateur doit être dos au soleil, avec la pluie qui tombe devant lui. Le soleil ne doit pas être trop haut dans le ciel. D'ailleurs, plus le soleil est bas, plus l'arc-en-ciel sera haut et visible.

Peut-il y avoir plus d'un arc-en-ciel à la fois?

Par temps clair et lorsque la lumière frappe les gouttes de pluie selon un angle particulier, un second arc-en-ciel, plus large mais plus pâle, peut entourer le premier, qui sera alors très lumineux. Entre ces deux arcs, on peut observer que le ciel est plus sombre.

Regarde ces deux arcs-en-ciel. Que remarques-tu? Eh oui! Les couleurs du second arc-en-ciel sont inversées.

Dans des cas exceptionnels, il est même possible d'admirer jusqu'à six arcs-en-ciel simultanément. Imagine l'ampleur du spectacle!

Mais... pourquoi la courbe?

Pourquoi les arcs-en ciel ont-ils la forme d'un arc? Parce qu'en réalité, ils font partie d'un cercle, dont on ne voit qu'une partie. Pour voir le cercle en entier, il faudrait être en avion ou au sommet d'une haute montagne et regarder la pluie tomber plus bas. D'ailleurs, vus d'un avion, les arcs-en-ciel apparaissent, entre les nuages et le sol, comme des cercles dont le centre est violet et l'extérieur, rouge.

Il suffit de quelques conditions pour nous ébahir: des rayons de soleil derrière soi, de préférence bas dans le ciel, des gouttes de pluie devant soi, et le tour est joué: un magnifique arc-en-ciel apparaît!

Un arc-en-ciel juste pour toi!

Voici deux façons faciles de fabriquer son propre arc-en-ciel.

1) Si tu es à l'extérieur, place-toi dos au soleil, utilise un tuyau d'arrosage en mode éventail et projette l'eau devant toi. Tu verras alors... TON propre arc-en-ciel!

2) Si tu es à l'intérieur, place un petit miroir debout, mais légèrement incliné, dans un grand plat peu profond contenant un peu d'eau. Éclaire ensuite le miroir avec une lampe de poche, s'il fait noir, ou place-toi près d'une fenêtre de façon que le soleil se reflète sur le miroir. En le bougeant un peu, tu remarqueras sur le mur devant ton installation ou au plafond... TON propre arc-en-ciel!

Qu'est-ce qu'un satellite?

Parfois, en observant le ciel, la nuit, on remarque un point brillant qui se déplace à vitesse constante et qui revient régulièrement. À première vue, on dirait une étoile, mais il s'agit plutôt d'un satellite artificiel. Le mot « satellite » identifie tout objet céleste qui tourne autour d'un autre, plus gros, comme une planète ou une étoile. On dit alors qu'il est en orbite. L'expression « être en orbite » veut dire « qui tourne autour ».

Il existe deux types de satellites : les satellites naturels, comme la Lune qui tourne autour de la Terre, et les satellites artificiels, mis en orbite par les humains. À l'exception de Mercure et de Vénus, toutes les planètes ont des satellites naturels. La Terre n'en possède qu'un, la Lune, mais d'autres planètes du système solaire en ont plusieurs. Jupiter, par exemple, en compte une quarantaine !

Quant aux satellites artificiels, ils sont nombreux ; leurs formes et leurs dimensions sont aussi des plus variées. Ils se déplacent lentement autour de la Terre – quoique plus rapidement qu'un avion – et ils sont visibles pendant plusieurs minutes avant de « s'éteindre » brusquement. Certains brillent d'un éclat constant, alors que d'autres, souvent en raison de leur forme bizarre, semblent clignoter de façon régulière. Ils brillent à cause des parties métalliques qui reflètent la lumière du Soleil. C'est d'ailleurs pourquoi on les voit particulièrement bien au crépuscule, lorsque le Soleil est encore tout près sous l'horizon.

Lancement de *Spoutnik 2,* le 3 novembre 1957.

Spoutnik 1 fut le premier satellite à être lancé en orbite en octobre 1957 ; on doit cet événement aux Russes. Il résultait d'une « course dans l'espace » entre l'Union Soviétique (la Russie actuelle) et les États-Unis. Cette boule argentée, de la grosseur d'un ballon de plage, envoyait vers la Terre un étrange « bip-bip », un signal radio qui permettait de suivre ses déplacements. Après trois mois en orbite, *Spoutnik 1* est revenu dans l'atmosphère terrestre, où il s'est entièrement consumé.

Depuis les années 1960, des centaines d'autres satellites ont été mis en orbite ; bien entendu, leurs fonctions étaient bien plus importantes que l'émission d'un simple « bip-bip ».

À quoi servent les satellites artificiels?

Les satellites ont de nombreuses fonctions. Voici quelques-unes des plus importantes.

Les **télécommunications**. De nombreux satellites sont munis d'antennes radio et de transmetteurs de signaux qui peuvent transporter des données ou la voix. Supposons que tu veuilles téléphoner en Europe. Peux-tu imaginer la longueur de fil nécessaire pour relier les deux appareils téléphoniques d'un océan à l'autre ! Difficile à installer et à réparer, n'est-ce pas ? Plutôt que des câbles de téléphone transocéaniques, on se sert d'antennes paraboliques, et ce sont les satellites qui assurent la retransmission d'un pays à l'autre en transportant la voix sur des ondes radio. Et sais-tu que c'est grâce à certains satellites que tu peux regarder quelques-unes de tes émissions de télévision préférées ? Ce sont les satellites qui en assurent la transmission. Ce sont aussi eux qui nous permettent de naviguer dans Internet à travers le monde.

La **télédétection**. Certains satellites nous envoient des images prises à l'aide de caméras spécialisées qui servent, entre autres, à connaître la température des océans et des forêts et à évaluer l'effet de la croissance des villes. Elles peuvent aussi être utiles pour faire de l'espionnage militaire. Les photos prises peuvent en effet servir aux agences de renseignements de différents pays.

La **météo**. D'autres satellites ont pour tâche de photographier les nuages, d'observer les mouvements des systèmes atmosphériques, d'enregistrer les températures et le temps qu'il fait partout dans le monde. Ce sont leurs données qui permettent aux météorologues de préciser les prévisions météorologiques.

Le **système de positionnement global**, communément appelé « GPS ». Il s'agit d'un appareil qui, en communiquant avec les satellites qui nous entourent, permet de calculer avec une grande exactitude notre position géographique sur la Terre. Avec un tel appareil et une bonne carte, il est en fait impossible de se perdre, même en pleine forêt ! Aujourd'hui, les navigateurs ne partent jamais sans se munir d'un appareil GPS à bord de leur embarcation.

La **recherche scientifique**. Les satellites sont très utiles en sciences. Ainsi, grâce au télescope spatial *Hubble*, on peut mieux observer l'espace. L'observation des astres à partir de la Terre est parfois obstruée par la couche d'air qui entoure notre planète, et les images sont parfois floues, comme si l'appareil n'était pas au foyer. À partir de l'espace toutefois, soit au-dessus de cette couche d'air, les images que l'on a des astres sont beaucoup plus précises. On dit parfois du télescope *Hubble* qu'il est comme les yeux des astronomes dans l'espace. Il a une particularité : c'est le seul satellite artificiel de la Terre dont les yeux ne sont pas rivés sur notre planète ! Ce satellite est plutôt tourné vers l'Univers.

▲ Le télescope spatial *Hubble* en orbite. Photo prise le 9 mars 2002.

SOHO est un autre satellite particulier. Il est en orbite autour du Soleil et non autour de la Terre, ce qui lui permet d'observer le Soleil sous toutes ses facettes. Grâce à *SOHO* entre autres, on connaît mieux cette formidable étoile : température, protubérances (jets de gaz), taches solaires, etc.

Illustration d'un orbite géostationnaire.

ci-dessus pour t'aider à comprendre. Les satellites de télécommunications sont des satellites géostationnaires.

Un autre type de trajectoire est l'« orbite polaire ». Cette fois, le satellite est situé à basse altitude, soit entre 320 km et 800 km, et il tourne autour de la Terre du nord vers le sud, en suivant toujours la même trajectoire.

Le satellite *Spartan 201* a pour mission d'observer le Soleil. On le voit ici tenu par le bras télémanipulateur canadien.

Deux types d'orbites

Il existe deux types de trajectoires (ou orbites) possibles pour les satellites. Le premier se nomme l'« orbite géostationnaire ». Le satellite est lancé directement au-dessus de l'équateur à une altitude de 35 880 km. Parce qu'il est en orbite autour de la Terre à la même vitesse que la planète tourne sur elle-même, le satellite demeure toujours au-dessus du même endroit par rapport à la Terre. Observe l'illustration

Illustration d'un orbite polaire.

Étant donné que la Terre tourne sur elle-même, le satellite parvient à en balayer toute la surface, comme tu peux le voir sur l'illustration ci-dessous. Ce type de trajectoire est idéal pour capter des images ou prendre des mesures de notre planète dans son ensemble. Les satellites de télédétection et de météo sont en orbites polaires.

Comment lance-t-on les satellites dans l'espace?

Les satellites sont mis en orbite à l'aide d'une fusée porteuse. Ainsi, la NASA, l'Agence spatiale américaine, place ses satellites en orbite à l'aide de fusées ou de navettes spatiales. Depuis quelques années, plusieurs pays ont emboîté le pas à l'Amérique en ce domaine. L'Agence spatiale européenne met déjà en orbite des satellites à l'aide de ses fusées *Ariane*. Le Japon, la Chine, la Russie et l'Inde ont aussi des programmes spatiaux semblables.

Des petits points brillants traversent le ciel, la nuit... Ils s'allument et s'éteignent... puis disparaissent totalement... Plusieurs diront que ce sont des étoiles. Mais toi, tu sais désormais qu'il s'agit de satellites qui ont été mis en orbite par des êtres humains pour diverses raisons... Ce sont des satellites artificiels.

▲ Fusée de lancement russe.

Les aurores polaires... ou le cinéma des ours blancs !

Depuis le tout début des temps, les aurores polaires, plus souvent nommées « aurores boréales », illuminent le ciel de notre planète et nous intriguent. Autrefois, elles étaient considérées comme un phénomène surnaturel. On a ensuite cru qu'elles étaient causées par la réflexion du Soleil sur les glaces et les icebergs de l'Arctique et de l'Antarctique. Puis, on a pensé que l'activité humaine en était la cause. Mais aucune de ces hypothèses n'était juste. Voyons comment les aurores polaires se forment réellement...

D'où viennent les aurores boréales?

Si tu pouvais regarder le Soleil sans te brûler les yeux, tu verrais que sa surface est dans un état d'ébullition permanent qui provoque des éruptions, un peu comme les volcans. Au cours de ces violentes éruptions, une grande quantité de particules électriques sont projetées très loin dans l'espace. C'est ce qu'on appelle le « vent solaire ».

Les particules de vent solaire sont attirées par le champ magnétique de la Terre (voir l'illustration ci-dessous). Comme un aimant, elles suivent les lignes du champ magnétique et se dirigent vers les pôles Nord et Sud de la Terre.

Chemin faisant, les particules de vent solaire entrent en collision avec les molécules des différents gaz qui composent l'atmosphère terrestre. Certaines de ces molécules, celles d'oxygène et d'azote en particulier, deviennent alors subitement lumineuses. C'est cette lumière, semblable à de magnifiques voiles ou rideaux multicolores qui ondulent, qu'on appelle des « aurores polaires ».

Pour te permettre de bien comprendre ce phénomène, pense aux lumières au néon qui éclairent le plafond de ta classe. Lorsque tu appuies sur l'interrupteur en entrant dans la pièce, l'électricité active les molécules de gaz, le néon, et la lumière se produit. À l'inverse, dès que tu coupes la source électrique, il n'y a plus assez d'énergie pour activer le néon, et la lumière s'éteint.

C'est un peu le même phénomène avec les aurores polaires : le vent solaire doit contenir suffisamment d'énergie pour que ses particules électriques activent les molécules de l'atmosphère terrestre, provoquant ainsi des aurores.

Un nuage coloré ?

On a parfois l'impression que les aurores polaires se produisent à la hauteur des nuages. En fait, ce phénomène a lieu beaucoup plus haut. La base des aurores se situe à une centaine de kilomètres au-dessus du sol. Pour te donner une idée de ce que représente cette distance, une navette spatiale voyage à un peu plus de 300 km d'altitude.

Vert, rouge, bleu... une multitude de couleurs

Les aurores polaires les plus souvent observées ont une teinte verte. Cette couleur apparaît lorsque les particules du vent solaire frappent les molécules d'oxygène.

Quant aux aurores roses, bleues ou violettes, elles sont plutôt causées par les molécules d'azote.

Certaines aurores sont multicolores : rouges avec un soupçon de vert, de bleu, de jaune et de blanc. En raison de la faible luminosité des aurores et de l'obscurité de la nuit, notre œil perçoit mal les couleurs. Au Canada et au nord des États-Unis, on observe surtout des aurores boréales blanchâtres avec de légers reflets verts.

Photo d'aurore multicolore prise à l'observatoire du Mont-Cosmos, au Québec, le 12 août 2000.

Des aurores polaires de couleur rouge foncé ont déjà été observées. Elles sont cependant très rares. On raconte que des gens ayant eu la chance d'en admirer auraient tout d'abord cru à un incendie majeur. Ils auraient même appelé les pompiers !

Les aurores vertes sont les plus courantes en Amérique du Nord.

28 octobre 2001. Y a-t-il un incendie dans le ciel de Cap-Rouge ?

Aurores australes et aurores boréales : du pareil au même ?

En fait, cette différence d'appellation dépend de l'endroit où elles se produisent. Les « aurores boréales » ont lieu près du pôle Nord. Si elles se produisent au pôle Sud, on parle alors « d'aurores australes ». Les régions où on a le plus de chances d'apercevoir des aurores polaires sont situées dans le nord du Canada et de la Scandinavie, en Islande et en Alaska. Ainsi, à Fairbanks et à Nome, deux villes de l'Alaska, on peut en admirer plus de 200 jours par année !

Quand les observe-t-on, ces rideaux colorés dans le ciel ?

Les aurores boréales peuvent se produire à tout moment de l'année, mais la meilleure période s'étend d'octobre à mars. Elles ne sont visibles toutefois que par une nuit bien noire, entre 22 h et 3 h, lorsque le ciel est dépourvu de nuages. En ville, les lumières nous empêchent de voir les aurores de faible intensité. Par ailleurs, fait intéressant, si on voit une aurore polaire tôt en soirée, il est fort probable qu'on puisse en observer une autre quelques heures plus tard...

Les aurores peuvent enflammer le ciel pendant plusieurs minutes et même plusieurs heures. La plupart du temps, elles apparaissent dans la direction nord, mais on peut aussi, à l'occasion, observer de pâles rubans lumineux qui traversent le ciel d'est en ouest.

Prévision d'aurores

On ne peut pas prévoir les aurores polaires comme on le fait avec le temps. Il y a une centaine d'années pourtant, on croyait qu'il existait un lien entre les prévisions météo-rologiques et la présence d'aurores. Par exemple, au Labrador, on disait que les aurores étaient un signe de beau temps ; au Groenland,

selon certains, elles annonçaient un vent du sud et des tempêtes alors que dans le nord de la Norvège, on les associait au temps froid. Tout cela est faux. Ce qu'on sait cependant, c'est que les aurores sont plus fréquentes quand l'activité solaire est intense, soit environ tous les onze ans.

Pas seulement sur la Terre...

Les aurores polaires ne se produisent pas que sur la Terre. Toute planète possédant un champ magnétique offre ce spectacle grandiose. Grâce au télescope *Hubble*, on a d'ailleurs remarqué la forme ovale des aurores polaires sur Saturne ainsi que dans l'atmosphère de Jupiter.

Aurore polaire sur Saturne.

Véritable féerie de lumières, les aurores polaires nous fascinent et stimulent notre imagination. Elles nous permettent également de constater l'interaction entre notre planète et son étoile, le Soleil, et d'apprécier un aspect de l'Univers.

Le spectacle céleste, saison après saison

Il y a près de 4000 ans, afin de faciliter l'observation des astres, les savants tracèrent des lignes imaginaires entre les étoiles. Pour les reconnaître, ils les ont regroupées en figures appelées « constellations ». Certaines de ces constellations portent des noms d'animaux (le Grand Chien, la Grande Ourse...), d'autres se rapportent aux légendes grecques (Cassiopée, Orion...). Encore aujourd'hui, les astronomes amateurs utilisent ces noms pour se repérer dans le ciel.

Toi aussi, tu peux les observer. L'idéal c'est le soir, à la campagne, sous un ciel noir. Lève alors les yeux vers le ciel, promène ton regard et admire le spectacle... Sais-tu que même dans la plus noire des campagnes, l'œil nu détecte à peine 2500 étoiles ?

Si tu utilises des jumelles, tu pourras voir davantage d'étoiles ainsi que d'autres objets célestes, comme la Lune et ses cratères, Jupiter et quelques-uns de ses satellites, des nébuleuses, des amas d'étoiles, etc. Avec les jumelles, tu pourras même distinguer les étoiles d'après leur couleur, découvrir les comètes et suivre le parcours de certains satellites artificiels. Mais attention ! Pour éviter que l'image ne « sautille », tu peux appuyer tes coudes sur les bras d'une chaise, sur une clôture ou sur tes genoux.

J'imagine que tu as déjà remarqué que, d'heure en heure, tout au long de la nuit, les étoiles semblent se déplacer de l'est vers l'ouest. En réalité, c'est la Terre, tournant sur elle-même, qui te donne cette impression... De plus, au fil des saisons, certaines constellations deviennent invisibles alors que d'autres font leur apparition. Tout dépend de la position de la Terre sur son orbite autour du Soleil. Voici quelques-unes des constellations qu'on peut admirer selon les saisons.

L'hexagone d'hiver et le chasseur Orion

Orion est l'une des belles constellations à observer l'hiver. Elle est très facile à repérer quand on regarde vers le sud. En reliant les principales étoiles de cette constellation, on peut imaginer un chasseur. Tout d'abord, trois étoiles brillantes alignées de biais forment sa ceinture. Autour d'elle, quatre étoiles marquent ses épaules, son genou et son pied. En haut à gauche, il s'agit de la brillante Bételgeuse, une étoile rouge, alors qu'en bas à droite, c'est Rigel, une étoile de teinte bleutée.

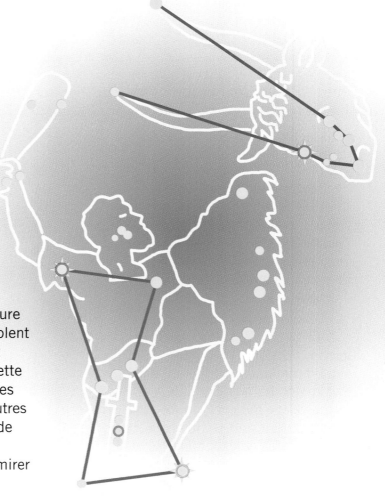

La grande nébuleuse d'Orion. Photo prise à l'observatoire du Mont-Cosmos.

au-dessus de ta tête, se trouve la constellation du Cocher, avec son éclatante étoile jaunâtre, Capella.

Comme tout bon chasseur, Orion est suivi de ses chiens : les constellations du Grand Chien et du Petit Chien. L'étoile principale du Grand Chien, Sirius, est la plus brillante du ciel. Dans le Petit Chien, on trouve Procyon. Imagine les anciens se raconter la légende suivante : « Le chasseur Orion, accompagné de ses chiens, chasse le Taureau dont l'œil est rouge de colère. Le Cocher, non loin de là, observe la scène... »

Ces cinq étoiles (Capella, Aldébaran, Rigel, Sirius et Procyon), ajoutées à Castor, une étoile orangée, et à Pollux, la blanche étoile de la constellation des Gémeaux, forment ce qu'on appelle « l'hexagone d'hiver ».

Sous l'étoile centrale de la ceinture se dessine l'épée, dans laquelle on peut apercevoir à l'œil nu sous un ciel très noir, mais plus facilement avec des jumelles, la grande nébuleuse d'Orion.

À droite de la constellation d'Orion se trouve le Taureau, qui ressemble à un « V » incliné. Son étoile principale, Aldébaran, est rouge. Un peu à l'ouest, on peut apercevoir le groupe d'étoiles des Pléiades. Seules cinq ou six de ces étoiles sont visibles à l'œil nu. Avec les jumelles, on en découvre toutefois des centaines. Au zénith, c'est-à-dire juste

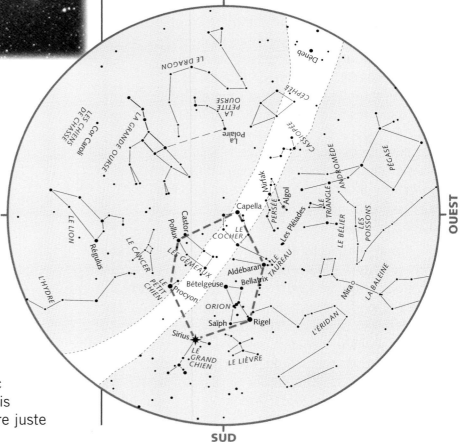

Grande Ourse ou « chaudron du printemps »?

Bien que visible à toute heure de la nuit et cela pendant toute l'année, c'est au printemps qu'on peut le mieux observer la Grande Ourse, car elle est presque au zénith. En reliant les sept étoiles principales de cette constellation, on imagine aisément une casserole ou un chaudron.

En plus d'être facile à repérer, la Grande Ourse est utile, car elle permet d'identifier l'étoile Polaire. Prends la distance entre les deux étoiles qui forment le bout du chaudron, et répète cette distance cinq fois vers le nord. Et vlan! Voilà la fameuse étoile Polaire! Contrairement à ce que plusieurs croient, ce n'est pas l'étoile la plus brillante; Sirius est plus éclatante. C'est toutefois la seule qui ne bouge pas; elle indique toujours le nord. Tu remarqueras que l'étoile Polaire forme aussi l'extrémité de la poignée d'un autre chaudron, mais de plus petite dimension, la Petite Ourse.

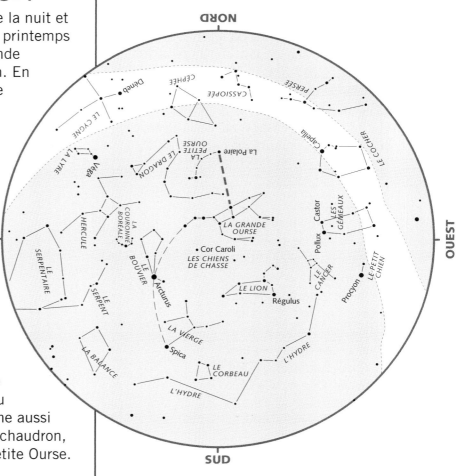

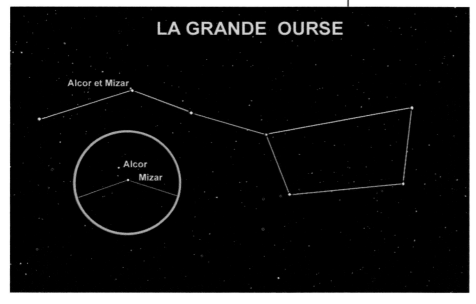

En prolongeant la courbe de la poignée du chaudron de la Grande Ourse, tu arriveras à l'étoile la plus brillante du ciel printanier : Arcturus, de la constellation du Bouvier... Et si tu observes attentivement l'étoile située au centre de la poignée de la Grande Ourse, tu verras qu'elle est double : il s'agit en fait d'Alcor et de Mizar. Avec des jumelles, il est encore plus évident qu'il s'agit de deux étoiles distinctes.

Une traînée de lait… dans le ciel d'été?

L'été est la meilleure saison pour observer la Voie lactée. Tu vois cette bande blanche semblable à une trace de lait qui traverse le ciel du nord au sud? C'est une partie de notre galaxie. Si tu l'observes avec des jumelles, tu verras des milliers d'étoiles! Selon la mythologie grecque, la Voie lactée viendrait de la déesse Héra, qui, réveillée en sursaut par son bébé, Héraclès, qui tentait de téter, aurait fait gicler son lait vers le ciel…

Visible au sud-est, le Triangle d'été est impressionnant. Il relie les trois étoiles principales de trois constellations différentes. Pour trouver la première, il faut d'abord repérer une grande croix en direction est. C'est la constellation du Cygne, avec son long cou, ses deux longues ailes et sa petite queue représentée par Déneb. De là, dirige ton regard vers la tête du Cygne, et monte vers le zénith. Tu trouveras alors Véga, qui fait partie

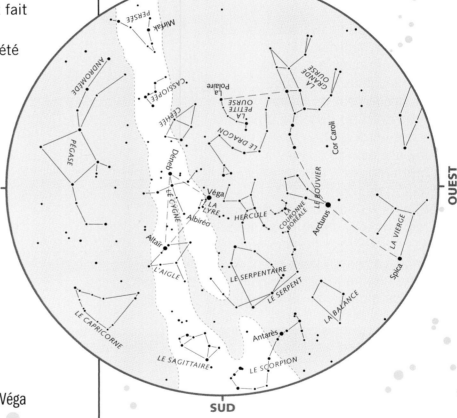

de la constellation de la Lyre. C'est l'une des étoiles les plus brillantes, mais aussi l'une des premières à apparaître dans le ciel d'été. Finalement, en partant de Véga, trace une ligne en direction de la tête du Cygne et poursuis-la jusqu'à une autre étoile éclatante. C'est Altaïr, de la constellation de l'Aigle. Malgré son nom, le Triangle d'été est plus facile à observer vers la fin de l'été.

Cassiopée, Andromède et le ciel d'automne

Les conditions automnales sont parfaites pour l'observation du ciel, car le soleil se couche plus tôt et les nuits ne sont pas encore trop fraîches. La constellation de Cassiopée, semblable à un « W », est située près du zénith. Au sud, un grand carré représente Pégase.

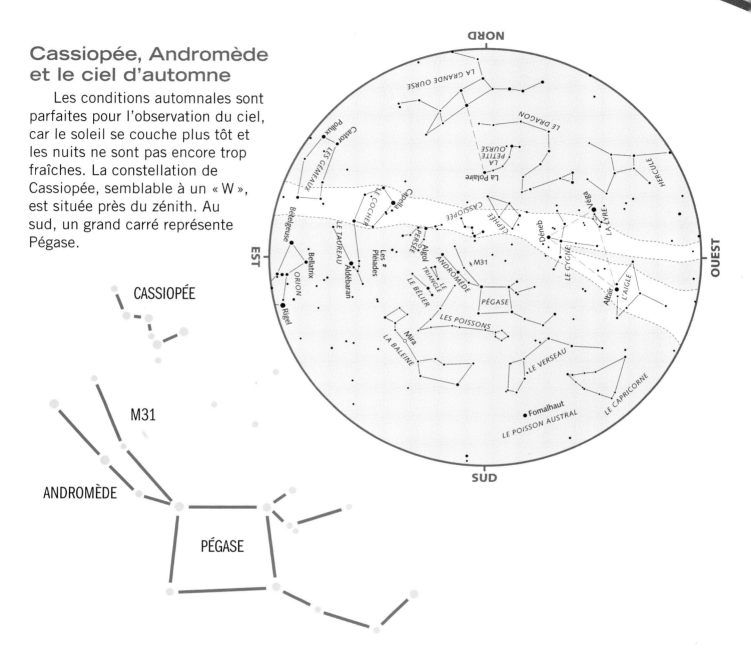

L'étoile qui forme le coin supérieur gauche de Pégase appartient également à la constellation d'Andromède qui se prolonge en courbant vers le nord-est. Entre cette constellation et celle de Cassiopée, se cache la galaxie d'Andromède, aussi appelée « M31 », qui est l'objet le plus éloigné que l'on peut voir à l'œil nu. Cette pâle tache ovale est beaucoup plus détaillée lorsqu'on l'observe avec des jumelles.

En plus des constellations, tu peux aussi observer certaines planètes et des satellites artificiels. Cependant, leurs positions changent sans cesse et ne dépendent pas des saisons. La Lune est aussi un objet superbe à regarder, tant à l'œil nu qu'avec des jumelles. Tu peux y admirer ses mers, ses cratères (causés par la chute des météorites), ses montagnes, mais aussi ses phases et ses éclipses !

Bon spectacle !

Annexes

Suggestions de lectures

Dossier 1
Au jeu !

DETAMBEL, Régine. *Premier galop*, Paris, Éditions Gallimard, collection Folio junior. Drôles d'aventures, 1999.

GRAVEL, François. *Le match des étoiles*, Boucherville, Éditions Québec Amérique jeunesse, collection Gulliver jeunesse, 1996.

Aussi : *Zamboni*, Montréal, Éditions Boréal, collection Boréal junior, 1990.

OXLADE, Chris. *Les Jeux olympiques*, Paris, Éditions Gallimard, collection Les yeux de la découverte, 1999.

PESKINE, Brigitte. *La grande brasse*, Paris, Éditions Hachette jeunesse, collection Bibliothèque verte, 2001.

POUPART, Roger. *La saison de basket de Fred*, Saint-Lambert, Éditions Soulières, collection Chat de gouttière, 1997.

VÉNULETH, Jacques. *Carton rouge*, Paris, Éditions Flammarion, collection Castor poche junior, 1994.

WALKER, Nicholas. *Entorse à la patinoire*, Paris, Éditions Flammarion, collection Castor poche sénior, 1993.

Aussi : *Ceinture noire* (1995).

WIÉNER, Magali. *Les Jeux olympiques*, Paris, Éditions Père Castor Flammarion, collection Castor doc. junior sport, 2000.

Dossier 2
Je suis... moi !

BOSSET, Hélène. *Zoom sur la génétique*, Paris, Éditions Hachette jeunesse, collection Zoom, 1999.

CLÉMENTS, Bruce. *Un sacré menteur*, Paris, Éditions Hachette jeunesse, collection Mon bel oranger Jeunesse, 1993.

DESPLECHIN, Marie. *Verte*, Paris, Éditions L'École des loisirs, collection Neuf, 1996.

HERMES, Patricia. *Le secret de Jeremy*, Paris, Éditions Flammarion, collection Castor poche junior, 1998.

LABBÉ, Brigitte. *Ce qu'on sait et ce qu'on ne sait pas*, Toulouse, Éditions Milan, collection Les goûters philo, 2000.

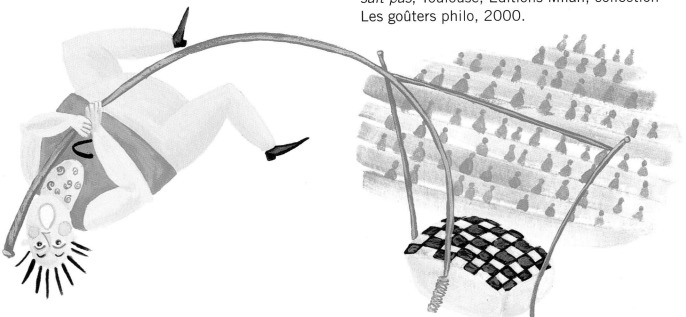

LANGLOIS, Lisa. *On n'est pas des nuls!*, Paris, Éditions de La Martinière jeunesse, collection Oxygène, 2001.

LEGAULT, Anne. *Une fille pas comme les autres*, Montréal, Éditions La Courte échelle, collection Roman jeunesse, 1997.

NÖSTLINGER, Christine. *On m'appelle Tamanoir*, Paris, Éditions l'École des loisirs, collection Médium poche, 1988.

SACHAR, Louis. *Il y a un garçon dans les toilettes des filles*, Paris, Éditions l'École des loisirs, collection Neuf, 2001.

SOLOTAREFF, Grégoire. *Les garçons et les filles*, Paris, Éditions L'École des loisirs, 1997.

Dossier 3

Les personnages de romans nous ressemblent-ils?

ANFOUSSE, Ginette. *Rosalie s'en va-t-en guerre*, Montréal, Éditions La Courte échelle, collection Roman jeunesse, 1990.

BOLDUC, Claude. *Dans la maison de Müller*, Montréal, Éditions Médiaspaul, collection Jeunesse-pop. Fantastique, 1995.

BROUSSEAU, Linda. *Ce n'est pas de ma faute*, Saint-Laurent, Éditions Pierre Tisseyre, collection Papillon, 1994.

HÄRTLING, Peter. *Ben est amoureux d'Anna*, Paris, Éditions Pocket jeunesse, collection Kid Pocket, 2001.

HEIDE, Florence Parry. *Banane*, Paris, Éditions L'École des loisirs, collection Neuf en poche, 1984.

MEBS, Gudrun. *L'enfant du dimanche*, Paris, Éditions Gallimard jeunesse, collection Folio junior. Édition spéciale, 1997.

PLOURDE, Josée. *Claude en duo*, Montréal, Éditions La Courte échelle, collection Roman jeunesse, 2001.

PROCHÀZKOVÀ, Iva. *2 X 9 = hamster*, Paris, Éditions Pocket jeunesse, collection Kid Pocket, 1998.

SAVOIE, Jacques. *Les cachotteries de ma sœur*, Montréal, Éditions La Courte échelle, collection Roman jeunesse, 1997.

Dossier 4
Sous nos pieds, un monde mystérieux

BERNIER, Marc-André. *Les archéologues aux pieds palmés. La fabuleuse histoire de la fouille archéologique d'un baleinier basque du 16ᵉ siècle échoué au Labrador*, Saint-Lambert, Éditions Héritage, collection Aventure scientifique, 1996.

CAMIGLIERI, Laurence. *Contes et légendes des cités disparues*, Paris, Éditions Pocket jeunesse, collection Pocket junior. Mythologies, 2000.

CLAYBOURNE, Anna. *Encyclopédie de la Terre*, Saint-Lambert, Éditions Héritage, 2000.

CLOUTIER, Céline. *On a fouillé le passé! Cinq sites archéologiques de Québec à découvrir, à imaginer, à connaître*, Québec, ministère de la Culture et des Communications, 1999.

DIEULAFAIT, Francis. *Copain de l'archéologie*, Toulouse, Éditions Milan, 1999.

Fragments sous la ville: les collections archéologiques de Montréal, Montréal, Pointe-à-Callière, Musée d'archéologie et d'histoire de Montréal, 1994.

GRAHAM, Ian. *Les énergies fossiles*, Bonneuil-les-Eaux/Montréal, Éditions Gamma/École active, collection Les énergies en questions, 2000.

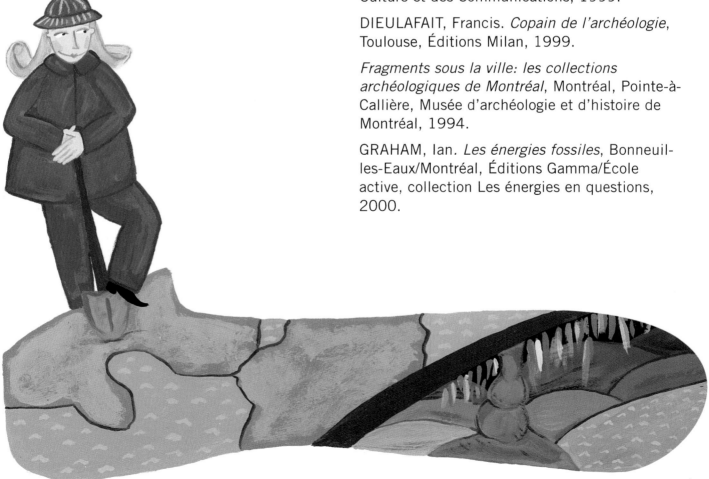

KENT, Peter. *Qu'y a-t-il sous nos pieds?*, Paris, Éditions Larousse, 1999.

MCINTOSH, Jane. *Trésors de l'archéologie*, Paris, Éditions Gallimard, collection Les yeux de la découverte, 1994.

MONTARDRE, Hélène. *Les volcans racontés aux enfants*, Paris, Éditions de La Martinière jeunesse, collection Le Monde raconté aux enfants, 2002.

SUTHERLAND, Lin. *Volcans et tremblements de terre*, Paris, Éditions Larousse, collection Larousse-explore, 2000.

WARNANT-CÔTÉ, Marie-André, *La cavernale*, Montréal, Éditions Pierre Tisseyre, collection Conquêtes, 1989.

Dossier 5
Entre ciel et terre

BUCSEK, Nathalie. *Larousse junior de l'astronomie*, Paris, Éditions Larousse, 2001.

CRUZALEBES, Pierre, Michel FROESCHLÉ et Patrick de ZAVERNY. *L'astronomie: tout ce qu'on sait, comment on le sait*, Paris, Éditions de La Martinière jeunesse, 2002.

DYER, Alan. *L'univers*, Paris, Éditions Larousse, collection Larousse-explore, 2000.

FREDETTE, Nathalie. *Comprendre l'Univers*, Montréal, Éditions Québec Amérique, collection Guides de la connaissance, 2001.

LEVY, David. *Étoiles et planètes*, Paris, Éditions Nathan, collection Les clés de la connaissance, 1996.

PARKER, Steve. *Les satellites*, Bonneuil-les-Eaux/Montréal, Gamma/École active, collection Un siècle d'inventions, 1999.

VOIT, Mark. *Hubble. Nouvelles images de l'Univers*, Paris, Éditions de La Martinière, 2000.

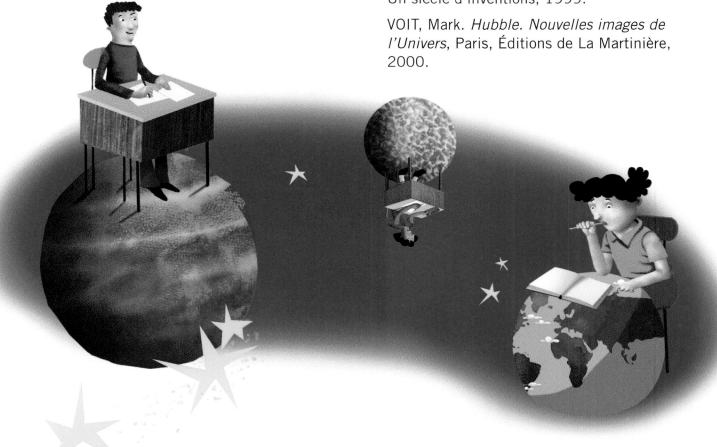

Liste des stratégies

Lecture

Écriture

Liste des principaux apprentissages en lecture et en écriture

Structure des textes

Syntaxe

Orthographe grammaticale

Orthographe d'usage

Conjugaison

Vocabulaire

Index des notions grammaticales*

* Les chiffres en caractères gras renvoient aux pages où on trouvera une explication des notions.

Sources des photographies et des illustrations

Photographies

Agence spatiale canadienne
p. 241 (gauche)

Archives de la presse canadienne
p. 122 (droite), 123 (gauche), 125 (gauche), 125 (droite), 127, 128 (droite), 158

Pierre Beaubien, Trois-Rivières (Québec, Canada)
p. 231 (haut, gauche)

British Museum
p. 200 (gauche), 200 (droite)

Dr. Brian Chatterton, University of Alberta
p. 84 (bas, droite), 206, 207 (bas, gauche), 207 (haut, gauche), 207 (haut, droite), 207 (bas, droite), 208

Corbis/Magma
p. 128 (haut, gauche)
Bettmann : p. 121 (droite), 126
Hulton-Deutsch Collection : p. 9, 122 (gauche), 123 (droite)
L. Clarke : p. 156 (haut)
Reuters New Media Inc. : p. 124
Roger Ressmeyer : p. 190 (droite)

Dorling Kindersley Media Library
Museo Archeologico di Napoli : p. 188 (gauche)
Natural History Museum : p. 213
Pearson Assets Library : p. 120, 191 (droite), 196, 197 (gauche), 197 (droite), 199, 201, 209 (bas, gauche), 209 (bas, droite)
Science Museum/Science & Society Picture Library : p. 114

Gunther Gamper
p. 159 (haut)

Sébastien Giguère
p. 229 (droite)

Hubard Scientific
p. 209 (bas, gauche), 209 (haut, droite), 210 (bas, gauche), 210 (haut, gauche), 211 (gauche), 211 (bas, droite)

JSC Digital Image Collection/NASA
p. 230 (droite)

George A. Lang Collection
p. 194 (haut)

Le Soleil
Gilles Fréchette : p. 192

Library of Congress
p. 18, 121 (bas)

Megapress/Réflexion
p. 234 (droite)
Bilderberg/Horacek : p. 211 (haut, droite)
International Stock/Faidley : p. 195 (haut)

Ministère de la Culture et des Communications
p. 87, 202

Philippe Moussette, club d'astronomie VÉGA de Cap-Rouge
p. , 240 (gauche), 240 (droite), 241 (haut, droite), 241 (bas, droite), 244 (haut, gauche)

NASA
p. 236
J.T. Tranger (Jet Propulsion Laboratory) : p. 242
NHSF : p. 237 238 (gauche), 239 (droite)

Nichole Ouellette
p. 84, 198 (droite)

Planétarium de Montréal
Marc Jobin : p. 244 (bas, droite), 245 (haut, droite), 246 (droite), 247 (haut, droite)

Ponopresse International
p. 148 (haut)

Publiphoto

Archives : p. 198 (gauche)
Y. Derome : p. 234 (gauche)
Bernard Edmaier/ Science Photo Library :
p. 194 (bas)
David Hardy/ Science Photo Library :
p. 191 (gauche)
David Parker/ Science Photo Library :
p. 229 (gauche), 231 (bas, gauche)
John Howard/Science Photo Library : p. 215
Lowell Georgia/Photo Researchers : p. 212
Pearson / Milon / Science Photo Library :
p. 232 (droite)
Rev. Ronald Royer / Science Photo Library :
p. 232 (gauche)
Science Photo Library : p. 227 (haut, droite)
Science, Industry & Business Library/New York
Public Library/Science Photo Library :
p. 227 (bas, gauche)
Sheila Terry/ Science Photo Library :
p. 227 (bas, droite)
Wesley Boxce/ Photo Researchers : p. 79

Vidéanthrop

Marc Laberge/Société du Vieux-Port de
Montréal : p. 204 (bas), 205
Marc Laberge : p. 203 (bas, gauche), 203
(droite), 204 (haut, droite)

Ville de Montréal

Site BjFj-003 : p. 203 (haut, gauche), 204

Illustrations

Paule Bellavance : p. 1, 11-15, 69-73, 75, 77,
82, 85, 89, 119, 133-137, 144-146, 187,
218 (bas), 219, 221, 224 (haut), 225 (bas),
226 (bas)

Sophie Casson : p. 160-163, 170-174

Marie Lafrance : p. IV, 25-38, 40-41, 147,
152, 164-169, 218 (haut), 220, 222,
224 (bas), 225 (haut), 226 (haut)

Josée Masse : p. 178-179, 181-182, 184-185

Ninon Pelletier : p. 43-59, 61-63, 65-67,
91-93, 95-99, 102-110, 129-132,
138-143, 175-177, 180, 183, 186, 217